ジェンダーを科学する

男女共同参画社会を実現するために

松本伊瑳子・金井篤子 編
Matsumoto Isako, Kanai Atsuko

ナカニシヤ出版

ジェンダーを科学する

はじめに

　近代資本主義社会が成立するにしたがって，女性たちは家庭の中に囲い込まれる生活を半ば強制されてきた。家事・育児という，いわゆる人間の「再生産」（何という，いやな表現だろう）に携わる仕事は，もちろん人間生活にとって大変重要な部分を占めている。しかし，主婦専業は女性にとって，男性に依存する不安定な人生であることも事実であり，多くの女性たちは男性のように社会に出て自己実現し，自立・自律的生活を送りたいと願ってきた。女性解放運動は，決して男性排斥運動ではない。それは，男性に依存し従属する生活から自らを解放し，対等な男女関係構築を願う正当な要求に支えられたものであり，またそうであったればこそ，与謝野晶子や平塚らいてう，シモーヌ・ド・ボーヴォワール等，女性解放運動を担ってきた多くの女性たちには素晴らしいパートナーもいたのである。抑圧されてきた者たちの解放を目指すという点で，女性解放運動はまた，同時に，黒人解放運動や民族的・言語的等種々のマイノリティ差別，障害者差別，環境保存運動などとも密接にかかわってきたという歴史も秘めている。このような歴史を考慮に入れるなら，男女共同参画社会の実現を21世紀における我が国の最重要課題と位置づけた「男女共同参画社会基本法」（1999年施行）は，画期的なものだといえる。

　名古屋大学でも2000年から男女共同参画推進委員会が，2003年には国立大学初の男女共同参画室が設置され，主に女性教職員の増加を図るために，種々の試みがなされてきた。しかし残念ながらその過程で明らかになったことは，熟年の男性同僚たちが，「男性は仕事，女性は家事育児」という役割分業に対する信仰を，表面上は否定しても，言葉の端々にうかがわせている現実であった。そしてこれは，おそらく世間一般に通用する事実でもあろう。熟年男性（そして女性も？）に対する啓発活動と同時に，次世代を担う学生・若者たちに対する啓発活動の必要性を私たち男女共同参画推進委員会のメンバーは痛感し，その中からこの『ジェンダーを科学する』執筆企画が誕生したのである。

したがってこの本は学生・若者向けの「教科書」として企画されたものである。第Ⅰ部では主にジェンダーという概念が，女性解放という長い歴史の中から発見されたものであり，人権と深くかかわっているという歴史認識を持ってもらいたいという観点から，主に18世紀から現在に至るフェミニズムの歴史を概説した。フェミニズムは女性の（そしてもちろん男性の）問題であると同時に，政治や経済，文化とも深くかかわっている問題であることを理解してほしいと思っている。第Ⅱ部は多様な学問分野が，ジェンダーといかにかかわっているかについて執筆したものである。内容はかなり専門的で，執筆者の個人的見解が前面に押し出されたものも数多く，その内容に必ずしも賛同し得ないという読者諸氏もおられるかもしれない。ジェンダーの問題は，多方面において無視できない問題であることが認識されているとはいえ，その本格的研究者はまだまだ少数であり，発展途上の学問であるので，意見の一致がみられているわけでもない。執筆者の多様な意見は問題提起にもなるであろう。また，ジェンダーの研究者も，このような広範囲の学問分野においてジェンダーの問題を一読できる「教科書」を目にすることは，まずなかったのではないだろうか。このような意味において，これは「教科書」でありながら「教科書」の域を越えているともいえるのであって，学生のみならずジェンダーの研究者にとっても興味深い「教科書」になったのではないだろうか。読者諸氏からの批評・感想をお寄せいただければ，ありがたいと思っている。

　短期間での執筆・校正作業を温かく見守り，助言を惜しまなかったナカニシヤ出版の酒井敏行氏に，つきることのない感謝を捧げる。

　　　2004年2月　　　　　　　　　編者を代表して　松本伊瑳子

ジェンダーを科学する

目　次

第Ⅰ部　ジェンダー論入門

1　ジェンダー発見までの道のり── 第一波女性解放運動(フェミニズム) ──3
   1. フランス・アメリカ・イギリスでの女性解放の動き　4
   2. 日　　本　10
   3. 第一波フェミニズムから第二波フェミニズムへ　18

2　第二派フェミニズムと女性学・ジェンダー学の誕生──21
   1. 第二派フェミニズム　21
   2. 家父長制の発見　22
   3. 「近代家族」と「母性」　23
   4. 女性労働の発見　26
   5. ポストモダン・フェミニズム　27
   6. ジェンダー　31
   7. 男性学の誕生　35

3　男女共同参画社会実現に向けて──37
   1. 「男女共同参画社会基本法」および男女共同参画社会の実現に向けて　38
   2. 女性に対する就労援助　42
   3. 男女雇用機会均等法と女子保護規定　44
   4. パリテ法と積極的改善措置　47
   5. セクシュアル・ハラスメント　50
   6. 職業名のジェンダー・フリー化　51
   7. 夫婦別姓の動き　53

4 発展するジェンダー学 —— 56
1. エコ（ロジカル）・フェミニズム　*58*
2. グローバリゼーションと女性　*59*
3. 生殖と生の権利　*62*
4. パクス法　*66*

5 ファミリー・ロマンスの解体とクィア・ファミリーの可能性 —— 69
1. 男／女，社会／家庭　*69*
2. 近親相姦タブーと精神分析理論　*72*
3. ファミリー・ロマンスの脱構築に向けて　*80*
4. 言説理論とクィア政治　*83*
5. クィア・ファミリーの可能性　*86*

第Ⅱ部　学術におけるジェンダー

1 生物学とジェンダー —— 93
1. はじめに　*93*
2. 生物学的性差——生殖器の性分化のメカニズム　*95*
3. 脳の性分化　*101*
4. ヒトにおける脳の性差　*109*
5. 性に関する生物学的研究が及ぼす波及効果と問題点　*111*

2 医学とジェンダー —— 114
1. 女性医学から性差医学へ　*114*
2. ヒトの生涯の健康　*115*
3. 性は健康に影響を及ぼす　*118*
4. 医学とジェンダーにおける今後の展望　*126*

3 精神医学とジェンダー —— 131
1. 精神医学におけるジェンダーの視点　*131*
2. 心が破綻する時　*133*

4 心理学とジェンダー —— 145
1. 心理学（Psychology）とは　*145*
2. 心理学におけるジェンダー　*146*

3. 心理学におけるジェンダーの視点　*147*
  4. 心理学におけるジェンダー研究の今後の課題　*154*

5　文学とジェンダー ───────────────────────── *159*
  1. はじめに　*159*
  2. 「ペンとはペニスなのだろうか」──書く／批評する　*160*
  3. クィア／マイノリティ　*165*
  4. 結　び　*169*

6　芸術とジェンダー ───────────────────────── *172*
  1. ジェンダーはいかに作られるのか　*172*
  2. 外からの視線を内面化する女性　*173*
  3. 去勢とフェティシズムから誕生する男性的視線　*175*
  4. 投射する視線が命じる女のあるべき姿　*176*
  5. 模倣がもたらす権力の無効化──シンディ・シャーマン　*179*
  6. 模倣の奥から出現する不在なる女性　*182*
  7. ジェンダーの消滅した均一社会　*183*

7　教育とジェンダー ───────────────────────── *189*
  1. ジェンダーとカリキュラム改革の事例──高等学校「家庭科」の男女共修化　*189*
  2. ジェンダーと隠れたカリキュラム　*191*
  3. 「近代の装置」としての学校のジェンダー化の機能　*192*
  4. ジェンダー化の社会装置としてのマスメディアとメディア・リテラシー教育　*194*
  5. パターナリズムと自己決定　*195*
  6. 教育におけるジェンダーの問題と課題　*199*
  7. おわりに　*202*

8　法学とジェンダー ───────────────────────── *204*
  1. 日本国憲法の制定と「法による女性差別」の克服　*204*
  2. 戦後社会における性別役割分担の浸透と実態面における不平等　*207*
  3. 世界における女性解放運動の高まりと「国連女子差別撤廃条約」　*209*
  4. 男女共同参画社会の実現に向けて　*211*

9　政治学とジェンダー ───────────────────────── *216*
  1. 政治学におけるジェンダー　*216*

2.「政治」を考え直す　*217*
  3. 市民権——政治への参加資格の問題　*220*
  4. 公／私区分の見直し　*224*
  5. 民主主義　*229*
  6. おわりに　*233*

10　経済学とジェンダー─────────────────*236*
  1. 現代日本社会におけるジェンダー　*237*
  2. 経済学とジェンダー　*240*
  3. 少子高齢社会に向けて　*249*

11　国際社会とジェンダー——アフガニスタン復興支援を事例に─────*252*
  1. 普遍主義的人権論か文化相対主義か　*252*
  2. 紛争後の国家建設と女性のエンパワーメント　*254*
  3. アフガニスタンの特殊事情にみるジェンダー関係　*259*
  4. ジレンマをどう越えられるか　*262*

事 項 索 引　*267*
人 名 索 引　*273*
執筆者一覧　*277*

第Ⅰ部

ジェンダー論入門

1 ジェンダー発見までの道のり
——第一波女性解放運動(フェミニズム)

　女性に対する抑圧，差別がいつ始まったのかについては，よくわかっていない。太古，男性は狩猟や漁猟に，女性は採集，炊事，育児に携わっていたのであろうが，この分業は差別を伴わなかったと考えられている。狩猟用武器が発明され，それが獣のみならず他の男性に対しても使用され，奴隷を生み出すとともに，武器を使いこなせない女性をも私有財産にしていったと考えられている。定住生活と土地の私有化が始まり，男性の収穫物は全収穫物のおよそ2割，女性のそれは8割を占めるとされながらも，定住が女性の私有をもたらし，女性差別・女性抑圧が始まったとする説が一般的である（Mies *et al.*, 1983）。

　女性は男性より非論理的，感情的，消極的，等々であり，したがって男性より劣る存在であるとされ，この劣等性は女性の生物学的性（セックス）に基づくとされたのであるが，女性が男性より劣等だから女性差別が始まったのではなく，差別の結果，あるいは差別の正当化のために女性の劣等性が，いわば〈捏造〉され，しかも不幸なことに長い歴史を通じて，大部分の女性も男性もその〈価値観〉を内面化してきてしまったのである。性差は，生物学的性に基づくというより，社会的・文化的に作られたものであるという考え方が出現し，これをジェンダーと呼んで，セックスと区別するようになった。女性解放の長い歴史の中から，ジェンダーという概念が生み出されてきたのである。

　女性解放を求める動きは古くからあったが，特に18世紀頃から盛んになる。隆盛と衰退を繰り返しながら，フェミニズム運動は現在まで引き継がれてきたが，それは時には対立しあうさまざまな考え方に支えられていて，決して一つ

のまとまった運動ではない。1960年代後半から再び隆盛を極めた女性解放運動を第二波フェミニズム，それ以前のものを第一波フェミニズムと呼んで区別する。ジェンダーという概念も，女性差別に対する闘争も今なお進化を遂げていて，それは一国の政治・経済制度や文化の様態，男女関係・人間関係のみならず，国際関係ともかかわっていることが次々と明らかにされつつある。第Ⅰ部ではジェンダーが発見されるまでの女性解放運動の歴史と，ジェンダーが国内外の政治・経済・文化・知の領域とかかわっていることを俯瞰しておきたい。

1．フランス・アメリカ・イギリスでの女性解放の動き

(1) 18世紀——近世の始まりと人権宣言

　人は皆自由で平等であると私たちは思っている。しかしこの考え方が初めて宣言されたのは，フランスで王制の圧制に苦しめられていた市民階級が1789年に蜂起したフランス革命において出した「人権宣言」においてである。

　「人権宣言」と日本語で訳されている宣言は，正しくは「人および市民の権利宣言（La Déclaration des Droits de l'Homme et du Citoyens）」というが，「人」を指すHommesは，同時に「男」を意味する単語でもあり，「市民（Citoyens）」は「男性市民」という意味でもある。だからこの宣言書は，「男性および男性市民の権利宣言」という意味にもとれ，まさにその意味における宣言書でしかなかった。フランス共和国の標語である「自由，平等，博愛」の博愛はフランス語ではfraternité，「兄弟愛＝男同士の友愛」を意味している。したがって，フランス共和国の基盤である人権宣言や標語は男性同士の友愛で結ばれた男性市民のみの自由であり，平等であり，人権を意味した。フランス革命は女性がパンを求めて蜂起したことから起こり（Rabaut, 1978），男性と一緒に国王軍を相手に戦うなど重要な役割を演じたにもかかわらず女性の参政権は認められず，選挙は女性を排除しながらも普遍（universel）選挙と呼ばれた。「人」の中に女性は含まれていなかったのである。

　そこでオランプ・ド・グージュ（Olympe de Gouges）は，「女性と女性市民の権利宣言」を1791年に王妃に献上し，女性にも男性（市民）と同じ権利（選挙権や教育権等）を要求した。1793年に，彼女はギロチンにかけられる。

1795年には女性の議会傍聴禁止令，女性の集会禁止令，女性の政治集会参加禁止令が相次いで出された（Rabaut, 1978）。

アメリカではイギリスの植民地当時，人手不足のために男女の役割はそれほど明確に区分されていなかった。しかしアメリカ独立のために，女性たちがイギリス製品のボイコットや国産品の生産活動に携わり，独立運動に大きく貢献したにもかかわらず，黒人奴隷や先住民同様，アメリカ独立宣言（1776年）の中に明記された自由・平等を享受したわけではなかった。

メアリ・ウルストンクラーフ（Mary Wollstonecraft, 1759～97）は，フランス革命に代表される人権意識の高まりの中で女性解放を訴えたイギリス女性である。『女性の権利の擁護』において，男性が熱心に強調してきた男女の区別がいかに身勝手であるかを説き，女性の教育の必要性，政治参加の権利を主張し，「女性を強制的に家事に閉じ込めることはできない」（Wollstonecraft, 1792）と主張した。

18世紀において女性の権利を主張する男性がいなかったわけではない。コンドルセ（Condorcet, 1743～94）侯爵は，フランス国民が最後まで続けた偏見は男女の不平等という偏見であると述べ，「これまで考えられていた女性の劣勢ということについては，とうてい証明することができない」といっている。彼は男女両性の間に樹立してきた偏見と権利の不平等を完全に破壊しなければならないとし，「人間の身体構造の差異のうえから，……この権利の不平等を正当化する動機を求めようとしたが無駄であった。この男女間の権利の不平等が生じた起源は力の濫用以外の何ものでもなく，そののちは誤解によって，これを弁解しようと無駄な努力をして来たのであった」と主張した（Condorcet, 1793）。

しかし18世紀の代表的な思想家であるジャン・ジャック・ルソー（Jean Jacques Rousseau, 1712～78）は，『エミール』（1762年）において，男女の差異を説いた。それは「女性は，特に男性の気に入るように作られている」と男性に都合のよいもので，「女性固有の宿命は子供を生むということなのだ」と，女性の可能性を出産に限り，またそのような女性を育てるための教育と

コンドルセ
(Condorcet, 1743～94)

して,「女性の教育のすべては男性に関連していなければならない。男性に好かれること,男性の役に立つこと,男性の愛と尊敬を得ること,男性の幼時はこれを育て,成長してはその世話をすること,……かれらの生活を楽しく甘美なものにすること,これがあらゆる時期における女性の義務であり,幼いころから彼女たちに教えなければならないことである」と,女性が男性に奉仕すべきであると述べている(Rousseau, 1762)。このような考えは,他の大部分の自由思想家たちにも共有されていて,これが近代的女子教育の基礎をなすようにもなった。そして19世紀には女性の本質として母性が強調・評価され,母性という価値観が社会を支配し,多くの女性自身がそれを受け入れていくことになる。

　この男性に都合の良い女性観は「ナポレオン法典」(1804年)において結実する。ナポレオン(Napoléon Bonaparte, 1769～1821)は既婚女性を未成年者,精神異常者,犯罪者とともに法的無能者と規定し,裁判権を剥奪し,離婚も1816年に禁止した。彼はまた植民地における奴隷制度を確立した。こうして女性と奴隷は完全に家長の支配化に入ることになった(Rabaut, 1978)。

　フランス革命によって専制政治と旧制度(アンシャン・レジーム)の身分制度が廃止され,市民階級が勃興し人権意識が広まると同時に,近代秩序が形成され始めた。つまり人々が自由に経済活動を行える資本主義経済も誕生し,そのために政治・経済という公領域に男性を,家事・育児という私領域に女性をおくという,公私二元的な男女性別役割分業を土台とする〈近代家族〉が誕生したのである。役割分業を正当化する論拠として,女性は男性とは本質的に違うという性差論が持ち出された。この〈男女の差異・本質論〉は20世紀中頃まで受け継がれていく。

　アメリカでも18世紀の後半,産業革命の波が押し寄せると,公私の領域の明確化とともに性別役割分業が行われるようになり,男女に区分されたホモソーシャルな社会(単一(ホモ)の性で形成された社会)を形成していく。こうした中,女性たちは男女の性別役割分業の考え方に基づいて,政治活動を行った。女性の本分は母性にあり,女性は家庭において,公のために私を犠牲にするという公徳心を子どもに教育する〈共和国の母〉になるべきだという考えとともに,道徳改善運動としての売春防止運動と,禁酒運動に取り組み始めた。この二つの運動の中から,反奴隷制運動も出現した。

(2) 19世紀

アメリカ人のルクレシア・モット（Lucretia Mott, 1793〜1880）は1833年に反奴隷制婦人協会を発足させた。1840年にロンドンで奴隷制反対国際会議が開催された時，エリザベス・スタントン（Elizabeth Stanton, 1815〜1902）とモットは，女性であることを理由に参加を認められなかったので，二人は女性解放運動の必要性を痛感し，1848年に初めてセネカ・フォールズで女性権利大会を開催して，「所感宣言」を発表した（Stanton, 1848）。彼女たちは，「女性に対する男性側の権利侵害と権利簒奪とのくり返しの歴史」を批判し，この宣言書で参政権，教育権の平等，職業選択の自由等の男女平等を要求した。南北戦争後黒人男性に認められた参政権も，女性にはあいかわらず認められなかった。

南北戦争後，国家再建のための経済活動の必要性と女子教育が普及した結果，経済的に自立した女性たちが多数出現し，「ボストンマリッジ」と呼ばれる女性同士の世帯も現れるようになった。19世紀後半には婦人参政権運動は分裂し停滞するが，アリス・ポール（Alice Paul, 1885〜1977）が1913年に女性参政権議会連合を結成し，婦人参政権は1920年に認められた。

イギリスではアン・ナイト（Anne Knight）が1830年代に奴隷制反対運動にかかわるうちに，次第に女性参政権運動にもかかわっていった。しかし1850年代に入ると，女性と男性は異なり女性は家庭を守るべきだという考え方がフランスやアメリカ同様，中産階級の中へと広がっていった。その結果，母性主義に立つフェミニストたちは，子どもの命を脅かすものとしての戦争には反対しても，参政権のような権利獲得には消極的になり，他方，参政権獲得要求フェミニストたちは，男性社会に参入するために戦争には特に反対せず，廃娼運動に取り組んだりして，売春婦のみを取り締まり買春者を処罰しない，性の二重基準を批判した（Liddington, 1989）。

イギリスの女性参政権獲得運動において忘れてならないのは，下院議員で哲学者・経済学者のJ. S. ミル（John Stuart Mill, 1806〜73）である。彼は1867年に「第二次選挙法改正法案」の修正案を議会に提出し女性の参政権を要求した。さらに1869年には『女性の隷従』（邦訳『女性の解放』）を出版し，男性一般は，「女性の天職は良妻賢母」であると信じているようだが，女性の本性を知るためには「女性が自らを語るべき」であり，「女性の家庭外における無能力

は，ひとえに家庭生活における女性の従属関係を維持するために固執され」ているのだと断言し，女性に職業の自由，財産権，教育，選挙権を与えるべきであると主張した（Mill, 1869）。

1888年に，国際女性会議（ICW）が，女性参政権運動の国際組織を作る目的で開催されたが，女性参政権要求は否決され，代わりに「男性の領域である公的な場所から女性を締め出すことは「服従」を強いる不正なものではなく，飲酒などに染まらない健全な家庭の基盤を守る行為であると称賛され」（Liddington, 1989）た。このような「母性主義」はブール戦争（1899～1902年；南アフリカにおけるオランダ系ブール人と英国人入植者との戦争）や第一次世界大戦等の軍国主義に利用され，女性たちは出兵する兵士の母として，負傷兵の看護に当たったのみならず，男性不足から労働を通して戦争協力を行った。しかし戦後の1930年代には，失業者の増加とともに，イギリスの女性たちは再び男性とは異なる領域，つまり家事・育児があるとして，結婚したら退職するように圧力をかけられた（Liddington, 1989）。19世紀はこのように母性主義に基づくフェミニズムが開花した時代でもあった。

(3) 20世紀

フランスで1901年にフランス女性全国評議会（CNFF）が結成されたが，その初代会長が「最良のフェミニズムとは最も女らしいものであるはずだ」（Rabaut, 1978）と述べるなど，保守的な考え方に基づいていた。このようなフェミニズムは，戦争の危機が強まると，国家防衛に同調していく。第一次世界大戦が始まるとフェミニストたちは，祖国のために奉仕するべく女性の政治的権利要求を保留し，看護活動や避難民の保護等に従事した。フェミニストはまた，家庭の主婦から急に女工になった女性たちが売春するのを防ぐという良俗を守る戦いにも動員された。フェミニストたちは戦後，愛国活動がきっと認められ，選挙権・被選挙権等が入手できると期待するが，選挙権の完全な男女平等を認める法案は，下院では可決されるものの，上院では否定されてしまう（1922年）。第一次大戦後の1938年に夫婦法が改正され，妻の法的無能力と妻に対する夫権が廃止された。ただし夫には，家族の居所の選定権，独占的親権行使権，共通財産制結婚の場合の共有財産と妻の固有財産の管理権があいかわ

らず認められていた。

19世紀末頃から産児制限が論じられ始めた。しかし中絶の増加と避妊の普及の結果フランスで人口停滞がみられるようになると，これに反対する動きが生じた。フランス女性選挙権同盟の報告書さえ，「解放された女性，解放の途上にある女性の一番の関心事は母性であると断言」している（Rabaut, 1978）。第一次大戦後，避妊と産児制限の宣伝も堕胎も犯罪となり，1943年には26件の堕胎を行った女性がこの法律によりギロチンにかけられた（Rabaut, 1978）。

1940年ドイツ軍が侵攻してくると，親独ヴィシー政権は戦争未亡人，家計維持者，無収入の独身女性，未帰還兵の妻，伝統的に女性産業の従業員以外は解雇せよという勧告を出し，既婚婦人の採用は原則として禁止された。出産が奨励され，子だくさんの家長には免税や，高級職が与えられた。しかしヴィシー政府は，ドイツの人的損失とそれに伴うドイツ国内での労働力を提供するために，42年にはすべての女性の労働を認めた。他方，ド・ゴール将軍はアルジェリアで1943年に国民解放委員会を設立し，女性に政治的権力を与えることを約束した（Rabaut, 1978）。

戦後の1946年，憲法が男女平等原則を確認した。しかし夫には妻の就職を禁じる権利，家族の居所を単独で選定する権利，家族を代表する権利等がなお認められていた。フランス人の妻が銀行口座と有価証券口座を開設する権利，夫の同意なく職業に就く権利を獲得し，夫が家族の居場所を単独で選定する権利を喪失したのは，1965年のことにすぎない。ちなみに同意に基づく離婚は1975年に認められた。

アメリカでも，1929年の大恐慌を迎えると，男性の職を奪うとして女性は家庭へ戻された。しかし1939～45年の第二次大戦中には，「企業広告や政府広告が，男の仕事をこなすたくましい女性像を積極的に宣伝した。……男の仕事が女らしさを損なうことはない，と主張して，女性たちを，男がいなくなった職場へと駆り出した」（上野, 1982）。戦後男性が社会に戻ると，再び女性は家庭に戻されてしまう。

1950年代，国民総所得が飛躍的に伸びる中，一家の働き手である父親と，小綺麗な専業主婦と子どもたちが，種々の電化製品を備えた郊外の一軒家で幸福で豊かな暮らしを営むという内容の多くのテレビ用ホームドラマが制作さ

> **平等権修正条項（ERA；Equal Rights Amendment）**
>
> アメリカ合衆国憲法は人種差別は禁止しているが，男女差別に関する規定は行っていない。ERA は性別差別は憲法違反だとする憲法修正条項である。アリス・ポールは ERA の批准を目的として 1916 年に全国女性党を結成し，1923 年に ERA を起草し議会に提出した。3 条からなり，その第 1 条は「法のもとで平等の権利は，性別を理由に米国や州によって拒否されたり削減されたりしてはならない」（Tuttle, 1986）というものである。1972 年の両院を通過したが，成立に必要な全米 50 州の 4 分の 3 の批准が得られず，82 年に時間切れとなった。

れ，アメリカ人のみならず，それらの輸入された映像を見た日本人にとっても，性別分業に基づく主婦像が憧れの的となった。しかしこの主婦像の中に潜む空虚感をベティ・フリーダン（Betty Friedan, 1921〜）はその著『女らしさの神話』（邦訳『新しい女性の創造』）の中で暴いてみせた。フリーダンは 1966 年に全米女性機構（NOW）という，男女平等を目指す穏健なフェミニストの団体を設立し，1971 年には全米女性政治家集会（NWPC）を召集し，平等権修正条項（ERA）を支持する運動を組織した。

2. 日 本

(1) 明治から昭和へ

日本では，黒船来航のショック以来，富国強兵政策がとられた。まず人口増加のために，1880（明治 13）年には，堕胎罪が制定された。そして家父長を中心とした〈家〉制度に基づく男性による女性の支配が，近代的役割分担という形をとって国策として行われた。そのためにも 1872（明治 5）年には「学制」が公布され，良妻賢母教育が制度化された。1898（明治 31）年に施行された民法は個人の上に「家」をおき，強力な権力を戸主に集中し，「妻ハ婚姻ニ因リテ夫ノ家ニ」入って夫に従属し，「夫ハ妻ノ財産ヲ管理ス」ることが明記され，夫の姦通は許されても，妻の姦通は罰せられ離婚条件となり，原則として

妻は子の親権者にもなれないというものであった。役割分担が進行したのは，その考え方が中流階級から工場労働者へと波及していった結果で，「明治後期から大正・昭和へと時代がくだるにつれ」進行したという指摘もある（千本，1990）。女性はある意味，家事労働と仕事との二重負担から解放されたのだが，それは明治後期から大正期にかけて，とりわけ昭和初期にはあらゆる社会階層で，夫の収入だけで生活費がまかなえるようになったことにも起因している。

(2)『青鞜』

欧米のフェミニズム運動の影響を受け，日本でも女性解放運動が明治期から始まった。平塚らいてう（1886〜1971）は，『青鞜』の創刊号（1911／明治44年）に「元始，女性は太陽であった」と発刊の辞を載せ，「隠れたる我が太陽を，潜める天才を発現せよ」と呼びかけ，与謝野晶子（1878〜1942）の「山の動く日来る」で始まる「そぞろごと」を巻頭詩とした。「隠れたる我が太陽を，潜める天才を発現」するとは，「各自が自我の当体に到達することによって，失われた女性の生――創造力――の全的回復力を求め」（平塚，1971）るという意味であったと平塚は後に述べている。『青鞜』は婦人の政治的社会的解放を主張すると同時に，「人間としての自我の目ざめ，それの全的な解放を志向する心の革命から出発」しようとしたものであった点が際立った特長をなしている。女性が主体的に生きるために，「社会改革の運動の前に，自我解放の精神的改革運動の必要があった」のである。こうして良妻賢母ではない，明確な自我意識を持った主体的女性の探求が行われた。

『青鞜』誌上では，恋愛，結婚，貞操，堕胎，売春等について，意見が闘わされた。原田皐月は大正4年『青鞜』5巻6号で堕胎の正当性を主張して，堕胎是非の論争を巻き起こした。皐月は，親となる責任をまだ持ち得ないと自覚するなら子どもは生むべきではないと，国禁の堕胎に対して挑戦したために，5巻6号は発禁となった。5巻8

平塚らいてう（1886〜1971）

号に山田わかは、堕胎も避妊も等しく罪悪として反論。同じ号で平塚は、子どもを産む最大の問題は、「自分の中の『個人』と『性』との間の生活の調和をどう見付けていくか、それがうまくできるかどうか」（平塚, 1971）だとし、もし「個人として自分を高めるだけではなく、社会の進歩に、文明の発展に貢献するものだという信念」があれば、堕胎も許されると主張した。平塚は「母性の意義と価値を認めながら、……個性ある独立した人間としての生活と、種族の母として婦人の性の生活の間の避けがたい争闘を」問題視したのである。

(3) 母性保護論争

1918（大正 7）年には、与謝野晶子と平塚らいてうとの間に母性保護論争が始まった。与謝野は経済的独立を重視し、男女がともに経済的保証が得られた後に結婚や分娩をするべきであり、女は恋愛関係にあっても男に経済的に依存すべきでなく、国家からも経済的保護を要求するべきではないとした。夫に頼るのは「寄生者として屈従の生活、一種の売淫生活を送る」ことであるといい、当時の風潮として男子の注意を引こうと、厚化粧や派手な服装や媚態を備えた娼婦型女子が増加していると嘆いた（与謝野, 1918）。

平塚は、与謝野の経済的独立重視の説に従うなら、低賃金で女性の経済的自立が困難な当時の社会状況にあっては「大多数の婦人は生涯結婚し分娩し得る時は来ない」とし、母の「職能は社会的性質を持って居るので」、国家が保護するのは国家の義務だとした（平塚, 1918）。平塚にとって、経済的独立よりは、新たな男女の関係性の構築や母役割の方が重要であった（事実、平塚は大正 3 年には画家の奥村博史との「共同生活」を開始。「結婚届を出すことは、現行のこの結婚制度を認めることにほかならない」（平塚, 1971）として拒否。炊事を共同でするなど、新しい男女のあり方を模索した）。

山川菊枝（1890〜1980）は与謝野と平塚の論争の相違は「育児期にある婦人が職業に従事することの可能か不可能かの論に出発し、一は可能とするが故に国家の保護を無用又は却て有害であるとし、一は不可能なるが故にそれを必要とするにある」（山川, 1918）と論点の差を明示した上で、与謝野のように「教育の自由、職業範囲の拡張、経済的独立に出発して参政権の要求に終わる」のは、資本主義社会に「最もよく順応すること」を目的とする女権運動であって、

「一切の社会的困難は個人の努力一つで解決せらる」るような性質のものではなく，「育児といふ社会的任務を遂行して居る婦人がその間社会の手に依て扶養せられることは」当然のことであると主張した。また資本主義社会の「悲惨な犠牲に最もなり易い婦人小児」のために，平塚が「婦人及小児労働の禁止又は保護の必要を叫んで居る」のは当然であるとした。また家庭労働は不払い労働であり，それが婦人の地位を不安定で屈従的にするのみか，「労働市場に於ける一般婦人の労働価値を低から」しめているし，家庭労働が社会的に必要な限り，これに経済的価値を与え，経済的独立を可能ならしめるべきだと主張した。労働の権利を要求する女権運動は，「生活権の要求を忘却」しているし，母権運動は「婦人のみの生活権の要求に甘んじて，万人の為めに平等の生活権を」要求していないとして，両者の主張はともに不完全であるとした。山川は婦人問題の根本的解決は参政権の獲得のみでも国家の保護のみでもなく，「経済関係その物の改変に求める以外」なく，今後の課題であるとしたのである。

与謝野晶子（1878〜1942）

(4) 〈母性〉と戦争

平塚らいてうが精神的後継者とみなした高群逸枝(たかむれいつえ)（1895〜1964）は，平等と社会参加の主張は女権主義でしかなく，〈母性〉に立脚した新女性主義こそが国家の強権を打倒し社会変革ができると主張した（高群, 1926）。しかし日本固有の天皇制中心の母性主義が帝国主義的世界を救うとする彼女の論理は，欧米による植民地下のアジアを解放するという名目の侵略戦争のために国家に利用された。第二次大戦の間，女性たちは社会参加の好機として，戦場に駆り出された男性に代わって積極的に銃後の守りとしての戦争加担を行った。「軍国の母」を讃える映画，小説などが相次いで出版された。国民総動員という言葉が示しているように，戦争中，女性も〈男の仕事〉とみなされていた領域に進

出させられたのは，欧米諸国同様，日本においてもみられた光景だった。戦争中は女性が戦争のおかげで性別役割分担から解放されたのだともいえる。もっとも，男は戦争，女は銃後という性別役割分担があったのではあるが。

敗戦後，人々はそれまでの価値観を否定された。女性には 1945 年 12 月衆議院議員の選挙・被選挙権が与えられ，47 年には参議院議員選挙法で男女平等の参政権が規定され，また新憲法が施行された。「家」制度は廃止され男女は法律上平等になった。戦争による男性人口の減少（それは，自分で働くことが必要な寡婦や独身女性の増加をも意味する）や，戦争中の職業進出での自信を背景として，女性たちは職場に進出していった。

1950 年に朝鮮戦争が始まり，それに伴う特需で神武（天皇）以来の好景気といわれる政治・経済状況下の 1955（昭和 30）年，第一次主婦論争と後に呼ばれる誌上論争が出現した。口火を切ったのは『婦人公論』2 月号に掲載された石垣綾子（1903〜96）の「主婦という第二職業論」であった。

(5) 第一次主婦論争

石垣は，多くの女性にとって「職場は結婚するまでの腰かけ場」でしかなく，結婚後は，「第一の職業である職場」から逃げ出し「主婦になるという第二の職場」に逃げ込んでいる。しかし昔の主婦が，家族の着る衣類を自ら織り，醬油や味噌をも作る生産者であったのに対し，今では工業化された衣類や食品を買ってくるだけの消費者になってしまった。さらに，洗濯機，掃除機，冷蔵庫等の近代設備も今後さらに普及していき，家庭の雑事から解放されるであろうから，「密閉された家庭の中で，精神的な活動は停止し」「主婦は男の寄生虫になって」しまうので，「女は職場という第一の職場と，主婦という第二の職場を兼ねてゆかねばならない」と主張した（石垣，1955）。

石垣論文に対し，『婦人公論』4 月号から，坂西志保「『主婦第二職業論』の盲点」をはじめとして，賛否両論が展開されていく。坂西は，「現金収入を持たない主婦は，何か地位の低いものと考えられて」いるが，子どもを育て，「家族の問題，社交上の問題，社会の問題というものを無給で処理していく」仕事は，現金収入こそ伴わないが立派な職業であるし，自分が育っていってこそ，それらを遂行できるのだから，石垣の「主婦はふやけている」は間違いで

あると反論した（坂西, 1955）。坂西は主婦の仕事が大切な証拠として，主婦が職場進出を果たしたアメリカで，家庭が乱れ，青少年の犯罪が多くなり，離婚が増えたことを挙げている。

　職場進出論，家庭重視論に対し，平塚らいてうは，「主婦解放論」において，社会と家庭は断絶しているのではなく，「直接的な食，住の問題をはじめ保健，衛生，教育，趣味，娯楽，税金，夫の低賃金や失業などの問題を通じて」主婦の「社会との接触面は，多面で複雑」であるとし，「主婦や母の自主的な組織化，集団による社会的，政治的行動とその動き」がそれを証明していると，主婦の政治的社会的運動を評価し，主婦の仕事も主婦が職を持つこともともに重要であり，「その選択は自由だ」として，専業主婦と職業婦人の連帯を訴えた（平塚, 1955）。

　このように，第一次主婦論争は，主婦の職場進出と主婦の仕事をどう評価するかという問題が争点であった。21世紀を迎えた現在でもなお，主婦論争の争点であった〈主婦の職場進出と主婦役割の評価〉は，多くの女性たちの葛藤をなしている。しかしこの二点は，常にそれが論争される時期の政治的・経済的背景と無関係ではない。換言すれば，政治的・経済的状況が変化すると，この問題が新たな様相のもとで出現するのである。

　たとえば，朝鮮戦争特需やそれに続く短期間の不況期には，結婚後退職して家庭に入る女子学生たちに税金を使うのは無駄で不経済であり，女子学生は大学で学んだことを社会に還元しない，大学を花嫁学校にしていると断罪する「女子学生亡国論」が出現した。しかるに60年代の高度成長期には，慢性的な労働力不足が続く中，欧米のように移民労働者を原則として受け入れない日本では，安価な労働力としての主婦を必要とする経済界の事情が生じ，主婦のパート労働が増加した。21世紀の現在でも，少子化による労働力不足が，主婦の労働力――しかもフルタイム労働者としての――を必要とする経済上の要請があり，男女共同参画社会実現が，政府によっても21世紀の最重要課題とされるまでになっている。

　このようなことを考慮に入れるなら，政治的経済的背景に左右される（踊らされる）ことなく，女性が，結婚・出産・育児を伴う一生涯の中で，女性の職場進出とともに，家庭とは，主婦の仕事とは，夫と妻の関係とは，さらには子

どもとの関係はどうあるべきかを考える必要がある。こういったことが論じられたのが，第二次主婦論争であった。

(6) 第二次主婦論争

　1960年の『朝日ジャーナル』に磯野富士子が「婦人解放論の混迷」を掲載した。主婦労働の中味は夫の労働力再生産労働であり，また「労働力が商品なら，出産や育児もその世代的再生産の一環として，商品生産の過程である」と，後にダラ・コスタ（Dalla Costa）が主張した「家事労働に賃金を」に通底する問題提起を行った。また農家の婦人が直接生産に従事しながら無報酬であるのは，「家族員の労働が個人の労働として認められないことに起因」していて，それは主婦の家事労働が無償であるのと同様，妻という身分のあり方に関連しているとした。磯野は「ランカシャーでは，工場で働く母親が自分の母に子供を預ける場合にも，ちゃんと報酬を払」(強調は原文)い，そのことで祖母の精神的・経済的独立を助けるのに対し，日本でそうでないのは，家族内で人格が尊重されていないからだという考えを表明した。また生後2～3年間の子どもの性格形成には，母親との強い信頼関係を築くことが重要で，子どもを託児所において働くことは子どもの発達成長を軽視しているという視点から職場進出論を批判した。磯野は，職場進出は「現在の日本で」(強調は原文)は，主婦が働くことは，家事と工場労働との二重負担になり，労働者の家庭を破壊する可能性があると主張した（磯野, 1960）。

　毛利明子は，「賃金の低い社会ほど，主婦の（内職等の）より多くの労働が労働力の再生産のために費やされねばならず，反対に高い賃金なら，（食品や衣服を購入するなどして）主婦の手をあまり借りずに労働力が再生産できる。以上によって，主婦労働と労働力の価値という問題は，賃金問題の一環として理解されなければならない」と主張した。また「日本の独占資本は，農村の自給経済と主婦の家事労働との二つの自家労働に支えられた低賃金によって」女性を搾取しているとして，社会保障制度の確立，家族手当法と主婦に対する賃金要求を主張した（毛利, 1961）。

　渡辺多恵子は，「労働者と母親・主婦運動」において，働く女性と母親は平和を守る戦いと賃金闘争において結びつくとし，毛利と同様，夫の賃金が低け

れば妻の家事労働はより苦しくなり，農家の妻は都市の妻より厳しいとして，「家庭の主婦に低賃金の尻拭いをさせて」いるといい，「婦人の隷属の上に維持されてきた日本の低賃金をはねとば」せと主張した。また主婦労働と男性の労働とを同じように評価することは，男女同権の確立のためにも必要であるとして，同一賃金や主婦労働評価を訴え，主婦は夫の賃金引き上げを，職業婦人は男女差賃金の撤廃要求をすることによる婦人労働者と主婦の連帯の必要性を訴え，互いに賃金問題に取り組めると主張した（渡辺, 1960）。

(7) 〈男性の女性並み化〉の主張

　主婦論争は，職場進出を支持する説と，家庭における家事・育児を積極的に支持し，それに対する何らかの経済的保証をするべきであるといった説，職場にいる女性と家庭にいる女性は共に連帯して社会の変革を目指すべきであるという説に大別することができる。女性が男性と対等に働くためには，男性も含めた全般的労働条件や育児問題の見直しが必要である。女性が家庭において担ってきた労働――労働力の再生産と人の再生産としての家事・育児――が，人間生活の質とかかわっている以上，その評価はもっと積極的になされてよいし，それが意義深い労働である限り，それは男性にも再配分されるべきであろう。それは職場進出一辺倒な考え方に対する疑問でもある。資本家の論理にとらわれない主婦の立場からの無農薬野菜等の消費者運動や公害反対運動等の社会的運動も，人にとって良い社会とは何かの問いを含んだものである以上，そのような問題意識からの社会体制や社会変革の必要性を認識しなければならない。その意味で，これまでの職場進出論とは反対に，「生活者」としての主婦こそ，人間のあるべき姿という1972年の武田京子の論文「主婦こそ解放された人間像」は，働く意味を問うた画期的なものであった。武田は，人の目的は人間らしい生活を送ることにあり，生産も生活のためなのに，価値が逆転して生産のための生活になっていると主張した。主婦は，家事を「合理化し，趣味に勉強に遊びに，あるいは市民運動に消費者運動にと，その持てる時間と能力と情熱とを駆使して，まさに，自由にして優雅な人間として生活を送っている」として，「世の中のすべての人間を，現在の主婦のような人間らしい生活の質にまでレベルアップさせる」べきであり，そのためには労働時間の短縮に取り組み，

そういう生活に経済的裏づけを与えるために、「いくらかの自由を売り渡し、義務として働く」こと、そして「生きがいは仕事以外の人間生活のほうに」求めるべきことを説いた（武田, 1972）。従来のフェミニズム運動にみられた〈女性の男性並み化要求〉から、〈男性の女性並み化〉へと、価値の逆転を行った。この精神は、第二波フェミニズムへと受け継がれていくことになる。

3. 第一波フェミニズムから第二波フェミニズムへ

今までみてきたように、第一波フェミニズム運動と呼ばれているものは、18世紀後半から始まり1960年代後半に至るまでにみられた、数々の隆盛と衰退を繰り返してきた種々の女性解放運動の総称である。そこには大きな二つの流れがあり、その一つは、女性が主に男性と同等の権利獲得を目指して進められてきた運動である。近代になって男性が獲得した自由や教育権、選挙権等を持たなかった〈遅れて来た近代人〉としての女性が、〈近代人〉になるための闘いだったといえるだろう。しかしまたそれと同時にもう一つの大きな流れを支えたフェミニストたち、近代産業社会のイデオロギーとして生み出された男女役割分業を内面化し、女性の本分は家事・育児にありとし、母性の持ち主としての立場から、社会改良運動としての廃娼運動、戦争反対（場合によっては戦争協力）運動、生協運動、反核・反公害運動等に取り組んだフェミニストたちもいたのである。

〈女性の本質としての母性〉を考える時に忘れてならないのは、女性たちが戦争中や戦後の男性人口減少時には人手不足から労働力として駆り出されたが、男性が復員してきた時、あるいは不況下では、女性は家事・育児をするものであり、男性の仕事を奪うべきではないとして、家庭の中に囲い込まれることを何度も繰り返してきた事実である。母性というのは時の権力にとって、しばしば安易な社会操作の口実であったのである。第二次大戦中は、とりわけ日本、ドイツ、イタリアというファシズム国家において、兵士の母、国家の母として戦争推進のために利用されると同時に、多数の男性が戦死したので、多産が奨励されもしたのである。

1960年代後半頃から、フランスの五月革命、アメリカの公民権運動やベト

ナム反戦運動，日本における新左翼運動などにおいて，男性と共に戦っていた多くの先進工業国の女性たちは，運動の中にある女性嫌悪・女性差別を再び発見し，男性と袂を分かち，女性が主体的に生きるとはいかなることかと問い始めた。これが第二波フェミニズム運動である。

詳しく知りたい人のための参考図書

S・ボーヴォワール著，『第二の性』を原文で読み直す会訳『決定版 第二の性』（Ⅰ，Ⅱ上，Ⅱ下）新潮文庫，2001年

コンドルセほか他著，坂上孝編訳『フランス革命期の公教育論』 岩波文庫，2002年。

F・エンゲルス著，戸原四郎訳『家族・私有財産・国家の原理』 岩波文庫，1965年。

B・フリーダン著，三浦冨美子訳『新しい女性の創造 増補・新装版』大和書房，1986年。

奥田暁子・秋山洋子・支倉寿子（編）『概説フェミニズム思想史』ミネルヴァ書房，2003年。

【引用文献】

Condorcet 1791 *Nature et objet de l'Instruction publique.* （松島鈞訳 1962 公教育の原理 世界教育学選集23 明治図書出版）

Condorcet 1793 *Esquisse d'un tableau historique des progrès de l'esprit humaine.* （渡辺誠訳 1951 人間精神進歩史 岩波文庫 第一部 第二部 なお，引用に際しては，旧字体を新字体に改めた）

千本暁子 1990 日本における性別役割分業の形成——家計調査を通して 荻野美穂・田邊玲子・姫岡とし子・千本暁子・長谷川博子・落合恵美子 制度としての女 平凡社 187-228

Groult, B. 1977 *Le Féminisme au Masculin,* Denoel Gontiër. （山口昌子訳 1982 フェミニズムの歴史 白水社）

原田皐月 1915 獄中の女より男に 青鞜 **5**(6) （復刻版青鞜 1980 第5巻上6号 龍渓舎 33-45）

平塚らいてう 1911 元始女性は太陽であった——青鞜発刊に際して 青鞜 **1**(1) （丸岡秀子編 1976 日本婦人問題資料集成 第8巻 ドメス出版）

平塚らいてう 1918 母性保護論争の主張は依頼主義に非ず 婦人公論 **3**(5) （丸岡秀子編 1976 日本婦人問題資料集成 第8巻 ドメス出版 231-133）

平塚らいてう 1955 主婦解放論 婦人公論10月号 （上野千鶴子編 1982 主婦論争を読む Ⅰ 全記録 勁草書房 73-82）

平塚らいてう 1971 元始，女性は太陽であった 上下 大月書店

石垣綾子 1955 主婦という第二職業論 婦人公論2月号 （上野千鶴子編 1982 主婦論争を読む Ⅰ 全記録 勁草書房 2-14）

磯野富士子　1960　婦人解放論の混迷　朝日ジャーナル4月10日号（上野千鶴子編　1982　主婦論争を読む　II　全記録　勁草書房　2-22）
鍛治千鶴子　1984　民法改正　朝日ジャーナル編　女の戦後史　I　朝日選書
神田道子　1974　主婦論争　青山道夫・竹田旦・有地亨・江守五夫・松原治郎（編）　講座『家族』第8巻　弘文堂（上野千鶴子編　1982　主婦論争を読む　II　全記録　勁草書房　214-230）
河野信子　1982　近代女性精神史　大和書房
Liddington, J.　1989　*The Long Road to Greenham Common-Feminism and Anti-Feminism in Britain since 1892.* Virago Press.（白石瑞子・清水洋子訳　1996　魔女とミサイル——イギリス女性平和運動史　新評論）
Mies, M., Werlhof, C.v., & Benholdt-Thomsen,V.　1983　*Women: The Last Colony.* Zed books.（古田睦美・善本祐子訳　1995　世界システムと女性　藤原書店）
Mill, J. S.　1869　*The Subjection of Women.*（大内兵衛・大内節子訳　1957　女性の解放　岩波文庫）
毛利明子　1961　「労働力の価値」と主婦労働　朝日ジャーナル　4月9日号（上野千鶴子編　1982　主婦論争を読む　II　全記録　勁草書房　107-118）
長尾景弼（編）　明治民法　1890　日本六法全書　上　博開社
Rabaut, Jean　1978　*Histoire des Féminismes Français.* Stock.（加藤康子訳　1987　フェミニズムの歴史　新評論）
Rousseau, J.-J.　1762　*Emile, ou de l'Education.*（永杉喜助・宮本文好・押村襄訳　1982　エミール：全訳　玉川大学出版部）
坂西志保　1955　「主婦第二職業論」の盲点　婦人公論4月号（上野千鶴子編　1982　主婦論争を読む　I　全記録　勁草書房　15-22）
Stanton, E.　1848　*Declaration of Sentiments.*（リサ・タトル著　渡辺和子監訳　1991　フェミニズム事典　明石書店　83-87）
高群逸枝　1926　恋愛創生（高群逸枝全集　第7巻　1967　理論社　7-213）
武田京子　1972　主婦こそ解放された人間像　婦人公論4月号（上野千鶴子編　1982　主婦論争を読む　II　全記録　勁草書房　134-149）
Tuttle, L.　1986　*Encyclopedia of feminism.* Longman Group Ltd.（渡辺和子監訳　1991　フェミニズム事典　明石書店）
上野千鶴子　1982　主婦論争を読む　I　全記録　勁草書房
渡辺多恵子　1960　労働者と母親・主婦運動　学習の友10月号（上野千鶴子編　1982　主婦論争を読む　II　全記録　勁草書房　44-53）
Wollstonecraft, M.　1792　*A Vindication of the Rights of Woman*.（白井堯子訳　1980　女性の権利の擁護　未来社）
山田わか　1915　堕胎に就いて　青鞜　**5**(8)（復刻版青鞜　1980　第5巻下　龍溪書舎　30-38）
山川菊枝　1918　与謝野，平塚二氏の論争　婦人公論　**3**(7)（丸岡秀子編　1976　日本婦人問題資料集成　第8巻　ドメス出版　239-248）
与謝野晶子　1918　粘土自像　太陽　**24**(7)（丸岡秀子編　1976　日本婦人問題資料集成　第8巻　ドメス出版　233-239）

※本章の写真は下記の文献より転載させていただきました。
・コンドルセ（p.5）：ジャン・ラボー著，加藤康子訳『フェミニズムの歴史』（新評論）
・平塚らいてう（p.11）：平塚らいてう『元始，女性は太陽であった　上』（大月書店）
・与謝野晶子（p.13）：矢野峰人編『与謝野晶子詩歌集』（彌生書店）

2
第二波フェミニズムと女性学・ジェンダー学の誕生

1. 第二波フェミニズム

　第二波フェミニズムは，1960年代後半に欧米からアジアに至る先進工業国を中心に，ほぼ時期を同じくして起こった女性解放運動を指す。フランスの1968年の五月革命や，アメリカの公民権運動（黒人の人権保護を求めた運動）や，ヴェトナム反戦運動に参加した女性たちが，男性活動家の性差別的態度に憤慨して男性と袂を分かつ中で誕生した。第二波フェミニズムは，女性がどんな他者からも規定されることも抑圧を受けることもなく，自立的・自律的な主体的生の実現を目指すという一点を除けば，さまざまな考え方を持つ，さまざまな運動体の総称であり，ただ一つの統一した組織や考え方に立脚したものではない。

　第一波フェミニズムは主に女性の男性並み権利獲得要求であったが，第二波フェミニズムの特徴は，女性であることの意味がラディカルに（根源的かつ過激に）問われた点にある。女性たちは平等化要求とは別に，文化や言語さらには私領域をも含む社会システム全体が包含している性差別を，女性の視点から問題視した。

　従来の学問が中立的客観的な真理を標榜してはいても，科学，とりわけ人文科学の分野では，テーマの設定や資料の収集などの取り扱いにおいて，無意識的であれジェンダー・バイアスから完全に自由になり得ていない（ジェンダー

のみならず，人種，民族，階級，セクシュアリティ等のバイアスもある。事実，フェミニズム内部においても，後年，そのような諸点が問題にされることになる）。〈真理〉〈客観性〉〈中立性〉は，女性の存在を無視した男性中心的なものであることを発見し，ここから，女性による女性の視点から知の領域を問い直す女性学が70年代に誕生した。性規範，性差別等が，政治，経済，法律，言語，文学，心理学，精神分析，教育，生物学等，すべての制度や言説にかかわり浸透しているので，女性学は従来の知の領域区分を越えた学際的なものになると同時に，従来の知のあり方そのものに疑問を呈し，異議申し立てをしたのである。

　まず女性自身による〈女性の発見〉が行われた。男性の評価や規定による女性や女らしさではなく，女性自身が，たとえば月経や出産，母性，売春等の女性の身体にまつわる文化の検証，男性から一段低く評価されていた家事・育児という〈女性の仕事〉の再評価，男性の戦争・闘争史であった歴史学に代わり，忘却され無視されてきた〈生きられた歴史〉としての女性の歴史や女性文化（史），女性文学作品の発掘等を精力的に行った。いわば新しい知の分野を開拓したのである。それと同時に，たとえば従来傑作だとみなされていた文学作品が，いかに男性中心的で女性蔑視や偏見に満ちているかという男性文学の中の性差別的記述の告発，言語にみられる性差別等，あらゆるところに記載され，痕跡をとどめている性差別（構造）の告発と解明と変革に取り組むと同時に，性差別がいつからどのように形成され再生産されていったかの解明に取り組んだのである。では，最近30年間に達成された第二波フェミニズム運動や女性学の成果のいくつかをみてみよう。

2．家父長制の発見

　第二波フェミニズムに携わった女性たちの功績は，歴史を通じてみられる男性が女性を支配する社会システムを家父長制（父権制）と捉え，定義したことにある。家父長制は政治・経済・社会の公領域のみならず家庭のような私領域にもはびこっている。アメリカのラディカル・フェミニストと呼ばれる一人であるケイト・ミレット（Kate Millet, 1934～）は『性の政治学』において，性

には「政治的側面」があり,「性行為」という最も私的な場にさえ存在する「権力と支配の概念が演じている役割」(Millet, 1970) を,ノーマン・メイラー (Norman Mailer) やヘンリー・ミラー (Henry Miller) の異性愛描写の中に暴き,男のセクシュアリティは支配への欲望がその主要な力となっているとして,男女関係という私的とされる領域が持つ政治的意味合い＝権力関係を暴露した。

シュラミス・ファイヤーストーン (Shulamith Firestone, 1945～) もラディカル・フェミニズムの創始者の一人であるが,『性の弁証法』で,女性に対する抑圧原因は女性の出産・授乳・育児機能にあるとして,科学の進歩が女性を女性機能から解放してくれると主張した。

アメリカのラディカル・フェミニストたちは,「個人的なことは政治的なこと」として,日常生活に潜む性差別を意識化し,個人的に思える不幸が,実は女性一般に共通する性をめぐる問題であることを認識していく「意識改革 (consciousness raising)」を行った。たとえば,夫の暴力は,その夫個人の資質的問題なのではなく,社会において女性に対する男性の暴力が蔓延している結果だと考えるのである。男＝公的領域,女＝私的領域という分断こそ政治的であり,両者の関係を明るみに出すことで,家父長制という性差別体制を解き明かそうとした。

3.「近代家族」と「母性」

〈父親が働きに出,母親は家で家事・育児を担当する,子どもを中心とした愛情に基づく固い絆で結ばれた家族〉,私たちは家族とはこのようなものであり,それは昔から変らぬものだと考えている。しかしこのような家族像は,たかだか200年前から作られたものにすぎない。

たとえば中世の西欧において,「父のイメージを神のイメージに近づけたキリスト教は,父親に家族全体に対する絶対的で無際限の力を与え」(Olivier, 1994) た。妻が授乳するかどうかを決定したのも夫だった。乳児死亡率が高くたくさんの子を産む必要性から,授乳しない方が早く妊娠する確率が高くなるので,妻の授乳はたいてい認められなかった。しかし乳幼児の高死亡率は,子

どもが生まれると近郊農家に授乳のために里子に出されることが多かったからでもある。里子は手厚い保護を受けたわけではなかった。生き延びて里子から戻ると，家族から再び離され修道院か寄宿学校へ送られ，その後，父親が子どもを結婚させるか再び修道院に入れるかした。1780年のパリで「一年間に生まれる二万一千人（総人口は八十万人から九十万人である）の子どものうち，母親に育てられるものは千人に満たず，住み込みの乳母に育てられたものは千人である。他の一万九千人は里子に出される」（Badinter, 1980）。リヨンでも毎年誕生する6000人の子どものうち，「両親によってよい乳母に預けられる子どもはせいぜい千人である。その他の子どもたちは……貧しい憔悴しきった乳母のところへ放り出され」「母親が自分で育てる子どもの数は，数えることもできない」（Badinter, 1980）ほど少数であったという記録が残っている。貧富にかかわらず，大都市でも小都市でも，18世紀には子どもが里子に送られる習慣が一般的になった。多くの女性が自ら授乳し養育するようになったのは，ルソーの『エミール』の出版（1762年）以後にすぎない。しかしそのルソーさえ5人の子どもを捨てていた。捨子養育院には捨子収容口という旋回式受付口があって，誰でも顔を見られることなく子どもを捨てることができた（Rabaut, 1978）。1833年には13万1000人の捨子があった（Badinter, 1980）。エリザベート・バダンテール（Elisabeth Badinter）は，18世紀頃まで多くの家族は親子の交わりも愛情もなく生きていたと主張している。しかし市民革命や産業革命を経て近代資本主義経済社会が確立していく中，工場での労働力が必要になり，男性（＝夫）は家庭に不在がちになる。また子どもは産業社会の人的資源として養成される必要が出てきた。このため子どもの養育者としての母親の〈母性〉が強調され出したのである。

　日本ではヨーロッパとは逆に，子どもは溺愛されて育った。貧困による子殺しは確かに存在したが，〈母性〉という言葉を必要としないほど，人々は男も女も子どもを可愛がり成長を共に見守っていた。江戸時代に子どもの教育について考えた人々は，「親の子に対する愛情不足といった問題意識は」（中江, 2003）まったくといってよいほどなく，むしろ溺愛が子どもを育てそこなうのではないかと心配した。

　母性という日本語は，20世紀の初め，維新後の文明開花の〈近代家族〉形

成期において，ヨーロッパからの輸入語として登場してきた（奥田ほか, 2003）。「明治期に，西欧化政策にもとづく民法法典の制定により，「母」と「父」が役割分化されたが，19世紀後半までは「父母」あるいは「親」として一括されることが多く，両者の境界は必ずしも明確でなかった」（木村, 2003）という指摘もある。近代化に伴う富国強兵策における人口増の必要と，夫を工場で長時間労働させ妻に家庭を守らせるために，明治政府は女性に良妻賢母教育を施した。女性は疲労して帰宅する夫の労働力の再生産と，将来の労働力である子どもの養育を，一人で担うことになった。

このように日本であれ欧米であれ，近代資本主義諸国において，性別役割分担の明確な〈近代家族〉を維持していく上で，〈母性〉は不可欠の要素であった。〈母性〉は社会維持に必要な制度であり，近代資本主義経済社会というイデオロギーの要請上できあがったものであった。これは女性に結婚を強制し，女性を母性の中に閉じ込め囲い込む社会的装置，〈強制的異性愛〉でもある。

竹村和子はこの性別分業システムを，「ドメスティック・イデオロギー」（竹村, 2000）と呼んでいる。男に公的領域，女に私的(ドメスティック)領域を割り当てたのみならず，女性を家庭(ドメスティック)婦人と家庭の外で働くいかがわしい女に分断し，さらに，敬意を払うべき国内(ドメスティック)の女と，敬意を払わなくてよい国外の女に分断したというのである。女性は，もっぱら子産み・子育てという領域にのみ閉じ込められ，経済的には夫に依存・従属し，母性以外生きる道がなくなり，自立的・自律的人生を送ることができない二流市民となった。第二波フェミニズムを推進してきた多くの女性たちが結婚を拒否し，母性を拒否し，男性を拒否したのは，結婚して家族を持つことが結局は家父長的男性に従属することになって，個人としての生をまっとうできない結果に終わることを恐れたためであった。男性支配が強制的異性愛の中で維持されているので，異性との結婚ではなく，女性同士の〈家族〉や，シングルマザーになって母性を実現しようと試みたり，異性愛主義の中で差別されるゲイ・レズビアンたちの解放にも携わっていくことになる。

しかし母性はすべての女性に備わっているものではない。すべての人が言語能力を有してはいても，それは直ちに人が話せることを意味せず，言語能力とは培われてこそ開花するものであるように，母性も女性の潜在能力としてはあ

るが，あくまでそれは開発され，学習され，母性の型として世代から世代へと伝えられていくものである。夫との関係が安定し良好な妻は，子どもを可愛く思う余裕があり良き母になれるが，夫との関係が不安定もしくは悪い時には，精神的に不安定で子どもを思いやる余裕がなく，良き母親にはなり難い（大日向，1988；本書第Ⅱ部第3章第2節(3)も参照のこと）。夫や愛人との関係次第で，子捨て，子殺しをした母親が多々いる事実がそのことを証明している。

多くの母親が母性の持ち主として称揚されるのは，彼女たちが子育ての中で母性を育んできたからである。〈女＝母性〉と考えられてきたのは，その生き方しか女に許されていなかったからである。逆に，仕事に出かけ子どもとの接触時間が少ない父親には父性を育てる時間が十分とはいえないであろう。近年，子育てに積極的にかかわってきた男性たちは，育児により自分が成長し，自分の世界が広がったことを報告している（ぐるーぷ・アミ，1993）。最近のジェンダー・フリーの職業名を使用する傾向にならって（本書第Ⅰ部第3章第6節参照），今後は，母性，父性という言葉より，〈親性〉という言葉を使用したらどうだろう。子どもを作るのも育てるのも両親の義務であり権利なのだから。

4．女性労働の発見

第二波フェミニズムにおいて，マルクス主義フェミニストたちの功績は，家事・育児が労働であることを発見した点にある。すでに述べたように，〈男は仕事，女は家事・育児〉という性別分業は，たかだか200年の歴史しか持たない近代産業社会成立以降に作り出されたシステムでしかなく，近代以前にも女性は労働していたこと，そして主婦役割が近代の産物でしかないことを，マルクス主義フェミニストたちは発見した。イタリアのダラ・コスタ姉妹は，女性の性労働としての「家事労働に賃金を」要求するべきであると主張した。

クリスチーヌ・デルフィ（Christine Delphy）は家事すべてを不払い労働と定義するダラ・コスタらを批判して「他の人のために提供されるサービスだけを不払い労働と呼ぶべき」（Delphy, 1984，強調は原文）と主張した。家事労働には家族・世帯向けの自給生産労働も含まれるので，デルフィは「家事労働という概念の代わりに家内労働という概念を使うよう提案」した。

このように，マルクス主義フェミニストたちは経済問題を従来のように有償労働の側面から論じるだけでなく，労働力および人の再生産（出産），そして自給生産労働という女性が担ってきた非市場不払い労働を発見し，このような女性労働が，資本主義と家父長制度を支える女性抑圧の一因であると主張したのである。無償の家事労働は，1995年に北京で開催された第4回の国連世界女性会議後，特に大きな関心を呼ぶようになった。世界女性の担う無償労働は，年間11兆ドルにもなるといわれている（国連開発計画『ジェンダーと開発』，1995年）。

5. ポストモダン・フェミニズム

フェミニズムの運動には大別して二つの流れがあった。一つは，男と女は平等だとする普遍主義に立つ立場で，女性解放運動を強力に推し進めてきた流れである。しばしば男女の差異を問題にすること自体を本質主義的性差別とみなす。この流れにいる人々の多くには，ボーヴォワール（Simone de Beauvoir）のように，生殖機能を自己疎外の原因だとみなすなど，女性の性に対する〈蔑視〉がみられる。この流れは，バトラー（Judith Butler）に代表されるように，性差は自然ではなく文化が作り出したものであり，セックスさえもがジェンダーなのだという主張にたどり着いた。

二つ目の流れは，男女には肉体的差異に基づく固有の本質があり，女性の場合，それはとりわけ母性が大きな働きを演じているとするものである。男女の性差・本質論は，一方では家父長制社会が生み出したイデオロギー言説とも合致し，19世紀以降にはこの言説を内面化したフェミニストたちが，母性こそ自分たちの本分として社会改良運動としての廃娼問題や平和運動に，場合によっては戦争協力に取り組んだこともあった。

しかし他方，男性に都合の良いように規定した家父長制社会が生んだ〈女らしさ〉とは別に，女性自身が新たな〈女性性〉を発見しようとする動きも第二波フェミニズムにおいて生まれてきた。この立場に立つと，第一の流れは，必然的に女性が〈男性〉になることで，男女が性を捨象した抽象的・中性的〈人間〉にな（らざ）る（を得ない）流れであることになる。この動きは，差

異派フェミニズムとも,フランス人が中心になったのでフレンチ・フェミニズムとも,女性文化を強調し男性中心的文化や男性中心に構築されている近代世界(モダン)に変更を迫るので,文化派フェミニズムとも,ポストモダン・フェミニズムとも呼ばれている。

ポストモダン・フェミニストたちは,性差別を生み出してきた文化そのものを問題視する。男性を中心に発展してきた能率一辺倒の産業社会においては,母性機能はマイナス要素でしかない。男性をモデルとしてそれに同化しようとする限り,女性が人間であることと女であることの二律背反は解消され得ない。女性解放が,女性身体と女の性からの〈解放〉だとするなら,それは女性疎外である。女性が男性並みの権利を獲得したところで,差別を生み出す社会体制・社会構造・思考体系が変わらない限り,性差別や他の種々の差別が存続し続けるであろう。ポストモダン・フェミニストたちは性的存在として自己を捉え,性差がなぜ差別となるのかと問い直すのである。

リュス・イリガライ(Luce Irigaray)にとって,性は「単なる性であるだけでなく,社会組織と文化創造との基盤である」(Irigaray, 1977)。この社会は男性的セクシュアリティ体制であり,「男のセクシュアリティにとって,快楽とは,自然の所有,自然を(再)生産させる欲望」であり,「本質的に経済学的な快楽」(強調は原文)である。また同時にこの社会はホモソーシャルで,「同性愛を第一原理」とし,「父-息子の関係は典型的に同性愛であって,この関係が,家父長権力の系図,その法,その言説,その社会性を保証」(強調は原文)している。社会におけるあらゆる経済管理も欲望の管理も同性愛的で,女は商品となり,男性間で「取引,転移,移行」されるものとしてしか現れない。「社会秩序を可能にし,その基盤を保証するもの」が女の交換なのである。商品としての女は,「その《自然な》身体と社会的に価値のある交換可能な身体」という二つの《身体》に分断させられてしまう。こうして成長した女になるという「女の《生成》は自然的価値から社会的価値への移行」を意味することになる。

商品としての女は三つのカテゴリーに分類される。まず純粋な交換価値としての女=処女。次に,子どもと労働力の再生産者として社会秩序を再生産する母。最後に,女の身体が「男同士の関係の単なる乗り物になった」売春婦であ

る。女の社会的役割は以上の三つなので，それぞれの女が表すとされる特質が価値を持つ——羞恥，無知，快楽への無関心，再生産と養育，貞節，男の《活動》の受動的承諾，等々。しかし「母であっても，処女であっても，売春婦であっても，女には自己の快楽への権利がない」のである。

女は交換財としての商品にはなるが，流通の当事者ではない。男同士の関係が可能となっているのは，女が自らの言葉で語る権利と，自身の自然な肉体という「動物性への権利を捨てることによって」である。商品としての女は，主体的に生きられず，「商品の《管理人》の視線の下でしか，互いに関係を持つことができない」し，商人の利益のために女は互いに敵対関係を形成するしかない。しかしもし，女が商品であることをやめ，女として搾取されることをやめると，社会秩序にどのような変化が生じるかとイリガライは自問してみる。つまり自然，物質，身体，言語，欲望と人との関係が《男根支配的モデル》とは別の仕方で社会化されたら，社会秩序はどうなるのか？　イリガライはこうして女性のセクシュアリティに立ち戻って検証する。

女性性器は陰唇という二つの唇でできていて，自己と触れあい続けている。つまり「他者がすでに女の裡におり」，唇が触れあうという「自体愛からみて他者は女に親しいもの」であるので，他者を男のように占有し所有物にしてしまうことがないし，近さを快楽してもいる。女は「絶えず自己と他者とを交換しあう。たがいにどんな同一化もしない」。女のセクシュアリティは一つではなく，少なくとも二つはあるが，一つずつに識別できないのである。こうして「自己と触れあう」「近接」という二つの特徴から，脱中心化，一方から他方への送り返し，非占有という新たな経済モデルをイリガライは提示する。「そこでは，自然は枯渇することなく互いに使用しあい，労働なしに交換し合い，——男たちの取引から免れて——無償で与えあうだろう。無償の快楽，労苦のない満足感，所有のない快楽。計算，貯蓄，多少なりとも暴利をむさぼる（強姦的な）所有，勤勉な資本化などに対するアイロニー」としての交換様式である。

イリガライはこのように女性のセクシュアリティに根ざす徹底した女性文化の確立を主張し，男性をモデルとして男性に同化することに反対する。女性搾取が性差に基づいている以上，「性差を通してしか解決しえない」(Irigaray,

1990) し，男性と平等になるのではなく，「両性を敬いつつ，まだ存在していない，性的なものの文化」を入念に作り上げる必要があると主張する。女性が主体でも客体でもない言語を使用することで，〈同一者＝男性＝男根論理〉にとらわれない文化や男女関係を確立しなければならないという。同一労働同一賃金，経済的自立の獲得は当然だが「男性の生産手段，男性の資本や社会・文化的遺産」を強いられてはならないし，女のアイデンティティも放棄すべきではない。具体的には女性の身体やイメージを商業的に利用させない，娘性(むすめせい)（身体的・精神的純潔）を商売とさせない，男の権力に女性を譲渡するものではない結婚制度と肉体関係，強姦・近親相姦・不本意な売春行為・ポルノ等に対する訴訟等の女性に適した実定法，母性への優先権ではない権利，等々が必要であると主張している。

エレーヌ・シクスー（Hélène Cixous, 1937～）によれば，男女という二項対立が文化の基盤にあって近代社会を構成している。それは他のあらゆる二項対立（太陽／月，文化／自然，頭脳／感情，等）に通じ，二項は序列化され，「女性に対するこの敵意(オポジション)は，文化を構成しているあるゆる対比(オポジション)の中に無限に分配」（Cixous, 1976）されている。二項対立的社会は同一者（＝男性）である主体が，同一者でない女性や外国人といった他者や，自然や物を支配することでもある。それはまた力が支配する世界であり，男根はその象徴である。そして「同一者＝男性」の論理のみが幅を利かせ，人や事物を秩序づけ，分類し，支配する社会でもあるので，男根論理中心社会(ファロゴサントリスム)とも呼び得るものである。男性は常に「征服し，支配し，統制し」「一般的，強制的に，判断し，診断し，要約し，命名しようと」し，その社会は男性が「所有することで機能」している。このような同一者体制の文化が「異質なものの破壊に関する一切の問題，つまり「歴史」を動かしているすべての人種差別，すべての排除，市民権の剥奪と大量虐殺」を生み出してきたのだから，シクスーは男性に同化することに疑問を呈するのである。世界や他者との関係のあり方，思考方法，生き方が問題なのである。いってみれば，女性が男性と同じ権力，企業内ポストを得たところで，それが他者支配や富の占有のために使用されるとするなら，それにどれほどの意味があるのかと問うたのである。必要なのは，〈文化革命〉なのだ，と。

新しい文化の基盤になるのは，〈女性的なもの〉，女性性であるが，これは男

性が幻想し，女性に割り当ててきた従順さやしとやかさといった〈女らしさ〉とは無縁である。イリガライは，女性性は女性の肉体に依拠している女性特有のものであり，したがって女性独自の文化を構築するべきだという男女の本質主義に立つ差異主義者であるが，シクスーは人間はもともと両性性具有なので，女性性や男性性は一方の性から他方の性へ入り込んだり交換したりできるのだと主張する。性的快楽を除いて，男女はすべて交換可能であるとさえいっている（シクスー，1997）。

シクスーはまた男根論理的思考を壊乱する「女性的エクリチュール_{エクリチュール・フェミニン}」（本書第Ⅱ部第5章 KEYWORD 参照）を提唱した。女性性は男性的象徴体系の中では周縁化され沈黙させられ抑圧されているが，女性性を刻印したエクリチュール実践によって二項対立を無効にし，一義的意味作用を無効にし得るとした。シクスーは女性的エクリチュールは書き手の性別とは無関係だと主張する一方で，母の肉体と声から書かれるという矛盾した主張を行った。しかし男女はもともと両性性具有なのだとシクスーは主張する。そして母に代表される女性的エコノミーは，他者抑圧の上に成立する利潤追求ではなく，無償の贈与を可能にするものなので，人間にとって価値ある人間関係に基づくオルターナティヴな文化構築の可能性をそこにみたのである。女性が実践する「女性的エクリチュール」の〈女性〉とは，何か一つに還元できないものであり，その多義性ゆえに男性中心的一義的意味作用を崩壊させてしまう質のものである。女性的エクリチュールが描写する象徴界の特徴は，男性のそれが同一や欠如であるのに対し，彷徨，横溢，非・保留，差異・多義性であり，他者との交換に基盤をおき，強制的異性愛とは「別の愛_{アムール・オートル}」である，他者を支配・抑圧するのではなく愛する「他者愛_{アムール・オートル}」を実践するものである。

6. ジェンダー

(1) ジェンダー

男／女という二項対立的考え方が，西洋的思考方法の基盤をなしているとはいえ，他の二項対立的項目，たとえば太陽と月，天と地，生物と無生物ほど男女は異なっていない。臓器移植も可能なほど，男女は交換可能な部分を多々保

持している。にもかかわらず、まるで男女が別物であるかのように区別し、社会的役割が異なるのは、〈自然〉の相違というより別の要因に起因しているからである。性差別は、身体差(セックス)に基づくものだとされてきたが、女性たちはそれが社会的・文化的に構築されてきたものだとして、これをジェンダーと呼び、生物学的性差と区別した。女といってもその階級や性指向（異性愛か同性愛か両性愛かということ）、あるいは経済的利害がブルジョアの妻か労働者の妻かで異なるように、〈女〉とは自然なカテゴリーとして一括りに理解され得るものではない。ジェンダーはある一定の政治・経済システムを作動させ維持させるための社会体制と密接にかかわっている。ジェンダーが、〈社会的、文化的に作られた性〉であるとは、女性がある一定の諸関係のもとで、妻や奴隷や売春婦になる、あるいはジャンヌ・ダルク（Jeanne d'Arc）のように軍隊を率いることもあれば、戦争の犠牲者になることもあることを意味している。

　この社会体制をゲイル・ルービン（Gayle Rubin）は、「性(セックス)／ジェンダー体制」と呼んだ。あるゆる社会に、社会的な産物である性／ジェンダー体制が存在する。社会的産物であるがゆえにさまざまな変異、ヴァリエーションも存在する。たとえば、性的に攻撃的な女たちから逃げ回りレイプを恐れているようにみえるニューブリテンの男たちもいる（Rubin, 1975）。このような性／ジェンダー体制がジェンダー・アイデンティティー（性的欲望やファンタジー）を形成していくのである。

　ルービンは、レヴィ＝ストロース（Claude Lévi-Strauss）の『親族の基本構造』とモース（Marcel Mauss）の『贈与論』を参照しながら、性／ジェンダー体制を二つの側面、経済と性関係から説明している。人は常に男か女かに区別されるが、親族システムの本質は、男からなる二つの集団の間における女の交換に存在する。女が交換されることは「社会的交接」であり、男からなる集団の間に、種々の関係が導き出されることになる（封建時代の政略結婚を例として考えれば、このことはよくわかるだろう）。女たちが「婚姻によって与えられ、戦闘で取りあげられ、恩顧のために交換され、貢献として送られ、買われそして売られる」交換財（交換するための財産）であるためには、男と女が社会的・文化的に同一でないことが必要不可欠になる。「男たちと女たちの同一性 sameness に対する禁忌」がここに生じる。つまり幼児が誕生した時に保持

している同性愛的要素を抑圧すること——男たちにあっては「女性的」特徴を抑圧し，女たちにあっては「男性的」特徴を抑圧すること——により，男女は互いに排他的な二つのカテゴリーに分類されていく。こうして「異性愛的な婚姻を強制する」社会装置が作動し，労働を性的に分割することによって，両性間における依存状態を作り出すのである (Rubin, 1975)。

このように生物学的性差を社会的なものへ置換するものが性／ジェンダーシステムである。それはまたジェンダーが一つのイデオロギーであり，さまざまな言説によって反復・再生産されていることを意味してもいる。妻に対する夫の，労働者に対する企業の，国民に対する政治権力機構の支配を維持するために，家父長的言説が支配体制を再生産しているのである。しかしそれは同時に，言説が，この支配体制を転覆させる可能性も秘めていることになる。それゆえ今では，ジェンダーを社会的・文化的に形成された性別それ自体ではなく，「社会的・文化的に形成されている性別についての「通念」や「知識」，あるいはそうした「通念」や「知識」に基づいてなされる言語実践や社会実践という意味で使用され」(江原, 2002) ていると考えることも可能である。

(2) ジェンダー概念の変容

1980年代以降，セックスに基づいて社会的・文化的に構築されるジェンダーという考え方は覆されていく。ジュディス・バトラーにとっては，生物学的差異とみなされているものさえ，文化的に構築されたものにすぎない。バトラーはセックスに基づいてジェンダーが構築されるのではなく，社会的に非対称なジェンダーが，セックスをあたかもその起源であるかのように構築しているのだと主張した (Butler, 1990)。「アイデンティティを構築しているどんな基盤的カテゴリー——セックス，ジェンダー，身体の二元性（精神と肉体ということ）」も，「自然や起源や必然という結果を作り出す人工的な生産物である」ことになる。アイデンティティの基盤をなすと考えられているセックスやジェンダーや欲望という概念が，特定の権力配置の結果として誕生したものであり，ジェンダー研究とは「多様で拡散した複数の起源をもつ制度や実践や言説の結果でしかないアイデンティティのカテゴリーを，唯一の起源とか原因と名づける政治上の利害を，探っていくこと」(強調は原文) だということになる。もう

少し平易にいうなら、〈女〉という概念が、どのようにジェンダーとして、さらには生物学的本質的性差があるとして捏造されていくか、社会的構築物にしかすぎない性差が、生物学的事実としてでっち上げられていくかを研究するということになる。こうなるとセックスとジェンダーの区別はできなくなる。つまりセックスは常にジェンダーである、「セックスそのものがジェンダー化されたカテゴリー」だということになる。ジェンダーとは、「それによってセックスそのものが確立されていく生産装置のことである」。セックスが、ジェンダー化されるのを待っているものであるかのようにいうこと自体が、ジェンダーと呼ばれる文化装置が行う結果なのだということになる。

〈女らしさ〉〈男らしさ〉という男女のアイデンティティとしてのジェンダーを身につけていく、各人がパフォームしていくのだということもできる。歌舞伎の女形はジェンダーを模倣することで、女性より女性らしい〈女性以上の女性〉になる。異性装、つまり女装をする男性や男装をする女性はジェンダーを模倣しているのであるが、ジェンダーとはこのように模倣することによって成立するものである。「ジェンダーとは身体をくりかえし様式化していくことであり、きわめて厳密な規制的枠組みのなかでくりかえされる一連の行為であって、その行為は、長い年月のあいだに凝固して、実体とか自然な存在という見せかけを生み出していく」(Butler, 1990)。バトラーは、ジェンダーは、「明瞭な懲罰制度をもつパフォーマンス」であるといっている。しかも「ジェンダーを正しくおこなえない者は、規則にしたがって罰せられる」。しかしこのようにジェンダーが社会的に構築されるものである以上、「ジェンダーによって表出されたり外面化される『本質』など存在」しないことになるし、「ジェンダーの多種多様な行為こそが、ジェンダーの概念を作り出すものであり、したがって行為がなければ、ジェンダーもありえない」(Butler, 1990)ということになる。

ジェンダーが行為である限り、私たちはそれを選択することも、選択しないでいることもできるはずだ。バトラーは、ジェンダーを「反復しつつ、その反復を可能にしているジェンダー規範を、ジェンダーのラディカルな増殖を通して、どのように置換していくかということ」が課題であるといっている。バトラーはジェンダー概念を突き崩すものとして、ジェンダー二分法を行いながら

もその意味をどこまでもずらし，性役割を撹乱できる異性装やトランス・ジェンダー，トランス・セクシュアルを挙げている。

7．男性学の誕生

　女性学は女性の立場・視点から社会制度の不平等・不備を突く，あるいは知の領域を見直すというものだが，ジェンダーの考え方が広まるにつれ，女性同様，男性もまた文化的構築物ではないかという考えが出現した。男性もまた〈男らしさ〉の神話に呪縛されているのではないかという疑問が出てきたのである。たとえば，一家の養い手として，会社に忠誠を誓い，家族との生活を犠牲にして企業戦士として残業も日曜出勤も厭わずに長時間会社にいて過労死寸前まで働く（働かされる）ような男性のあり方に対する疑問である。がむしゃらに働いた結果，定年で家にいるようになると，妻からは〈粗大ゴミ〉とも〈濡れ落ち葉〉とも揶揄される存在になるしかなかった。こうして，男性とは何かを問う男性学が出現した。女性問題は男性問題でもあることが，80年代にフェミニストたちによって指摘され，日本では1986年に渡辺恒夫が「男性学」を提唱した（渡辺, 1986）。〈男らしさ〉〈女らしさ〉の呪縛から両性を解放し，そのようなジェンダー規範を生み出す原因を探るのがジェンダー学であり，今では女性学・男性学も含め，男女両性の問題を考える幅広い学問の総称としてジェンダー学と呼ぶようになっている。ジェンダー・フリーな社会・人間のあり方をめぐって，ジェンダー学はこれからも進化し続けることだろう。

詳しく知りたい人のための参考図書
P・アリエス著，杉山光信・杉山恵美子訳『〈子供〉の誕生』みすず書房，1980年。
江原由美子・金井淑子(編)『フェミニズムの名著50』平凡社，2002年。
森永康子・神戸女学院大学ジェンダー研究会(編)『はじめてのジェンダースタディーズ』北大路書房，2003年。
大越愛子『フェミニズム入門』ちくま新書，1996年。
J・ストルテンバーグ著，鈴木淑美訳『男であることを拒否する』徑草書房，

2002 年。
棚沢直子（編）『女たちのフランス思想』勁草書房，1998 年。

【引用文献】
Badinter, E.　1980　*L'Amour en plus*. Flammarion.（鈴木晶訳　1981　プラス・ラブ　サンリオ）
Beauvoir, S. de　1949　*Le Deuxième Sexe*. Gallimard.（『第二の性』を原文で読み直す会訳　2001　決定版 第二の性　Ⅰ・Ⅱ上・Ⅱ下　新潮文庫）
Butler, J.　1990　*Gender Trouble, Feminism and the Subversion of Identity*. Routledge.（竹村和子訳　1999　ジェンダー・トラブル　青土社）
Cixous, Hélène　1976　Le Sexe ou la Tête. *Les cahiers du grif*. **13**（松本伊瑳子・国領苑子・藤倉恵子訳　1993　去勢か斬首か　メデューサの笑い　紀伊国屋書店　49-79）
H. シクスー（聞き手・翻訳＝松本伊瑳子）　1997　エレーヌ・シクスー氏インタビュー　週刊読書人　7月11日
M. ダラ＝コスタ（伊田久美子・伊藤公雄訳）　1986　家事労働に賃金を――フェミニズムの新たな展望　インパクト出版会
Delphy, C.　1984　*Close to Home, A Materialist Analysis of Women's Oppression*. Hutchinson in association with The Explorations in Feminism Collective.（井上たか子・加藤康子・杉藤雅子訳　1996　なにが女性の主要な敵なのか　勁草書房）
江原由美子　2002　自己決定権とジェンダー　岩波書店
Firestone, S.　1970　*The Dialectic of Sex, The Case for Feminist Revolution*. William Morrow.（林弘子訳　1972　性の弁証法――女性解放革命の場合　評論社）
ぐるーぷ・アミ（編）　1993　男たちの生む 生まない　新水社
Irigaray, L.　1977　*Ce sexe qui n'en est pas un*. Minuit.（棚沢直子・小野ゆり子・中嶋公子訳　1987　ひとつではない女の性　勁草書房）
Irigaray, L.　1990　*Je, tu, nous-pour une culture de la différence*. Grasset & Fasquelle.（浜名優美訳　1993　差異の文化のために　法政大学出版局）
木村信子　2003　フランスにおける女性研究の動向――ジェンダーとセックス　女性空間　**20**　日仏女性資料センター　174-180
Millet, K.　1970　*Sexual Politics*. Doubleday.（藤枝澪子・加地永都子・滝沢海南子・横山貞子共訳　1984　性の政治学　ドメス出版）
中江和恵　2003　江戸の子育て　文春新書
奥田暁子・秋山洋子・支倉寿子（編）　2003　概説フェミニズム思想史　ミネルヴァ書店
大日向雅美　1988　母性の研究　川島書店
Olivier, C.　1994　*Les Fils d'Oreste ou la question du père*. Flammarion.（宇田川悟訳　2001　父親はなぜ必要か？　小学館）
Rabaut, J.　1978　*Histoire des Féminismes Français*. Stock.（加藤康子訳　1987　フェミニズムの歴史　新評論）
Rubin, G.　1975　The Traffic in Women, *Toward an anthropology of women*. Rayna R. Reiter.（長原豊訳　2000　女たちによる交通　現代思想2月号　青土社　118-159）
竹村和子　2000　フェミニズム　岩波書店
渡辺恒夫　1986　脱男性の時代――アンドロジナスをめざす文明学　勁草書房

3 男女共同参画社会実現に向けて

　近代資本主義産業社会は，性別役割分業社会であり，性の政治，つまり男性による女性の支配であると同時に，利潤が追求される競争原理に立脚した「力」が支配する社会でもある。家庭はこの競争社会で疲労した男性を休息させ再び労働力を生産する場であり，次代の労働力としての子どもを養育する場である。男性優位の文化は，女性を家庭に閉じ込める制度があってこそ機能してきた。女性たちは良妻賢母の役割を遂行する見返りに，物質的に恵まれた生活を手にしたが，「夫や子どものほかに，私はもっと何かがほしい」(Friedan, 1963) という欲望，自己実現の欲求を持つ自己に目覚めたのである。他方，大部分の働く女性は労働と家事の二重負担に苦しむ一方，家事労働責任ゆえに，補助的・二次的労働に就くことが多かった。

　しかしこのような男女の抑圧装置としての社会体制（性別役割分業）や，社会規範（女らしさ・男らしさ）から自由になり，男女が自由に個人の選択と責任において生きていけるようにしようという考え方にたどりついた。これがジェンダー・フリーの考え方であり，性別に縛られることなく，各人の個性と能力が発揮できる男女共同参画社会を実現しようとする動きが，体制側のレベルにおいてさえ出現する時代になった。日本政府は，男女共同参画社会の実現は21世紀の最重要課題であると明言している。

　参画とはあらゆる企画・立案の意思決定現場に立ち会うことを意味し，これまでのように男性主導ではなく，男女が平等に携わろうということである。し

かし男女共同参画社会とは、女性が男性並みに社会進出することだけを意味するのではない。男女共同参画社会実現には、今まで女性のものとされてきた分野――家事・育児や地域活動――に進出する〈男性の女性並み〉化も必要であることが、忘れられてはならない。この章では男女共同参画社会の理念と実現のための問題点を検討してみたい。

まず始めに、ここに至るまでの世界と日本の動きをまとめてみよう。

1.「男女共同参画社会基本法」および男女共同参画社会の実現に向けて

(1) 男女共同参画社会基本法

1975年を国連は「国際婦人年」にすると決定した。これに続く10年間を国連は「国際婦人の10年」として、世界の女性の地位向上のために「女子差別撤廃条約」を国連で採択（1979年）するなどした。日本でもこの条約の批准のために、「国籍法」の改正、「男女雇用機会均等法」の公布、高校生男女による家庭科学習必修方針を出したりした。そして1999（平成11）年「男女共同参画社会基本法」を成立・公布させ、男女共同参画社会を「男女が、社会の対等な構成員として、自らの意思によって社会のあらゆる分野における活動に参画する機会が確保され、もって男女が均等に政治的・経済的・社会的及び文化的利益を享受することができ、かつ、共に責任を担うべき社会」（第1章、第2条の1）と定義した。

基本法にある、五つの「基本理念」を要約する。（第3条から第8条まで）
1) 男女の尊厳が守られ（暴力やセクシュアル・ハラスメントは、尊厳を踏みにじる行為である）、性差別的取り扱いを受けない。個人の能力を発揮する機会を確保する。人権を尊重する。
2) 社会制度や慣行が性別役割分担にならないよう、中立的になるように配慮する。
3) 国、地方公共団体、民間の団体における方針の立案および決定に、男女が共同して参画する。
4) 社会支援のもとに、家庭生活における活動（子どもの養育、介護、家事

> **積極的改善措置**
>
> アメリカ,オーストラリアでは,アファーマティヴ・アクション,ヨーロッパではポジティヴ・アクションと呼ばれている。憲法による機会均等保障にもかかわらず雇用・教育などに存在する差別是正のための政策のこと。具体的には職業獲得の機会を増やす,募集の仕方の変更,技能開発訓練を行う,等がある。
>
> アメリカではまず少数民族のために1965年以来採用されたが,67年から性も対象とするようになった。

　　等)と他の活動の両立を男女が共に協力して行う。
　5)国際的協調のもとに男女共同参画社会形成を促進する。
　また男女共同参画社会実現のために,積極的改善措置(コラム参照)をとることも明記している。(たとえば国立大学協会は2010年までに国立大学の女性教員を20％に引き上げるよう,女性教員採用のための積極的改善措置をとることを推奨している。)現状では主に女性に対する積極的改善措置が多いが,職場・家庭・地域における活動を男女が共に担うためには,男性のより積極的な育児休暇取得等の,男性に対する積極的改善措置も必要である。

(2) 経済的背景

　男女共同参画社会が提唱される背景には,女性に対する人権意識の高まりがあることは事実であるが,「少子高齢化の進展,国内経済活動の成熟化等我が国の社会経済情勢の急速な変化に対応していく上で,(中略)男女共同参画社会の実現は,緊急な課題となっている」と,基本法の「前文」中にも謳われているように,少子化対策(2002年の出生率は1.32人である)や経済問題と密接に絡みあった国策として登場しているのである。第Ⅰ部第1章でみたように,女性の就労は,その時その時の政治・経済情勢に左右されることが多い。男女共同参画が叫ばれる現在は,女性の労働力率が高い国ほど出生率も高いというデータが一方にあり,他方には少子化による労働力不足を補う必要性という経済的要因があることを見逃すわけにはいかない。外国人労働者移民受け入れに

育児期の男性の労働時間が長い

　総務省「労働力調査」で性・年齢階級別に平均週間就業時間をみると，男性では30歳代を山とするゆるやかな逆U字カーブを描く。週60時間以上就業している者の割合をみても同様のカーブを描き，育児期に当たる年齢層の男性の労働時間が最も長いことを示している。特に，育児参加に負の影響を与えている週労働時間60時間以上の男性についても，育児期が最も多くなっている。一方，女性は，20歳代と50歳代を山とし，30歳代後半層を谷とするゆるやかなM字カーブを描いており，男女の働き方には明確な違いがみられる（内閣府男女共同参画局ホームページ〔http://www.gender.go.jp/〕より）。

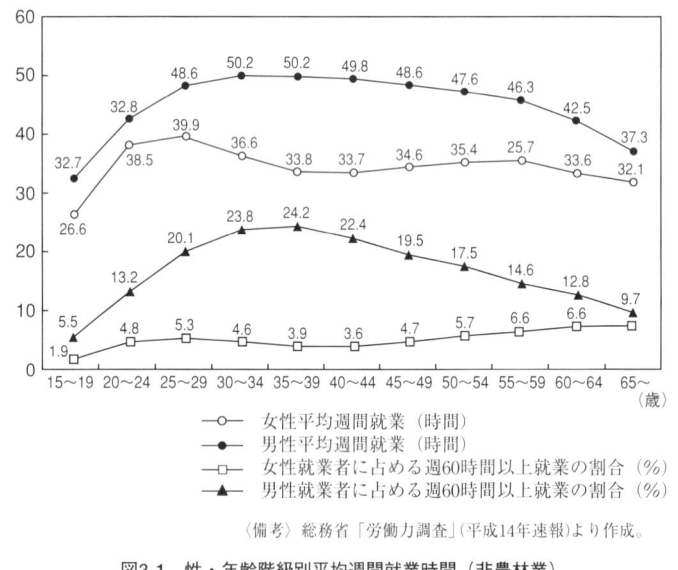

凡例:
- ―○― 女性平均週間就業（時間）
- ―●― 男性平均週間就業（時間）
- ―□― 女性就業者に占める週60時間以上就業の割合（%）
- ―▲― 男性就業者に占める週60時間以上就業の割合（%）

年齢	男性平均週間就業	女性平均週間就業	男性週60時間以上	女性週60時間以上
15~19	32.7	26.6	5.5	1.9
20~24	42.8	38.5	13.2	4.8
25~29	48.6	39.9	20.1	5.3
30~34	50.2	36.6	23.8	4.6
35~39	50.2	33.8	24.2	3.9
40~44	49.8	33.7	22.4	3.6
45~49	48.6	34.6	19.5	4.7
50~54	47.6	35.4	17.5	5.7
55~59	46.3	35.7	14.6	6.6
60~64	42.5	33.6	12.8	6.6
65~	37.3	32.1	9.7	7.7

〈備考〉総務省「労働力調査」（平成14年速報）より作成。

図3-1　性・年齢階級別平均週間就業時間（非農林業）

消極的な日本では，労働人口，税金，社会保険料の減少を防ぐためには，未就労の女性を働かせるしかない。また同時に，働く女性の多い先進国ほど高出生率なので，女性を働かせることで出生率を引き上げ，将来の社会の支え手を増加させることが狙われているのである。

日本と外国を比較すると，女性の労働力率は日本ではM字型（出産前と，子どもが小中学校入学後に再び高くなる）であるが，外国では逆U字型である。また，世界的にみると，25歳から34歳の女性の労働力率が高い国の方が出生率も高い。また男女の賃金格差の小さい先進国ほど出生率も高い。日本の県別分析でも，30代の女性労働力率が高い県ほど出生率も高い（大沢，2003）。

　ちなみに国連開発機構が2002年に発表したHDI（人間開発指数；平均寿命・教育水準・国民所得の高さで計測する）は，日本は世界第9位だが，女性が積極的に経済界や政治生活に参加し，意思決定に参加できるかどうかを測るGEM（ジェンダーエンパワーメント指数）は64ヵ国中32位である。GEMは実際には，女性の所得（日本女性のフルタイム労働所得は男性の65%にすぎない）と，専門職・行政管理職・国会議員の女性占有率で計測される。日本は女性を有効活用していない国なのである。事実，日本ではM字型労働力率といっても，実際には「就業希望率」を労働力率に加算する「潜在的労働力率」では，M字型は消失する（名取，2003）。M字型就労の現状では，再雇用制度を充実させる，再就労のために研修制度を設ける等の取り組みも必要であろう。

　近代産業社会が男女役割分担をいわば国策として推進してきたように，男女共同参画が経済的要因によって推し進められるのであれば，いつまたその反動が起きないとも限らない。女性の経済的自立も大切だが，人間の真の平等を達成するための男女共同参画社会なのだということが忘れられないように見守る必要があると同時に，男女共同参画社会とはどのような社会なのかという理念や想像力も必要であろう。それは男女の新たな関係性を問うことでもある。さらにいえば，男女共同参画社会とわざわざいうのは，今まで社会に参画できなかった「女」がいたからだが，この「女」を参画できなかった人すべての象徴と捉え，元気な老人や，心身障害者，外国人労働者等の参画についても，人権の観点から今後検討される必要があるだろう。すでに明白なように，真の女性解放は政治的・社会的・経済的・文化的・心理的〈革命〉（暴力ではなく根源的な改変・変革という意味での〈革命〉）なしには成立し得ないので，小手先の改革では達成不可能ではあるが，しかし少なくとも，日本政府が男女共同参画社会の実現は21世紀の最重要課題だと表明する段階にまできたことも事実

である。私たちは、経済的・政治的要因によって、再び女性が家庭に閉じ込められることのないように注意を払いつつ、積極的にこの機を生かすことが必要だろう。

2. 女性に対する就労援助

　少子化やそれに伴う労働力の慢性的不足という大きな経済問題もあるが、同時に不況によるリストラ・高失業率・ホームレス、長時間労働や過労死、パートタイム・派遣の非正規雇用等の増加も大問題である。長時間労働が当たり前のように行われる限り、女性が〈男性並み〉に社会進出すれば、子育ては男女両性にとって不可能になるだろう。

　子育て中の女性・男性が仕事を続けるためには、保育所のような社会施設の整備も必要不可欠だが十分とはいえない現状がある。現在日本では子どもが1歳に達するまで男女とも育児休暇がとれるし、妻が育休をとる場合、男性には産後8週間の育休取得の権利がある。しかし男性の10人に7人は育児休暇取得を希望しているにもかかわらず、2002年の男性地方公務員の育休取得者は175人、男性全体の0.4％にすぎない（京都新聞, 2003）。

　子育て中の女性が、仕事と育児を両立させる方策として、(1) 出産休暇、育児休暇、ジョブ・シェアリング（一人分の仕事を二人で分割し、給料も2分の1にする労働形態）、フレックスタイム（勤務時間を個人的に選択配分すること）等の利用によるマミー・トラックと呼ばれる、キャリアより母親としての道を優先させ、育児期間中だけ仕事を減らす方法と、(2) パートナーシップ・トラックと呼ばれる、夫婦が対等に協力しあいながら働く労働方法がある。マミー・トラックは、労働時間が短縮されるので、キャリア形成には不利であるし、女性が主に育児をするという前提になり、性別分業にほかならないという批判もある。夫婦が対等に働きかつ子育てをするパートナーシップ・トラック実現のためには、無残業とさらなる労働時間の短縮等が必要不可欠である。男女が共に子どもの面倒をみるために、子どもが学校に行っている6時間の間仕事をし、子ども帰宅時に親も帰宅するという「6・6システム」も議論するべきだという意見をフリーダンは紹介している（Friedan, 1997）。労働時間短縮

は，子育て中の男女に恩恵を与えるのみならず，雇用創出の可能性も秘めている。また高齢者にも働きやすいといえる。

アメリカでは女性はサービス業に進出増加の傾向にあるが，サービス業は今日，「社会保障給付も雇用保険もない契約制となって外部委託され，臨時または非典型雇用とされている」(Friedan, 1997)。働く女性が増加したとはいえ，パートタイム・派遣の非正規雇用の増加や低賃金が女性の職についてまわっている。今後は同一価値労働同一賃金を実現させることも重要である。

経済不況に伴い，日本でも経営再建のために，昨今リストラが席巻し失業者が増大したことは記憶に新しい。男性も，いわゆる少数の〈勝ち組〉と大多数の〈負け組〉への分離傾向，つまり貧富の差の拡大も出現してきている。アメリカの統計では，1973～92年にかけて，下位所得の5分の3の世帯の所得が減少し，最上位の5分の1の世帯のみが大幅に所得を増やしている(Friedan, 1997)。企業の利益追求のために，人間らしい生活を犠牲にし，企業の奴隷のように過労死に至る，あるいは至る寸前まで働かされる労働者も多い。2002年に非農林業において日本で週60時間以上働く男性の割合は，最も少ない20代後半でも20.1％，最も多い30代後半では24.2％に達している(図3-1参照)。週71時間以上働く男性も5％いる(朝日新聞, 2003a)。アメリカにおいても1995年の主要な三つの自動車工場の残業時間は8500万時間であった。週40時間労働なら，これは4万1000人分の正規雇用を創出できる計算になる(Friedan, 1997)。企業にとって，より多くの人を雇うよりは少人数を長時間働かせる方が，より安上がりなのである。所得・雇用の両面で，持てる者と持たざる者の格差が増大し，労働過剰の人と不完全就業者(就業はしているが，仕事量が著しく少ないため等の理由で，低収入に甘んじている者)がともに増加しているのである。これでは男女を問わず，仕事と家庭生活を両立させることは容易ではない。

時間外労働に対して残業手当を払うのが一般的であるが，それと同等の時間を(もちろん有償の)休暇として労働者に還元する方法もある。いずれにしろ，残業を含む長時間労働は性別分業に支えられた雇用形態であったことを考慮に入れるべきであり，それが女性の就業を妨げる大きな要因であったことを考えれば，時間外労働を原則として廃止する方向が必要であろうし，そのためには

残業を行う企業に対する罰則規定も必要になるだろう。

3. 男女雇用機会均等法と女子保護規定

　19世紀後半，フランスでは女性や年少労働者の悲惨な労働状況に対し，国家による保護介入が始まった。まず1874年には，20歳以下の女性に対し，12時間労働および深夜業が禁止され，1892年には全女性と年少者に対する深夜業が禁止された。1909年には8週間の出産休暇（無給）が与えられた。こういった保護法は，女性労働者の状態を改善することに役立ったとはいえ，女性は年少者同様，保護されるべき存在として一人前扱いされず，寿退職を迫られたり解雇されたりした。妊娠を理由とする採用拒否や労働契約解雇等が禁止されたのは1975年になってからである。採用から解雇に至る性差別を禁止した男女職業平等法は1983年に制定され，違反には罰則規定が設けられた（以上，神尾, 1992）。

　男女職業平等法は女性差別のみならず，男性に対する差別も禁止している。最初にこの法律に基づいて裁判を起こしたのは，男性ゆえにスチュワーデスの採用拒否に会った男性だった。しかしこの法律には例外規定があって，いずれかの性へ帰属する職業，「俳優，服やアクセサリーを見せるマヌカン，男性および女性モデル」は除くとしている。この法律のさらにもう一つの例外規定は，特に女性に対する積極的改善措置をとることを認めた点で，政府からの財政援助も行われることになった（神尾, 1992）。1996年には保護は男女平等に反するとして深夜業禁止規定が廃止された。

　日本では1986年に男女雇用機会均等法が施行されるとともに，〈総合職〉〈一般職〉のコース別採用が広まった。1997年には改正男女雇用機会均等法が公布され，この改正法において，日曜と深夜労働に関する女子保護規定が撤廃された。ごく最近まで海女たちが出産直前まで海に潜ったり，炭鉱のような女性にはハードと思われる場所でも多くの女性たちが働いていたことを考えれば（森崎, 1970），女性保護撤廃賛成派のように，保護は不必要で保護の撤廃によって女性雇用の障壁がなくなると歓迎することもできる。しかし，日本のように残業を含め長時間労働が安易に行われ，過労死にまで至る男性労働者が多い

ことを考えれば、〈総合職〉に就く女性は、男性同様健康をおびやかされ、満足な子育てを夫婦で行うことに支障をきたすだろう。長時間労働規制を男女双方のために検討する必要がある。

姫岡とし子は、日本とドイツにおける19世紀末からの女性保護規定をめぐる動きを分析して、女性保護規定が労働者をジェンダー化するのに大きな役割を果たしたが、特に女性労働者の「労働状態の改善がもたらされたわけではない」と指摘している。ドイツで「女性保護の必要性が主張されるようになるのは1860年代末のこと」（姫岡, 1999）である。1891年、工場法が改定され、深夜（20時30分から5時30分）および日曜労働の禁止、最大労働時間11時間等の女性保護改定が盛り込まれた。「工場労働は女性性の阻害につながり、家庭崩壊などに象徴される悪しき秩序が横行するので」女性保護が必要とされた。しかし実際には、保護法が、女性の負担を軽減したというより、女性を二流の労働力にする結果をもたらした。この「女性保護法によって、女性は弱者で一人前ではなく、保護される存在で、しかも家事義務を負うという規定を受けた。これに対して男性は自立的で保護する存在であり、しかも居心地の良い家庭生活を享受できる権利を獲得」するという、ジェンダーを強化する結果となった。

明治時代にドイツと同じ考え方が日本に紹介され、労働者のジェンダー化が図られた。農商務省は女性の深夜業禁止を盛り込もうとしたが、企業側の反対にあい断念。1894（明治24）年に東京と大阪で日本初の企業内保育所が設けられたが、これは「子どもの健全な発育のため」ではなく、「深夜業明けの母親が子どもに煩わされずに休息をとることができる」ようにするためだった。しかし明治20年代後半から30年代前半に近代家族観が登場して、性別役割分担の考え方が市民層や社会下層にも段々と浸透していき、1902（明治35）年に起草された「工場法案」には、女性の深夜業禁止が盛り込まれたが、工業界は「女性は弱者ではないと主張し、女・子どもを同一のカテゴリーに入れることに反対」した。工場法制定（女性保護規定の導入）によって、政府が、女・子どもは保護すべき弱者であり、女の居場所は主に家庭であるというイデオロギーを押しつけていくことがよくわかる。姫岡はまた工場法が、女性と近代国家を結びつける上で果たした重要な役割について、「国民としての女性に課せ

られた課題は，国家のために健康な子どもを産むことである。そのために女性の身体は特別の保護の対象になり，女性の身体に対する国家介入が正当化された」(以上，姫岡, 1999) と指摘している。1911 (明治44) 年に工場法が成立し，1916 (大正5) 年に施行された。

　出産・育児を理由に女性を家庭に囲い込む政策が，〈弱者としての女性〉神話を生んだことが実証されている。しかし女性に出産という女性独自の機能がある限り，男性とまったく同じというわけにはいかないであろう。働く母親というあり方を社会が認めるためには，男女の生理上の差異を認めた上で，その場合生じる問題をごく当たり前のこととして就労・昇進・昇給上不利にならないように社会が受け入れ，差異を女性の職場からの締め出しの口実にさせないことと，育児を男女共同で行う慣習を形成することが必要である。男女共同参画社会を，仮に〈女性の男性並み化〉としてしか捉えないなら，経済活動にもっぱら価値をおく社会が持続することになり，結局は女性は家事・育児責任ゆえに二流労働者となるか，子どもをあきらめるしかない。そうなれば少子化にも歯止めがかからなくなるであろう。私たちに求められているのは経済活動のあり方の変更である。何より重要なのは，人の暮らしは家庭生活および地域活動を含む余暇と仕事，そして睡眠の良きバランスの上に成立するという視点・価値観の獲得ではないだろうか。

　女性と男性が同じように働き養育するためには，男女ともに労働時間の短縮が必要となるだろう。残業は廃止され，残業分に見合う労働は新たな雇用を創出することになる。残業手当はなくなるので，夫の収入は減少するが，妻も正社員としての収入を得るので，結果的には〈夫一人の給料（＋妻のパート収入）〉より上昇する。余暇をたとえば公園掃除等に地域ぐるみで活用するなら，税金で賄われている公園清掃費の削減に一役買うことにもなり，税金も減少する。競争原理のみに支えられない経済のあり方，そのための想像力こそ，今必要なのではないだろうか。

4. パリテ法と積極的改善措置

(1) パリテ法

　フランスが1848年に第二共和制を成立させ，奴隷を解放し，それまで奴隷だった男性も含む21歳以上のすべての男性に世界で初めて選挙権を与える普通選挙を実現させた。しかし，女性はというと，英国では1928年に，アメリカでは1920年に，それぞれ国政レベル・連邦レベルで選挙権を得たのに対し，フランスで女性が参政権を得たのは1944年のことにすぎない。ちなみにニュージーランドでは1893年に，オーストラリアでは1908年に，フィンランドでは1906年，ノルウェーでは1907年，スエーデンでは1918年に女性に完全な参政権が認められた。

　女性に選挙権が認められたからといって，女性が政治面で男性と同等に活躍しているわけでないのは，世界のどこでも共通である。フランスは，1990年代に入っても，EUの前身であるEC12ヵ国中，最下位のギリシャについで女性の議会参画率が低かった。1995年でも国民議会の女性議員は5.6％にすぎない。そこで1982年にクオータ制（候補者の何％かを女性に割り当てる）を導入して，候補者リストの75％以上を同一の性が占めてはならないように地方選挙法を改正しようとしたこともあるが，翌年違憲とされ実現しなかった。

　女性排除の〈普遍選挙〉に支えられた男性中心の政治の世界を真に男女平等なものにするためには，（被）選挙権を男女に保証するだけでは十分ではないので，1992年に三人の女性社会党員が『権力へ，女性市民たちよ！　自由，平等，パリテ』を出版し，国，地方すべての議会での男女同数議席の法制化を要求した。パリテ（parité）とは，フランス語で同等，同一，平等を意味し，パリテ法とはすべての選挙において候補者の男女同数を義務づけた法律である。1998年にはパリテ実現のために憲法改正が行われ，2000年にパリテ法案が制定された。

　この法に対しては，フェミニストの側にも賛否両論があった。反対側は，法の前の万人の平等——性別のない平等——に反し，積極的改善措置としてのパリテは差異主義に立つものであり，強制的パリテは女性にとって屈辱的で，お

> ### 企業での男女同数を実現すること
>
> 　フランスのパリテ法を参考に，国会議員のみならず，企業で男女同数を原則にするなら，女性が出産・育児休暇で会社を休む，もしくは授乳のために労働時間短縮をすることがあっても，男性社員はそれを拒否しなくなるであろう。なぜなら彼の妻も職場において，出産・授乳を理由に会社を休むあるいは時間短縮労働をするであろうから。男性が職場で行う同僚女性社員のための肩代わり労働は，彼の子の出産・授乳を行っている妻のために，妻の職場の男性が担っている妻の肩代わり労働の代替労働だとみなせばよいのである。独身男女なら，将来の自分の年金を支えてくれる子どものためだと思えばよい。しかし本当は，代替労働ではなくパートタイマー等を雇用することが望ましいのはいうまでもない。

情けによって与えられたポストは価値の低下を招くなどと反論した（L'Express, 1999）。反対派の一人であるバダンテールは，フランス革命以後，普遍主義に立つフランス共和国にとってパリテ法は致命的であり，女性であるという理由で優遇する数の論理は，その他の人種や宗教グループ，さらには文化的あるいは性的グループによる新たなパリテの要求を避けることができないと反対した（Badinter, 1996）。

　他方賛成派は，普遍主義が男女の性差を消し去ることを意味するなら，それは歴史が示してきたように常にたった一つの性，男性（オム）と人間（オム）を同一視する結果になり，女性は政治代表から排除されたままでいるだろう。人間は男女混性だと主張することで，女性差別を隠蔽する普遍主義から逃れることができ，パリテを通じてしか男女平等は実現しないと主張した。こうしてパリテ法は，真の平等原則に基づいて2000年に成立し，2001年3月に市区町村議会で初めて実施された。各政党は，女性候補者獲得のために，女性向け政治スクールを開催して人材発掘に乗り出した（石田, 2001）。

　新しく選ばれた男女議員の特徴として，女性議員では主婦と失業者が15％に上るのに対し，男性議員では無職者は2.7％。女性議員では40歳未満が26％，60歳以上が10％に対し，男性の方は，40歳未満が15％，60歳以上が

20％と男女差がみられた（石田, 2001）。ただ，国民議会選挙でパリテが実行されなかった場合に，助成金減額というペナルティですますことも可能なので，ペナルティですます傾向が2002年6月の選挙でもみられた（支倉, 2003）。また女性が増加したところで，要職に就く女性数が少なければ，真の女性参画とは呼べないという問題もある。

1995年にはシラク大統領がパリテ監視委員会を設置したが，この委員会は政治の領域のパリテ，職場のパリテ，私的生活におけるパリテ，国際関係の中でのパリテという四つの小委員会によって構成されている（石田, 1999）。パリテ法は政治の世界のみならず，社会や文化自体を変革する可能性を秘めているといえるだろう。

(2) 北欧諸国での取り組み

北欧諸国でも男女共同参画社会実現の取り組みがなされている。船橋惠子によると，「男性が家族のケアに積極的に関わることや，暴力を振るってしまう男性の自己変革の問題などに，政府が熱心に取り組んでいる」スウェーデンでは，20〜64歳の女性労働力率は78％（1998年）で，6歳以下の子どものいる母親の78％，7〜10歳児を持つ母親の87％が就労している。この背景には1974年に世界で初めて両性が取得できる育児休業の収入補填制度として導入された両親保険，病児看護休暇制度，労働時間短縮，身分保障付パートタイム労働などがある。このようにスウェーデンでは国が子どものいる両親に対する「休暇権」と「両親保険受給権」による経済補償を法的に保証することで，男女がともに育児と労働を両立させやすくして，ジェンダー秩序変革に取り組もうとしている（船橋, 2002）。

国連によるGEM（ジェンダー・エンパワーメント指数）世界一のノルウェーでも，積極的改善措置が推進されている。ノルウェー政府は，民間上場企業の女性比率を7％から40％以上にするようにとの勧告を2002年に行い，2003年には未達成企業への制裁も含む法改正を提出すると同時に，目標達成援助のために，「女性人材データベース」も作った。1970年代以降に，各政党が比例代表名簿を男女半々にするクオータ制を採用した結果，「政界で女性が活躍するようになり，育児の社会的支援も充実。「8割の賃金保証で52週間」か

「100％の賃金保証で42週間」かを選べる育児休業制度が確立し、うち4週間は父がとらないと権利を失う「パパ・クオータ制」も93年に導入。父親の育休取得は約1％から80％以上に増えた」(朝日新聞, 2003b)。スウェーデンは1994年の選挙で、多数の政党がクオータ制を導入し、男女交互の候補者名簿を作成。イギリスでは男女間の不平等是正措置として2002年から女性だけを候補者として掲載するAll Women Short Listを実施している。

　北欧諸国が比例代表制の選挙でクオータ制を取り入れて女性の政治参画を早くから進めていることを考えるなら、クオータ制やパリテ法は、普通選挙において実現できていない男女の不平等是正措置として有効なのは明白である。

5. セクシュアル・ハラスメント

　セクシュアル・ハラスメント（性的嫌がらせ、略してセクハラ）は、対価型と環境型の二つに大別することができる。対価型セクハラとは、昇給、昇格等を与えるという条件である行為の受容を要求する、あるいはその行為の拒否により対象となる人（主に女性）に解雇、減給、転勤、降格処分等を与える場合を指す。環境型セクハラとは、労働者の就業環境が不快なものとなるセクハラである。たとえば、結婚はまだかと尋ねる、既婚者に子どもはまだかと尋ねる、ヌード・ポスターを職場に貼る、宴会の席で酒のお酌を強制する、カラオケのデュエットを強要する等の例がこれに当たる。

　大学や研究所では、セクハラ、アカハラ（アカデミック・ハラスメント）に対する対策がとられつつある。大学は男性教員数が圧倒的に多く、教授は学生に対しては単位認定、論文指導と合否決定、大学院への進学の可否決定、就職の世話、また助教授・講師・助手に対しては昇任人事権を握る等、男性中心的権力社会であり、セクハラやアカハラが起きやすい環境にあるといえる。名古屋大学では2000年2月から、セクシュアル・ハラスメント防止・対策委員会が設置され、セクハラ防止のための啓発活動や、不幸にしてセクハラが起きた場合の紛争の解決に取り組んでいる。

　その他、ストーカーのようなセクハラを取り締まるために、ストーカー行為規正法も2000年に制定された。セクハラやストーカー行為は強姦同様、人権

侵害犯罪であることを認識する必要がある。

6. 職業名のジェンダー・フリー化

　性差別は，権力装置としての言説と深くかかわっている。文化とは言説である。言説が文化を創る。そして言語自体も性差別的側面を持っている。

　フランス語では，名詞は男性名詞と女性名詞に区別され，一般的に男性名詞の後に e を添えると女性形になる（例：étudiant ＝男子学生 → étudiant*e* ＝女子学生）。しかしイリガライは，男性名詞は，女性名詞よりより価値があるものに付けられているといっている（Irigaray, 1990）。

　男性名詞：太陽，城，飛行機，肘掛け椅子……

　女性名詞：月，家，自動車，椅子……

　単語の文法上の性としての男性形は，男性にとってプラスのコノテーション（言語記号に含まれる言外の意味）を持つ，つまり，男性の方が，女性（母－娘）より権力があり，文化の地平を生み出すのも男性であることを示唆している。事実，作家，弁護士，大学教員，医者，大統領等，社会的地位が高いとされる職業を表す名詞には女性形がなかった。医者 médecin に e をつけると医学 médecine という意味に，大統領 président に e をつけると女性の大統領ではなく大統領夫人という意味になってしまう。作家 écrivain の女性形 écrivaine には嘲笑的な響きがあり，普通は女性作家も男性形を用いる。女性の抗議を受け，1998 年に文部省は職業名，地位名，役職名の女性形を使用するようにとの通達を出し，弁護士や，大学教員，作家といった単語には e をつけることができるようになった。

　英語でも同様の試みが行われている。chair*man* を chair*person* にするというのがその一例である。

　英語やフランス語では，男性に付ける敬称は既婚か未婚かで区別されないが，女性は Mrs., Miss, Madame, Mademoiselle と区別されるので，最近は英語では Mis というようになった。フランス語では今も区別は残ったままである。でもどうして女性だけが区別されるのだろうか。結婚を申し込むのが普通は男性とされてきたからではないだろうか。結婚を考える時に相手女性が既婚か未婚か

知る必要があるからで，申し込む男性は自分が未婚か既婚かはわかっているから区別の必要がない。

　フランス語では，100人の女性がいた場合でも，そこにたった1人の男性が入ると，この101人は，〈彼ら（ils）〉と，男性複数形で明示され，女性の存在が隠れてしまう。丁度フランス革命の時に出された「人権宣言」の人を指す語Hommeが男性を同時に意味する語であり，「人権宣言」が実質的には「男権宣言」を意味していて，女性が人の中に含まれていなかったのと同様である。「人（Homme）」という語の中に男性は入っても女性は入らないというカラクリが，言語の中に潜んでいるのである。

　フランス語のように，文法上の性の区分——まさにこれがジェンダーの本来の意味なのだが——が存在する言語では，職業名等の男女の区別をしないと男性形になってしまって女性の存在が不可視になるので，これは女性差別であるとして女性形が要求される。反対に日本語や英語のような性の区別がない言語では，男女がジェンダーの壁をなくして平等になろうと，言葉の上でも最近はジェンダー・フリーが目指されている。

　日本では特に女性の仕事とされていた分野に男性が参入していく場合に，ジェンダー・フリーの職業名に変更する傾向が顕著である。たとえば保育が女性の仕事であった時には保母という職業名しかなかったが，男性が進出してくると保父という呼称が加わり，最近ではそれが保育士という呼称に統一されるようになった。スチュワード，スチュワーデスを客室乗務員に統一する例もある。ほかには，助産婦を助産師に，看護婦を看護師に呼び替えることも行われている。このように女性がメインとして働いている職業に男性が入ってくると，途端にその職業を中性化する呼称に変わる傾向がある。

　しかし，ジェンダー・フリーの職業名は以前にもあったのである。注目すべきは，その場合，女性を差別化するための言葉を添えたことである。画家や作家で十分なのに，女流画家・女流作家と呼ぶ例がこれに当たる。女医，女流棋士，女教師等ほかにもある。こういった職業は男性のものと考えられてきたので，女性がその職業に就いた時には，女という言葉を添えることによってその〈特殊性，例外性〉，場合によっては〈劣等性〉を強調したのである。これはジェンダー・フリーの職業名を採用した現在でも，「看護師の女性が」あるいは

「女性看護師が殺された」という報道になって息を吹きかえしている。看護師で十分であろう。

7. 夫婦別姓の動き

　結婚すると女性が夫の姓に改姓することが多い。しかし改姓することによって自分のアイデンティティがそこで途切れてしまうように感じる女性たちもいる。また女性が仕事を続けていく上で、改姓するとまるで別人かのような誤解を与え、仕事上不利益をこうむる場合もある。その上勤め先、取引先、銀行、親戚・友人、等々に対する改姓手続きが必要で大変煩雑である。また不幸にして離婚した場合、法律では原則として旧姓に戻ることになり、離婚という私事を公にするという事態を、主に女性のみが負うことにもなる。もちろんまた煩雑な改姓手続きが必要になる。このようなことから結婚しても旧姓のままでいられるように、夫婦別姓を求める動きが出てきたがまだ実現には至っていない。だが多くの企業や大学では通称として女性の（場合によっては男性の）旧姓使用を認める所も出現してきた。しかし戸籍姓と通称の二つの名を持ち使い分けるのは不合理で不便である。

　女性が夫の姓を名乗る慣習は、「家」制度の名残だという意見もある（井上,1986）。改姓すると実家の墓守が困難になる等の指摘もある。民法897条では墓の承継者を定めることを規定しているので独身者は墓を購入できないし、改氏は墓継承権利を失うことになる。

　韓国では、夫婦は別姓である。子どもは父親の姓を名乗るので妻だけが一人別姓になり、これが妻の疎外感を作り出していた。だから韓国では日本とは逆に、夫婦同姓の動きもある。

　夫婦別姓が採用された場合、子どもの姓の問題が残る。父親の姓か母親の姓のどちらかに統一するのか、それとも子どもごとに選択可能にするのかという問題である。夫婦別姓に対する社会的合意がまだ未形成なので、子どもの姓の問題もまだ十分に話しあわれているとはいえない。結婚して夫の姓を名乗るにせよ、旧姓のままでいるにせよ、ともに夫や父という男の姓であることに変わりがない。女子は母の姓を、男子は父の姓を名乗るという姓の継承の仕方も考

えられてよいだろう。ヨーロッパなどでは，夫と妻の姓を合体する複合姓も可能である。有名なキュリー夫人（M. Curie）の娘イレーヌは，フレデリック・ジョリオと結婚して，お互いにジョリオ＝キュリーと名乗っていた。しかし子どもは姓が長くなるので，父親の姓を名乗るのが一般的である。フランスでは1985年には通称として，このような混合姓が認められたが，2002年からは，子どもの姓の選択が可能になった。日本でも今後結婚による新姓の採用や，子ども姓の選択等の選択肢が考えられよう。

詳しく知りたい人のための参考図書

Halimi, G., *La nouvelle cause des femmes*. Seuil, 1997.

石田久仁子　「共和国とパリテ」『女性空間』19号，日仏女性資料センター，2002年。

中村桃子『ことばとジェンダー』勁草書房，2001年。

Spender, D., *Man Made Language,* Routledge & Kegan Paul, 1985.

【引用文献】

朝日新聞　2003a　6月20日朝刊

朝日新聞　2003b　6月24日朝刊

Badinter, E.　1996　Non! Aux quotas de femmes, *Le Monde*. le 6 juin.

Fridan, B.　1963　*The Feminine Mystique*. Norton.（三浦冨美子訳　1970　新しい女性の創造　大和書房）

Friedan, B.　1997　*Beyond Gender, The New Politics of Work and Family*. The Johns Hopkins University Press.（女性労働問題研究会・労働と福祉部会訳　2003　ビヨンド・ジェンダー　青木書店）

船橋惠子　2002　スウェーデンにおける「父親の育児休業」の到達点　女性空間　**19**　日仏女性資料センター　52-61

Gaspard, F., Servan-Schreiber, C. & Le Gall, A.　1992　*Au Pouvoir, citoyennes! : liberté, égalité, parité*. Seuil.

姫岡とし子　1999　労働者のジェンダー化――日独における保護規定　思想　**898**　岩波書店　45-74

井上治代　1986　女の「姓」を返して　創元社

Irigaray, L.　1990　*Je, tu, nous—Pour une culture de la différence*. Grasset.（浜名優美訳　1993　性差の文化のために　法政大学出版局）

石田久仁子　1999　パリテ，フランスの場合，女性不在のデモクラシーから男女共生デモクラシーへ　女性空間　**16**　日仏女性資料センター　61-73

石田久仁子　2001　フランス統一地方選挙とパリテ(男女同権候補者)法　女性情報ファイル　**68**　日仏女性資料センター　1-3

神尾真知子　2002　フランスにおける女性労働と職業平等　女性空間　**9**　日仏女性資料センター

京都新聞　2003　12月9日
L'Express　1999　le 11 février.
森崎和枝　1970　闘いとエロス　三一書房
内閣府男女共同参画局ホームページ（平成15年度）
名取はにわ　2003　男女共同参画社会　名古屋大学における男女共同参画報告書（2002年度）　名古屋大学総務部人事課　32-41
大沢真理　2003　男女共同参画の現状と課題　名古屋大学における男女共同参画報告書（2002年度）　名古屋大学総務部人事課　65-73
支倉寿子　2003　90年以降のフランスの女性政策　女性空間　**20**　日仏女性資料センター

4 発展するジェンダー学

　「男女共同参画社会の実現を二十一世紀の我が国社会を決定する最重要課題と位置付け」るという「男女共同参画社会基本法」の「前文」は、今までが男女共同参画社会ではなかったことを意味している。男性しか社会に参画していなかったということだが、この「男性」の中に、子ども、心身障害者、外国人、退職者等の男性は若干の例外を除いて入っていない。すると、今まで社会参画をなし得なかった人々としては、女性のみならず、上記のような人々も含まれるはずである。換言するなら、そのような人々をも含む、社会参画し得なかった人々という象徴的な意味で、「女」という言葉を使用しているのだと、少し「女」の意味を〈ずらして〉考えることも可能といえるだろう。また基本法の前文にみられる男女という言葉は、ヒトが男と女に分けられるという考えに基づいていることはいうまでもないが、最近のジェンダー研究では、ヒトは男と女に明確に区分できるものではないと考えるのが一般的だ。男にも女にも分類されたくないという人もいる。
　また女性といっても、異性愛（ストレート）の女性もいれば同性愛者（レズビアン）もいる。欧米白人中流階級の女性もいれば、〈第三世界〉といわれる貧しいアジア女性や黒人女性もいる。女性学やジェンダー研究において論じられてきた〈女性〉は、欧米白人中流階級の異性愛女性を一般化しているだけにすぎず、そうすることで、それ以外の女性たちを周縁化し抑圧しているのではないかという批判もあがってきた。ジェンダー研究が深化するにつれ、ジェンダーは階級差別や民族差別とも

かかわりあっているという認識が共有されるようになってきた。女性に対する人権無視・人権不在に対するフェミニズムの考え・闘いは、女性同様に差別されてきた人々——同性愛者、心身障害者、旧植民地の人々、等々——の存在をクローズ・アップし、そのような人々の側からの人権回復の動きにも刺激を与えることになった。

　二項対立的な物の見方の中で、〈男／女〉はまた、〈文化／自然〉という対立項でもあり、男は文化の創造者であるのに対し、女はその生殖機能（出産・授乳・育児）ゆえに自然を表象するものとされ、自然とともに男の支配・管理の対象であった。古代において生殖における男性役割が発見されて以来、生殖を生産とともに男性の支配下におくことが男性支配を確立するための不可欠の要素だったのである。現在にあっても、人工生殖技術の発展は、人を卵子、精子、受精卵、子宮等とパーツ化し、女性の体に対する医師や病院、国家の管理・支配を強化する結果になっている。人工生殖技術は人の選別・選択が可能になることでもあり、〈授かり物の命〉という倫理観・人間観の変更を迫られている。身体の自然としての生殖が自然でなくなり、（主に）男性の支配・管理下に入ってしまった。

　フェミニズムは、女性の男性並み権利獲得運動から、女性学、ジェンダー学へと発展し、性差(ジェンダー)は世界を秩序だて支配し統治する権力によって生み出された装置であると捉えるようになった。さらには、男／女というカテゴリーそのものを疑うべきものと考えるようになると同時に、人工生殖技術の進歩により人間が工業製品になる可能性に危惧を抱くようになってきた。いつの時代にもあった男性中心主義や、近世以降今なお存続する〈富の源泉としての第三世界〉の支配は、女性解放の闘いが単にそれだけにとどまらず、資本の世界規模での拡大化であるグローバリゼーションや、エコロジーとも密接にかかわっていることを了解させる。公害・環境汚染の出現により、自然を支配するのではなく自然と共生するというエコロジーの考え方も出現し、フェミニズムと互いに影響を与えあって、エコ（ロジカル）・フェミニズムも誕生した。先進工業国は自国の人口増を計画すると同時に、〈第三世界〉の人口抑制を画策しているが、アメリカの子どもは貧しい国の子どもの何十倍もの生産物を消費するのである。女性差別、資本のグローバリゼーション化による世界的規模の貧富格差の

増大,環境問題,すべては密接に絡みあっている。ジェンダーという社会的に作り出された性差を生み出す社会システム,文化そのものがいかなるものかを問うことが行われねばならない。男性中心世界で単に男性と同じ権力を手にするのみではなく(それを拒絶するフェミニストもいれば,社会変革のために権力を手に入れようとするフェミニストもいる),世界の経済的・精神的構造を問い直すと同時に,従来の知のあり方,世界観・人間観の変貌を迫られているといえよう。本章ではそのような研究のいくつかを紹介しよう。

1. エコ（ロジカル）・フェミニズム

　エコ（ロジカル）・フェミニズムは,人間による自然の支配と男性による女性の支配は,ともに近代社会を支えている性別役割分業にみられるような二項対立的思考にその源を持つという考えから,人間と自然との新しい関係,男性と女性との新しい関係を求める思想として,1970年代から80年代にかけて出現してきた。近代社会を支えてきたロゴス中心思想を見直し,現代社会とは異なるオルターナティブ・ライフを求めるという点で,ポストモダン・フェミニズムとその考え方において共通点が多い。

　西欧を中心に発達してきた近代社会は,自然は支配し征服するべき対象であり,科学技術の発展が豊かな社会を形成するという幻想を作り出してきた。しかし大気汚染,水汚染,酸性雨,気候変動や温暖化,有害廃棄物,1986年のチェルノブイリ原発事故のようなエコロジー危機は,さらなる科学の発達によって解決できるとする考え方もあるが,「競争原理,資本の蓄積,限度のない成長に基礎をおく生活の法則を伴った資本主義」(Bookchin, 1990)の構造的問題だと考えられるのである。それはまたテクノロジーの恩恵にあずかる一部の人間と,先進国が自国の環境保全のために海外へ公害工場を建設するといった,〈第三世界〉への近代的様相をまとった新たな帝国主義とでも呼べるような現象も出現させている。したがって,「ヒエラルキーのない関係性,分権化された地域社会,ソーラーパワーのようなエコ・テクノロジー,有機農業,そして等身大の産業に基づいたエコロジカルな社会に取って代わられなければならない」(Bookchin, 1990)のである。

〈自然と文化〉の二項対立の図式に〈女性と男性〉のそれを重ね，自然に対する抑圧が女性の抑圧を引き起こしているのは自明であるが，この図式を変更するには，二項対立的思考体系そのものを変革する必要がある。青木やよひは，カプラによる「陰陽バランス」の考え方を紹介し，対立的に捉えられてきた二項，つまり陰（女性的）＝反応的・協力的・直観的・神秘的・統合的等と，陽（男性的）＝積極的・競合的・合理的・科学的・分析的等は対立するものではなく，両者のバランスの上に自然の秩序が成立しているとし，陰という疎外されてきたものを，生きる営みの中に正当に位置づける必要性を説いている（青木, 1986, 1994）。陰陽はそれぞれ女性と男性が別々に体現しているのではなく，男女各人において陰陽のバランスをとることが必要であり，人間も自然も，その両者を含む大きな宇宙において，相互依存のネットワークで成立しているとみなすのである。

自然と女性を，そして現在は第三世界をもその支配下におこうとする産業社会への批判と，自分たちの生き方を変えることで現社会から脱出しようとする意思を表明するために，1980年デンマークで「エコ・フェミ宣言」が出された。

2. グローバリゼーションと女性

自然は，とりわけ西洋においては20世紀に至るまで，人間と共生するものではなく，むしろ女性同様，〈人間＝男性〉によって征服されるべき対象であった。生態系がその結果破壊されたのはそれゆえ驚くべきことではないし，〈文化・文明の遅れている国〉，つまりより自然に近いとみなされた〈第三世界〉が制圧の対象になったのも同じ理由による。そうした状況のもとで生態系の破壊と〈第三世界〉諸国に対する搾取と，女性に対する搾取や抑圧とを相互に関連したものとみるフェミニストが出現してきた。西洋列強が植民地政策によってその経済力・政治力を増したように，一国の繁栄は，今日もはや一国のみでは成立できない。資本が国境を越えて飛び交ういわゆるグローバリゼーションが進む中，私たちは他民族・他国家と無関係ではいられない。同時に，先進国の女性たちと第三世界の女性たちとの利害が対立することも理解されるようになり，フェミニズムも従来のように先進国中心，自国中心のフェミニズムでは

立ち行かなくなり，フェミニズムの分析対象は，グローバルな資本主義世界経済へと拡張せざるを得なくなった。世界的規模での資本の本源的蓄積（資本主義的生産様式成立の歴史的過程において，一方に貨幣や生産手段が蓄積され，他方に労働力以外に何物も所有しない人々が生じること）と女性の労働との関係を分析することが求められたのである。

　M・ミース（Maria Mies），C・v・ヴェールホフ（Claudia von Werlhof）とV・ベンホルト・トムゼン（Veronika Benholdt-Thomsen）は『女性，最後の植民地』（邦訳『世界システムと女性』）で，インドやラテン・アメリカでの実証研究を，「サブシステンス（自給自足）生産」「植民地化」「主婦化」という三つの概念を軸に分析した（Mies *et al.*, 1983）。彼女たちによると，資本の本源的蓄積と女性との関係は以下のように説明できる。

　資本主義は，三層から成立している。①資本家，②プロレタリアとしての賃金労働者，③世界中の生産者の80％を占める無賃金労働者，主婦，農民等のサブシステンス生産者である。ちなみに女性は世界の全労働の3分の2を行い，総収入の10％しか受け取らず，全生産手段の1％を所有しているにすぎない。

　資本主義の前提は労働力が無限に供給されることである。女性は新しい人間を作り出す能力を自然的に独占しているので，農民とともにその生産手段（土地と身体）の独占者になる危険性がある。そうなれば彼らは生死や資本主義そのものを左右しかねない。だから農民と主婦の歴史は彼らの選択と自由に対する果てしなき操作と暴力の歴史である。女性を子宮から分離できないので，社会的に分離し，出産機械に転化し，育児労働を引き受けるものとし，それ以外の能力や自立性を破壊し，男性と国家の管理下に入れたのだ。女性が行う家事・育児は，自然が女性に子宮を与えたという事実の延長であり，生物学的で自然な活動であるとみなされる。主婦労働は，無償あるいは低賃金であり，この低賃金は一家の稼ぎ手である男性に依存しているという考えによって正当化される。男女間の関係は協同的ではなくなり必然的に階層的なものになる。このように資本主義生産諸関係は，家父長制や性差別と一体であり，分かちがたい。

　資本はまず生産者の生産手段を破壊するか盗んで取りあげ，次に「自由」になった労働力を賃金労働者として雇うと同時に，生きるために商品市場へと従

属させる。「自由」な賃金労働者はサブシステンス生産手段を奪われているので、賃金に依存する。賃金は食料品、衣料品等の購入に当てられるが、賃金で購入した商品を使用価値に転化する労働は、主婦による無償の家事関連労働に依存する。労働者は家事労働なくして資本家に「生きた」労働力を売れない。周辺化した女性労働の資本への「形式的包摂」が、世界的資本主義の重要な一部である。

農業政策とは農民にとって制約の増大を意味し、農民の土地をその自由な意思決定下から奪うことである。農民労働力は法的保護がなく、組織化されておらず、安価である（季節労働、出稼ぎ労働、日雇い、パート、派遣労働といった新たな農奴的労働、あるいは半農奴制）。

資本主義的世界システムは単一の分業と多様な文化システムを持つ単位であり、資本主義が全世界経済の各国民経済的剰余を、中心諸国が領有することを意味する。旧植民地は、表向きの主権を獲得したが、旧植民地の解放とは豊かな国へ転化するのではなく、国際分業の一環として世界市場向け商品生産のための新植民地として、世界システムの周辺部として、「第三世界」として再編され、新たな従属に陥ることである。世界銀行による第三世界の開発政策の主要目的は、農民をサブシステンス農業から引き上げ、伝統的農業を商業的農業に置き換え、西洋の利益のための単なる後背地として扱うものである。1959年にインドで小麦と米の多収穫品種栽培を中心とする「緑の革命」政策が開始されたが、これは化学肥料・農業機械等を必要としたために、アメリカの国際開発局や世界銀行から多額の借款を受けることになった。「緑の革命」は多国籍企業のアグリビジネスを前提としているために、伝統的生産関係を破壊し、新たな貧困と不平等の拡大を招いた。第三世界の農民は自分と子どもの養育のために必要な食料品を生産するが、投入価値を返済するために、食料品を売ることを余儀なくされるのである。

資本主義における分業とはヒエラルヒー化と構造的不平等を意味し、「性的」性格を有しているのである。「手つかず」の、「処女」地への浸透（貫通）、投資のために諸国を「開く」、諸市場の「征服」とかいう本源的蓄積過程を記述するための言葉の中にもそれは表れている。そしてそのために「正しい男性」が必要とされる。これら第三諸国がまるで女性でもあるかのように。

また同時に，多国籍企業は第三世界へと工業生産の一部を移転させることで，生産コストを削減する。この削減は最も安価で長時間労働の可能な労働力を使用することで達成される。第一世界において自由な賃労働はコストがかかりすぎるので，可能な限り排除され，産業は「合理化」され，解雇，破産が起こる。自由な賃金労働者の解雇を通じて，「主婦化された」「自然化された」賃金労働者，不法労働者，派遣労働者，移民労働者，パート労働者といったいわゆるインフォーマル・セクターが出現する。男性はいずれ自由なプロレタリアの地位から没落し，女性や第三世界と同様の労働条件を受け入れることに同意せざるを得なくなる。合理化と機械化は労働力を自由に売ることのできるプロレタリアを不必要にし，プロレタリアは主婦化された労働（つまり家事労働の性質を包含した労働，労働組合や労働法の保護がなく，孤立していて，組織化されていない労働）にとって代わられる。「労働のフレキシブル化」というスローガンのもとで，資本は今日，主婦化された労働というモデルに沿って，労働の再編成を追求している。労働の主婦化は，新しいコンピューター技術や在宅勤務戦略によって広められようとしている。労働者の主婦化は，組織化された男性労働者の力を打破するという政治戦略でもある。

　『世界システムと女性』の三人の著者たちは，先進工業国との関係においては女性の位置を占める「第三世界」の搾取や，自然破壊と女性の搾取の上に成立する社会ではなく，真に人間らしいサブシステンス生産をその中心に据えるような新しい社会の構築を唱えている。

3．生殖と生の権利

　16，17世紀を通じて，欧米で1万人もの女性が呪術を行った魔女として訴追され，ほぼ半数が処刑された。魔女は他人の畑や家畜に攻撃をかけて収穫を台無しにするのみならず，人々の性的能力を破壊し，不能，不感症，不妊，幼児の死をもたらすとされた。しかし同時に，「危害を与える者は治癒も与えうる者」（Le Roy Ladurie, 1983）であり，薬草の知識も備えていると考えられていた。魔女狩りは女性の生殖能力とそれに対する知識や活動を，国家・男性の支配化におくためであった。

女性はいつでも喜んで子を産んできたわけではなく，子殺し，子捨て，堕胎，避妊等，生殖をコントロールしようとしてきた。既述したように，女性の交換の上に成立する社会において，女性の生殖の管理とそれに基づく異性愛体制は社会装置として不可欠な要素であり，生殖の管理は重要な政治的関心事である。女性は生殖としての女（妻）と快楽としての女（娼婦，愛人）に分断されてもいた。20世紀初頭には，出産は産婆や助産婦の手から医者の支配管理下へと移行していくようになる。第二波フェミニズム運動の中で，女性たちは女性を役割分担の中に閉じ込める家族制度とその維持装置としての強制的異性愛からの解放を要求した。それは意思に反する性的行為を強要されず，DV（家庭内暴力）等の女性に対する暴力からの解放でもある。女性の身体・精神の自由を保障するものとして，人工妊娠中絶の合法化を求め，女性の体は女性のものと，自らの身体に関する自己決定権，性と生殖の自己決定権を要求した。生殖技術の進展による避妊薬ピルにより生殖の性と快楽の性を分離して考えられるようにもなった。

しかし近年，生殖にかかわる技術の大幅な進歩に伴い，さまざまな問題が生じてきている。生殖が女性を家庭に閉じ込める口実として作用してきたことを考えるなら，かつてファイヤーストーン（Firestone, 1970）が未来の生殖技術に女性の解放を夢見たように，生殖技術の進歩は女性解放につながるのか，それとも女性や人類にとって，深刻な問題をはらんでいるのか。生殖における両性の非対称性の問題等を考えてみよう。

(1) 中絶

長い間，望まない妊娠をした女性たちはさまざまな中絶法によって，自らの身体を危険にさらしてきた。日本では明治期以前は主に堕胎と間引きで生殖をコントロールしていた。明治13（1880）年に堕胎罪が制定され，子産みが国家管理下におかれるようになった。戦前，特に戦中は〈産めよ・殖やせよ〉政策のために中絶に対する取り締まりは厳しく，妊娠すれば産むしかなかった。1940年には「国民素質の向上」を目的として国民優生法が制定され，優生学的理由によらない避妊や中絶は厳しく取り締まられた。戦後はベビーブームの中，1948年に優生保護法が成立し，優生学的理由による医師による不妊・中

絶手術が合法化され，翌年には，「母体保護」と「経済的理由」のための中絶も認められ，事実上自由化された。フランスでは1975年から合法化され，未成年者であっても親権者の同意なしに中絶が可能になった。費用も社会保障でまかなえる。だが中絶の問題は，それが望まない妊娠であったにせよ，女性の心（や身体）を深く傷つけるということだ。

(2) 避妊

　日本における避妊は1950年代以降，戦前・戦中の不道徳で禁圧すべきものから，「文化国家」にふさわしい国民道徳へと転身した（荻野，1991）。避妊と人工生殖技術は生殖のコントロールを可能にした。フランスでは1967年に避妊が合法化された。避妊具も65％が社会保障から償還され，18歳以下の未成年者には匿名・無料でピルやコンドームが配付されてさえいる。2002年には未成年者は薬局で緊急避妊用ピルが無料でもらえるようになった（中嶋，2003）。比較的安全な避妊具や経口避妊薬ピルによる避妊と人工妊娠中絶により，生殖と快楽としての性を分離して考えることが可能になって，性の自由化が加速されると同時に，計画的出産の可能性が広がり，人工生殖技術の発達とともに高齢出産も可能になった。

　しかし避妊具にしろピルにしろ，避妊における性の非対称性が問題になる。ピルには副作用があるし，コンドームの使用を男性が渋った時，女性はしばしば妊娠の危険を冒す事態に陥ってしまう。ピルも毎日服用しなければならないが，飲み忘れによる妊娠は女性の過失にされてしまう恐れもある。またピルを使用する女性たちは，非使用女性より10倍の肺塞栓症の危険があるという報告（秋田，2002）もある。

(3) 人工生殖

　1978年，世界で初めて試験管ベビーが誕生した。人工生殖は，まず不妊治療として始まった。その際，体外受精と胚移植において，男性は簡単に精子を提供できるのに対し，女性は一度に多数の排卵を採取するためのホルモン療法や卵母細胞を穿刺するなど苦痛を伴う医学的処置が必要であるのみならず，長期通院等，女性の就業生活・日常生活に支障をきたすという性の非対称性が忘

れられがちだ．人工生殖の可能性が広がるにつれ，特に母性神話（女性の幸福は母性にあるとする考え方）の強力な所では，不妊女性に不妊治療を受けよう・受けさせようとする圧力がかかる可能性があるが，新しい生殖技術を求める背景に，女は子を産むものという性別役割意識が存在し，また「生殖技術がそうした古い意識を補強」（青木，1994）しているという指摘は傾聴に値する．

配偶者間人工授精と非配偶者間人工授精，体外受精，顕微受精等の著しい進歩により，生殖は人体から切り離されて精子，卵子，受精卵へと分割され，生殖という最も私的な行為であったはずのものが，医療現場という公領域へと移動してしまうまでになった．これにより生殖に対する男性の医学的管理を強化する結果になった．

非配偶者間の人工授精もイギリス，オランダ，ベルギー，日本等では認められている．若い時に採卵した卵で将来子どもを作ることも，受精卵を母以外の子宮で胎児化することも，つまり時間的・空間的な生殖の自由化が可能になったのである．人工子宮こそまだ未開発だが，遺伝子上の母，妊娠出産した母，育ての母が，それぞれ別々であり得る時代になった．受精から出産まで完全に人の身体外部で行われる体外生殖も時間の問題であろう．動物のクローンはすでに存在している．親子関係が従来とはまったく違った概念で成立し得る時代になった．また体外受精によって作り出された余剰胚はどう処理するのか？これは中絶の時に常にある論争の，胚とは何か，いつから人と呼べるのかという問題ともかかわってくる．また実験目的に胚を形成してよいのかという問題も生じている．治療目的のクローンはどうなのか．

人工生殖は，生殖が商品になる可能性を生み出した．現に，精子バンクからの精子購入や代理母が可能になっている．これはまた貧しい女性が子宮を商品として売り出す女性の商品化・差別化の問題も作り出した（第三世界の男女が臓器移植用臓器を売るという，先進国に対する第三世界の男女の〈女性化〉問題に通底する）．逆に裕福な女性は精子を選択することで，子どもの〈質〉の選択が可能になる時代になった．

精子バンクのみならず子どもの〈質〉の選択として重要なものに，遺伝子診断，着床前診断，出生前診断もある．胚や胎児の病気の有無により，胎児の〈質〉の選定を行い，産む産まない決定を個人が行えるようになった．フラン

スでは 1997 年にダウン症の診断をリスクのある女性すべてに普及させる政策がとられた。その結果 1997〜2001 年の間，ダウン症と診断された二人に一人が中絶されている（中嶋, 2003）。遺伝子操作による人間の〈品種改良〉も可能になる。生殖技術がここに至って優生学と結びついてしまったのである。生命を価値あるものと価値なきものに序列化し，価値なきとみなされたものを排除する優生思想。障害者は人間として生きる権利がないのかという問いかけが突きつけられている。そしてもし障害者を産む決心をした場合，それはその選択をした女性（と男性）の自己責任として，公的な障害者保護を——とりわけこの少子化の時代においては——享受できなくなる可能性さえ生じるのである。西欧の第一波フェミニズムは女性の男性並みを求めてきた運動であったが，この〈男性〉とは壮年の健康な白人男性でしかなかったように，私たちは，現在，〈健常者〉や〈平等〉という概念を突きつけられているといえる。人工生殖医療は，〈健常者〉と〈障害者〉の平等とは何か，男性と女性との平等とは何か，人間の〈質〉とは何かを，改めて問い掛けてきたのである。

　青木が指摘しているように人工生殖は，専門家や国家による女性身体の管理を強化し，生命が商品化され，人間および女性の家畜化につながる危険性をはらんでいる。人工生殖は，「血縁による子孫への待望感を強め，結果的に家意識や男女の性役割意識を補強している」（青木, 1994）側面もある。女性自身による生殖の自己決定権を人権として保証しない限り，これまでの歴史が示しているように，国家による人口政策の管理化におかれる危険性がある。また南の人口は抑制して北の人口は増加させるという南北問題も生じている。

　ここでは母性礼賛と人口増をその主要な政策としてきたナチスが，同時に〈価値のない生命〉としていくつかの命を抹殺してきた生殖の国家管理の恐ろしさを思い出しておこう。抹殺されたのはユダヤ人，マルクス主義者等の政治犯，精神病患者，身体障害者，知的障害者，アルコール中毒患者，売春婦，犯罪経験者，生活保護の受給者らであった（姫岡, 1995）。

4. パクス法

　フランスでは，1999 年にパクス（連帯の民事契約）法が公布された。これ

は，同性，異性カップルを問わず，結婚によらない共同生活を認知する法律である。これは，同性愛者に対する差別を撤廃する点では画期的であるが，パクス法と生殖医療が結びついた時，同性愛者のカップルにも人工生殖医療を認めて子どもを持つことを許可するのかどうかという問題が生じてくる。子どもは異性愛によって誕生し養育されるという常識もその存続の瀬戸際にある。

妊娠，出産，授乳という女性の身体にまつわる〈自然〉が，科学者の手中に落ち，管理コントロールされる時代に入った。しかし一番重要なことは，生まれてくる子どもの視点であり幸福であろう。大人のエゴで子どもを産んではならない。またジェンダー概念がともすれば性差を社会的・文化的なものに還元してしまうために，自然な生理としての性（セックス）を軽視しがちであった点を，もう一度反省する必要があると思われる。女性，男性を一つのカテゴリーとして役割の中に閉じ込めるのではなく，各人の性を引き受けつつ抑圧されることなく生きるとはどういうことか，それが可能な社会とはどのような社会かを，改めて問わなければならないのである。

連帯の民事契約法
(Pacte civile de solidalité；通称パクス Pacs 法)

　フランスでは 1970 年代から法的に結婚はしていない異性同棲カップルに対するさまざまな社会制度上の優遇措置がとられたが，同性カップルには適用されなかった。パクス法は当事者間の自由意志によって選択された相手との契約による婚姻を認め，婚姻による財産の形成と保護を決めたものである。つまり，異性，同性を問わず，二人の成人が共同生活を営むために結んだ契約に関する法律である。

　デンマークでは 1989 年に「パートナー登録制度」を発足させ，養子と人工生殖以外の権利・義務を同性カップルに与えた。オランダでは 2002 年に養子や人工生殖も含めて異性カップルとまったく平等な民事婚を法的に同性カップルにも認めた（高橋，2002）。

詳しく知りたい人のための参考図書
江原由美子 『自己決定権とジェンダー』 岩波書店，2002 年。

T・ミンハ著，竹村和子訳『女性・ネイティヴ・他者』岩波書店，1995年。

森岡正博　『生命学に何ができるか――脳死・フェミニズム・優生思想』勁草書房，2001年。

荻野美穂『ジェンダー化される身体』勁草書房，2002年。

【引用文献】

秋田喜美江　2002　女性関係年表　女性空間　**19**　日仏女性資料センター　98-105

青木やよひ　1983　フェミニズムの宇宙　新評論

青木やよい　1986　フェミニズムとエコロジー　新評論

青木やよひ　1994　増補新版フェミニズムとエコロジー　新評論

Bookchin, M.　1990　*Remaking Society, Pathways to a Green Future.* South End Press.（藤堂麻理子・戸田清・萩原なつ子訳　1996　エコロジーと社会　白水社）

Firestone, S.　1970　*The Dialectic of Sex, The Case for Feminist Revolution.* William Morrow.（林弘子訳　1972　性の弁証法――女性解放革命の場合　評論社）

姫岡とし子　1995　女性蔑視と「母性礼賛」ナチの女性政策　加納実紀代（編）　ニュー・フェミニズム・レビュー　**6**　学陽書房　62-67

Le Roy Ladurie, E.　1983　*La Sorcière de Jasmin.* Seuil.（杉山光信訳　1985　ジャスミンの魔女　南フランスの女性と呪術　新評論）

Mies, M. Werlhof, C.V. & Thomsen, V.B.　1983　*Women : The Last Colony.* Zed books.（古田睦美・善本祐子訳　1995　世界システムと女性　藤原書店）

中嶋公子　2003　産む自由・産まない自由と人口生殖技術――フランスにおける問題の布置　女性空間　**20**　日仏女性資料センター　154-163

荻野美穂　1991　人工妊娠中絶と女性の自己決定権――第二次世界大戦後の日本　原ひろ子・舘かおる（編）　母性から次世代育成力へ　産み育てる社会のために　新曜社

高橋雅子　2002　連帯の民事契約(Pacs　パクス)について　女性空間　**19**　日仏女性資料センター　19-28

（1～4章，松本伊瑳子）

5
ファミリー・ロマンスの解体とクィア・ファミリーの可能性

1. 男／女，社会／家庭

　私たちをとりまく世界に，男と女の間に起こる葛藤がなくなる日はいつかくるのだろうか？　こんな疑念を抱かせるほど，現代社会は，性差にかかわる問題で溢れている。社会的なレベルでいえば，男女間での雇用形態の不均衡や，未だに通らない夫婦別姓法案。今頃になってやっと国は男女共同参画に取り組み出したが，男と女がどのように共同して何に参画するのかがはっきりしない。家庭内では，家事を誰が行うか，育児，介護の責任を誰が負うのか，という問題が依然として夫婦に降りかかる。そして，社会と家庭を横断する形で生じる問題，たとえば，夫の転勤に妻は仕事を辞めてついていくべきか否か，育児休暇，介護休暇は，夫婦のどちらがとるのか，仕事よりも家庭を優先すべきか否か，という問題も，女の社会進出によって浮上してくる。

　これらの多くの問題に，私たちは，どのように立ち向かえばよいのだろうか。ウーマン・リブといわれる女性の運動から始まって第二波フェミニズム，ポストモダン・フェミニズムへと展開してきた「フェミニズム」の流れは，こうした問題を，女だけの問題から，男と女の両方にかかわるジェンダーの問題として捉えようとする動きであった。1960年代後半から70年代にかけて，女の解放というスローガンを掲げた第二波フェミニズムは，男／女という二分法によ

って生じるさまざまな慣習が個人に与える影響を論じてきた。また，フランスのエクリチュール・フェミニン系のフェミニズムは，精神分析学を応用して女のセクシュアリティを定式化しようとした。しかし，男とは何か，女とは何か，ということを真剣に考えれば考えるほど，私たちは，ジェンダーが，まったくもってトラブル含みの概念であることに気づかされるのである。なぜなら，ジェンダーは，本質のある，固定された概念ではないからだ。にもかかわらず，私たちはジェンダーから決して自由になることはない。それゆえ，私たちは，社会のあらゆる場面で「正しいジェンダーのふるまい」を求められ，それが何であるか確定できない違和感に，立ち尽くしてしまう。しかし，見方を変えれば，ジェンダーが流動的であるからこそ，私たちは，そこに揺らぎを作り出し，ジェンダーの配置をずらすことができると考えることもできる。事実，1990年代以降のフェミニズムと，同時期に登場したクィア理論が模索してきたのは，ジェンダーからどのように解放されるかではなく，ジェンダーの配置をどのようにしてずらすかであった。

　男と女という二分法が，社会において，これほどまで問題視され，社会変革の必要性が唱えられるようになったのは，この二分法によって，これまで「家庭」に限定されてきた女の領域が，働く女の出現によって広がりをみせ始め，男＝社会／女＝家庭という住み分けが破綻し始めたからである。つまり，教育面での平等により，男と平等な教育を受けた女の中から，「家庭」外において自己実現を目指す女たちが増加し始めたのである。そうした女たちは，学校を卒業するまでは男と対等であったはずなのに，結婚すれば家庭に押し込められ，妻と母の役割を押しつけられるという女の運命を作り変えようと努力し始めた。このようにして，仕事＝男の領域／家庭＝女の領域という，性別による二項対立的な位置関係は，揺らぎをみせ始めたのである。

　しかし，そもそも，仕事＝男の領域／家庭＝女の領域という二分法は，社会の必然ではないはずである。その歴史は意外に浅く，実際には，資本主義の勃興が，工場で働く夫と，家にいて夫，子どもの世話をする妻という核家族の形態をもたらしたことによって始まる。そして，近代社会の発達とともに，核家族という家族形態が普遍化され，父，母，子の三者関係がファミリー・ロマンスとして神話化された結果，社会／家庭，公的なもの／私的なもの，という二

分法が，男／女という二分法に重ねて振り分けられ，現在みられるような性差にまつわるさまざまな問題を生み出す土壌ができあがったのである。

　だからこそ，現在の非対称なジェンダーの二分法が問題となっている今，男と女の問題を解決しようとするならば，性差の問題だけに注目していてはいけない。社会変革を考えるのであれば，私たちは，ジェンダーの二分法を土台とする社会／家庭の二分法と，それら二つの二分法を温存しようとするファミリー・ロマンスの力学を問題にしなければならない。社会／家庭の二分法が生み出す諸問題は，二つの領域に流動性を持たせること，たとえば，会社内に託児所を設置したり，インターネットを用いての在宅会議などを取り入れたりすることで，解決されるかもしれない。しかし，これら二つの領域の間でバランス感覚を失えば，その流動性によって，むしろ，これまでの日本社会に多くみられたように，会社という組織のために家族の協力を要請し，私生活のすべてを会社に売り渡してしまうような会社人間を生み出したり，逆に，私的なことに気をとられて仕事がおぼつかない社員が現れたりすることになりかねない。いずれにせよ，これら二つの領域が対置していること自体が問題なのであって，それゆえ，この二分法を支えているファミリー・ロマンスというものを，その是非を含めて検討し，それを解体していくことが必要となってくるのである。

　ただし，ファミリー・ロマンスを取り上げる際，それを，どのように問題化するかについては，慎重にならなければならないだろう。なぜなら，それは，「血縁関係」への信仰と「母性」という幻想とによって，周到に，そして執拗に，神話化されているからである。しかし，それでもなお，ジェンダーにずれを生じさせ，家族形態や人生設計に多様性をもたらすためには，ファミリー・ロマンスは解体されなければならない。それなら，どのようにしてそれを解体していけばよいのだろうか？

　ここで誤解してはならないのが，ファミリー・ロマンスの解体は，家族そのものの解体ではないということだ。ファミリー・ロマンスというのは，神話的構築物であって，実際に存在する個々の家族とは異なるものである。父，母，子という三角関係によって成り立つファミリー・ロマンスは，どのようにして生まれたのか？　なぜ，父，母，子でなければならないのか？　そこに存在する法則とは何か？　ファミリー・ロマンスの解体を問題にする前に，まず，そ

のことを明確にしなければならないだろう。そのために，本章では，まずクロード・レヴィ＝ストロースによる家族構造の考察と，精神分析理論における父，母，子の関係を紹介する。その後で，ファミリー・ロマンスの解体に向けて，脱構築と言説理論およびクィア理論の可能性をそれぞれ模索したいと思う。そうすることにより，脱ファミリー・ロマンス後の家族像を，新たに「クィア・ファミリー」として提示し，その可能性を考えてみたい。

「クィア」という言葉は，同性愛者を示す言葉として一般に理解されているが，クィア理論は，むしろ同性愛／異性愛という二分法を脱構築するものである。それゆえ「クィア」は，同性愛者という本質主義的なアイデンティティではなく，脱構築された「本質なきアイデンティティ」を示している。クィア理論に基づいてファミリー・ロマンスを解体することができれば，男／女，社会／家庭，同性愛／異性愛といった二分法を脱構築するような関係性を考えるための指標として「クィア・ファミリー」という概念が効力を持つようになるのではないだろうか。

2．近親相姦タブーと精神分析理論

これまで，多くの学者が，婚姻関係の定式化を試みてきたが，そうした試みにおいて常に発見されるのが，近親相姦タブーである。たとえば，フリードリヒ・エンゲルス（Friedrich Engels）は，未開の部族にみられる集団婚を，先進諸国の一夫一婦制にみられるような単婚に先立つものとみなし，集団婚から単婚への推移を進化論的に考察したが，彼の考察は，婚姻制度の発展を促した要因が，徐々に適応範囲が広まっていく近親相姦タブーであったという視点からなされている（Engels, 1884）。また，文化人類学者のレヴィ＝ストロースは，地球上のさまざまな未開部族の婚姻制度を，エンゲルスと違い，先進諸国の婚姻制度と共時的に存在するものとして考察したが，レヴィ＝ストロースがそこで発見したのは，エンゲルスと同じく，近親相姦タブーであった。レヴィ＝ストロースは，さらに，近親相姦タブーを，婚姻制度における無意識的な構造として，メタ物語化し，構造主義的なファミリー・ロマンスの誕生に貢献した。

レヴィ＝ストロースは，同じイトコ同士の結婚でも，多くの部族において，

平行イトコ婚と交叉イトコ婚が区別されていることを発見した。平行イトコは，性別を同じくする傍系親族（父の兄弟，母の姉妹）から出生するイトコを指し，交叉イトコは，性別を異にする傍系親族（父の姉妹，母の兄弟）から出生したイトコを指す。多くの部族において，平行イトコが兄弟姉妹と同様に考えられ，平行イトコ間での婚姻が禁止されているのに対し，交叉イトコは婚姻の対象であると考えられていることをレヴィ＝ストロースは指摘している。彼はさらに，交叉イトコ婚を定式化し，そこに，女（母，交叉従姉妹）の交換を繰り返すような互酬構造を発見する。これらの発見により，彼は，婚姻が，近親相姦タブーを通じて決定される女の交換であるという結論を導き出した（Lévi-Strauss, 1947）。

　レヴィ＝ストロースは，このようにして導き出した結論を，あらゆる親族構造に当てはめることができると考えた。つまり，親族構造のメタレベルにおいては，近親相姦タブーと女の交換が常に機能していると考えたのである。親族関係をこのように構造化するレヴィ＝ストロースの考え方は，構造主義といわれる。構造主義とは，つまり，社会的な制度や文化にメタ構造を見出すものである。

　近親相姦タブーは，精神分析理論においても重要な概念である。ジークムント・フロイト（Sigmund Freud）は，『トーテムとタブー』の中で，トーテムを中心とした部族婚に言及し，やはり近親相姦タブーがあることを認めている（Freud, 1913）。近親相姦について，フロイトは，人間にはそもそもそのような欲望があるのだと考え，それがタブーによって抑圧されているのだという仮説を打ち立てた。この抑圧仮説は，子どもの精神発達を理論化するための概念としてフロイトが考え出したエディプス・コンプレックスの基礎ともなっている。つまり，エディプス・コンプレックスは，母と息子の間での近親相姦の禁止を前提としたものである。エディプス・コンプレックスという名称は，父と知らずに父親を殺害し，母と知らずに生母と結婚したギリシア神話のオイディプスにちなんでおり，母に対する息子の愛をコンプレックスとみなすことによって，フロイトは，近親相姦的な欲望の存在とその抑圧を，男の子の精神発達の基礎においた。このようにして，女の交換を前提とし，父，母，子の三者によって構成されるファミリー・ロマンスが，精神分析学理論の中心的モデルへ

と発展したのである。

　フロイトによれば、ほとんどの人間は、男か女かどちらかの生物学的な性（セックス）を持ってこの世に生まれてくる。しかし、精神分析学的なレベルにおいては、生まれたばかりの赤ん坊は男でも女でもなく、男として育つことも女として育つことも可能な状態にある。それゆえ、社会的な性別（ジェンダー）への正常な自己同一化を成功させるためには、通常、5歳頃までに精神面において複雑な性化の過程を通らなければならない。この過程は去勢不安やエディプス・コンプレックスを含んでおり、これらは男の子の場合と女の子の場合とで異なった方法で経験される。

　幼児は自分の体を基準にして人の体を考えるので、小さな男の子は、すべての人間にペニスがあると仮定して育つ。ところが、5歳頃までに発達した知識欲によって人の体に興味を覚えたある時、男の子は、母親にペニスがないことを知り、すべての人にペニスがあるという仮定が揺さぶられるようになる。そして、ペニスのあるべきところにそれを持たない母親は、去勢されたのだと考える。同時に、自分も去勢されてしまうことに対して大きな恐れを抱くようになる。この恐怖の中で、去勢は、母親を愛することへの罰であり、それは、ペニスを持つ父親によってなされるのだと男の子は考える。なぜなら、この時までに、自分の愛する母親が、父のものであるということを男の子は知るからである。男の子は、それまで母を愛の対象としているのだが、この去勢恐怖によって、母への愛をあきらめ、父に従う。このように、母を所有するものとしての父の存在の認識と、愛の対象としての母の喪失を経て、男の子は父の法を受け入れ、それによって、父を含めた「男」という性に自己同一化し、失われた母に代えて、別の女を愛の対象に据えるのである。エディプス・コンプレックスをこのようにして克服すれば、男の子は「正常」な発達過程をたどることになり、最終的に女を性対象とする「異性愛の男」というアイデンティティを獲得する。もしそうでなければ、「同性愛者」や「トランス・ジェンダー」となるわけである（Freud, 1905）。

　男の子の精神発達を中心にして、人間の発達段階を考えたフロイトであったが、彼を悩ませたのは、女の子がどのようにして女性性を獲得していくのかであった。フロイトは、女の子の発達段階を、男の子と同じようにエディプスの

モデルを使って示そうとした。それによれば，女の子も，男の子と同じように，ペニスの有無を確認することによって，エディプス・コンプレックスを経験するという。しかし，母親にペニスがないのを見て，男の子が去勢不安を感じるのに対して，女の子の場合は，父や男の子たちがペニスを持っていることを発見し，自分がそれを持っていないことに気づいた時がエディプス・コンプレックスの始まりであるとされる。女の子は，その時，「本来あるべきもの」が自分にはないことを知り，自分が去勢されてしまったのだと思う。女の子は，母親にもペニスがないことから，自分の去勢の責任が母にあるのではないかと想像する。この想像は非常におぞましく，それゆえ，女の子はこれまで愛の対象としていた母に反発し，ペニスを持つ父を愛するようになる。そして将来男の子を産んで自分自身のペニスの代替物を持つことを願う。去勢不安によって特徴づけられる男の子のエディプス・コンプレックスに対して，女の子の発達過程を特徴づけているものは，このように，失われたペニスに対する強い憧れ，つまり，フロイトのいうところのペニス羨望である（Freud, 1905, 1931）。

　男の子の場合には去勢不安，女の子の場合にはペニス羨望を伴って現れるエディプス・コンプレックスは，いずれの場合も，幼児の精神発達を左右するものとして考えられている。このエディプス・コンプレックスがどのように克服されるかが，幼児が大人になった時の性目標，性対象の選択，性アイデンティティ，性活動，また，その他の活動一般に，大きく影響するとされる。

　子どもの精神発達に関するフロイトの精神分析理論を，ジャック・ラカン（Jacques Lacan）は言語化された主体（この主体は言語的主体であって，実体ではない）の獲得のためのプロセスとして解説した。ラカンによれば，前エディプス的な母と子の癒着は，エディプス危機に際して，〈父の法〉によって引き裂かれ，子どもは〈父の法〉に従うことによって象徴的言語体系の中に入っていく。ラカンの理論は，いわば，主体を，言語によって表された象徴であると考えることで成り立っており，それゆえ，ラカン理論に登場する父，母，子は，文字通りの父，母，子ではなく，象徴的位置であるとされている。すなわち，ラカンの精神分析理論は，ファミリー・ロマンスを象徴化し，記号化する理論である（Lacan, 1966）。

　言語化された主体が構築される舞台となる象徴的言語体系は，ラカン理論で

は象徴界と呼ばれている。そこでは，「意味するもの」であるシニフィアンと，「意味されるもの」であるシニフィエとが任意に結びついて，意味を作り出している。その中で，唯一，シニフィエなきシニフィアンという特別な位置を占めているものがあり，それがファルスと呼ばれているものである。主体のジェンダー化は，このファルスとの関係によって決定される。すなわち，「ファルスを持つ」位置が「男」であり，「ファルスである」位置が「女」であるとされる。シニフィエなきシニフィアンであるファルスは，「欠如」のしるしであるとも理解されており，そうした理解によってラカン理論は，女を「欠如」とみなす家父長主義的な考えであるとして批判されることが多い。

　フロイトの精神分析学の主たる功績は，無意識の発見であったが，フェミニストからフロイトが攻撃を受けるのは，ペニスの有無によって男女の精神発達を去勢不安とペニス羨望に振り分ける，エディプス・コンプレックスを中心とした性差についての彼の論考のためである。ラカンはフロイトのエディプス・コンプレックスのモデルを，ペニスという目に見える性器の代わりに，ファルスを中心とした言語のレベルに置き換えて記述し直した。ラカン自身が断言しているように，ファルスは決してペニスとイコールではない。しかし，ラカンの記述は時としてファルスをペニスに結びつけているように受け取れないこともない（Gallop, 1985）。それゆえ，性差に関するラカンの理論は，フェミニストらによって，しばしば，ファルス中心主義であると批判される。すなわち，象徴界において，男はペニスを連想させるようなファルスによって支配と権力を手にするが，ファルスのない女は，男との関係性においてしか象徴界において存在することができない。また，言語の習得が，象徴的言語体系への参入と深く結びついているため，象徴的言語体系において主体性を奪われている女は，男性言語によって定義される対象でしかない。つまり，女は，ペニスの欠如として，あるいは男性的主体を映す鏡として，男からみた他者としてしか定義されない。そして，その立場を得るために，女は母との前エディプス的な関係や母への自己同一化を断ち切り，父との関係性の上に，自分を位置づけるのである。

　ペニス羨望，ヒステリー，不感症，神経症に悩む女性像を，女の本質として理論化するフロイトの精神分析理論は，これまで多くのフェミニストの批判の

的とされてきた。「フロイトは女の運命にあまり関心がなかった」とシモーヌ・ド・ボーヴォワールは述べる。「彼がまず男の運命を説明し、それをもとにいくつかの特徴を修正しただけで女の運命を記述したのは明らかだ」(Beauvoir, 1949)。町医者としてのフロイトは、多くのヒステリー患者の治療に当たっており、実際、患者の大部分は女性であった。こうした女性ヒステリー患者の治療に苦心していたフロイトに対して、彼が「女の運命にあまり関心がなかった」と断言することはできないだろう。しかし、ボーヴォワールが指摘するように、女性性の獲得に関するフロイトの理論が、男性主体を基準にして考えられていることは確かである。つまり、エディプス理論では、個人の精神的および性的主体化は、ペニスがあるかないかによって決定されている。一目で存在の有無がわかるペニスに対して、通常隠れたところに位置する女性の性器は、エディプス理論ではまったくといってよいほど意味を持たされていない。ボーヴォワールの批判は、単にフロイト批判にとどまらず、男女の社会的性差をペニスの有無という生物学的差異に依拠して解き明かそうとした精神分析学そのものに対しても向けられている。

一方、リュース・イリガライは、フロイトのファルス中心主義を批判しながらも、精神分析理論を応用して、「女性性」というものを解明しようとした。イリガライは、フロイトの精神分析理論が、〈父の法〉を特権化し、父から息子へと伝承していく男性中心のファミリー・ロマンスであることを指摘する。ファミリー・ロマンスの中では、女は常に「他者」としての役割を与えられ、男同士の間で交換される商品となる。こうした考察をふまえて、イリガライ自身は、ファミリー・ロマンスの中で忘却されてきた母と娘に注目し、女性リビドーと女性のセクシュアリティを精神分析学的に究明しようとする。彼女の理論の根底にあるものは、「女性性」の称揚である。

始めはラカンの弟子であったイリガライの批判は、フロイトとラカンの両方に向けられる。彼女によれば、ペニスの優位性というフィクションに支えられたフロイトやラカンの精神分析理論は、女のセクシュアリティや、性関係における女の快楽を何も説明してはいない。精神分析理論の示す女性性は、常に「欠如」や「ペニス羨望」という屈辱にまみれていて、女の欲望は、父への愛や子どもを持つことによってペニスの等価物をいつか所有したいというもので

しかない．しかし，イリガライからみれば，女は，男とは異なる性器を持つために，男とは異なる性的快楽を得ることができる．男の性的快楽が，ペニスという一つの場所に固定されているのに対して，女の性的快楽は性器に固定されておらず，女は身体のあらゆる場所で快楽を得ることができるのである．イリガライは，女の自体愛について，女性器の形に注目しながら記述する．つまり，女性器は，「ふたつの唇」でできており，それらは「絶え間なく口づけしあう」ことによって，絶えず「自己と触れ合って」いて，男性のように自己に触れるために手や女性器などの道具を必要としない．しかも，その二つの唇は一つずつに分離できないゆえに，絶え間なく触れあうことを禁じることができない．それゆえ，「女はすでにふたり，しかし，ひとりずつに分離できない愛しあうふたり」（Irigaray, 1977）である．

　イリガライの考える女性特有の複数性は，精神分析学において，前エディプス期で母と子が癒着している状態に起源を持つとされる．それゆえ，女は，前エディプス期に立ち戻ることによって，真の女性性を取り戻し，それを称揚することができるとされる．女の性的快楽を，男のそれとは別のものとして理論化し，「女性性」を称揚するイリガライの試みは，男の視点からみた「女」を否定し，女の視点から新たな女性像を創造しようとするものである．しかし，その試みは，真の女性性というものを想定することで，女同士の間の差異を軽視し，女であることに何らかの「本質」を付与するものとして，本質主義的であるとされ，批判されている．

　ボーヴォワールにしろ，イリガライにしろ，エディプス・コンプレックスにおける女の位置づけを批判してはいても，残念ながら，エディプスという枠組みそのものを問題にしようとはしていないようである．エディプス・コンプレックスという概念は，父，母，子という三者関係を象徴的に表したものであり，これこそが男同士の間での女の交換によって成り立つ異性愛中心主義と，近親相姦タブーとによって支えられ，メタ物語化されたファミリー・ロマンスの正体である．だからこそ，エディプスの枠組みをそのままにしておいて，そこにおける女の位置づけを理論化しようという試みは，女をいつまでも，男との二項対立的で異性愛的な関係にとどめおいてしまうのである．女の解放にとって有効なのは，むしろ，エディプスという概念を生み出した背景にあるものを明

確にし，議論することであろう。

　イリガライは，女を交換する男同士の関係に，同性愛的な要素を読み取っている。また，イヴ・コゾフスキー・セジウィック（Eve Kosofsky Sedgwick）は，婚姻が女の交換であるとしたレヴィ＝ストロースの考察を発展させながら，女を交換する男同士の間に，イリガライ同様，密接な結びつきを指摘し，その結びつきを「ホモソーシャル」と名づけている（Sedgwick, 1985）。セジウィックによれば，男同士の間で行われる異性愛的な女の交換には，男同士の関係から同性愛を排除しつつも男同士の絆を深めようとするような男性中心的で異性愛主義的なホモフォビアの力学が働いている。

　以上の考察で明らかになったことは，女を交換することにより存続する異性愛中心的なファミリー・ロマンスを支えるものの正体が，ホモフォビアと近親相姦タブーだということである。それゆえ，エディプス的ファミリー・ロマンスを解体するためには，ホモフォビアの言説と近親相姦タブーの言説に立ち向かわなければならない。そのためには，ミシェル・フーコー（Michel Foucault）の言説理論を応用することが，有効な手段となるだろう。なぜなら，ホモフォビアも近親相姦タブーも，実は構造などではなく，言説であるからだ。さらに，それらが言説であることを暴くためには，それをメタ物語化した構造主義に対する批判的な眼差しが重要となってくるだろう。メタ物語に対する批判は，構造主義に対するポスト構造主義からの反論である。したがって，ファミリー・ロマンスの解体には，ポスト構造主義的な脱構築の概念が必ず必要となる。

　同時に，フロイト，ラカンを批判するあまり，ファミリー・ロマンスの解体に向けて精神分析学が貢献できる点を見逃してはならない。たとえば，ジェシカ・ベンジャミン（Jessica Benjamin）は，保身のために息子を殺害しようと企てるエディプス的父親の危険で原始的な側面を暴いてみせた（Benjamin, 1988）。また，カジャ・シルヴァーマン（Kaja Silverman）は，同性の親に対する欲望として，ネガティヴ・エディプス・コンプレックスの概念に注目している（Silverman, 1988）。これらの理論は，フェミニズムやクィア理論を経由してラカンの精神分析理論を発展させたものであり，エディプス・コンプレックスの解釈に新しい光を当てるものである。これらの新しい解釈には，ファミリー・ロマンスから脱却するためのクィア・ファミリーの理論化に向けての可能

性が秘められている。

　しかし，ラカンの精神分析理論の最も大きな功績は，彼が，ファミリー・ロマンスを，実際の父，母，子から，象徴化された父，母，子に置き換えたことである (Butler, 2000)。このことにより，ファミリー・ロマンスは血縁と生殖から切り離され，ファミリー・ロマンスの脱構築に向けての土台が作り出されたのである。というのも，脱構築は，あくまで「主体」という言語のレベルで行われるからである。ポストモダン・フェミニズムは，男／女の二分法を脱構築し，クィア理論は，ジェンダーに加えてセクシュアリティを問題化し，同性愛／異性愛の二分法を脱構築した。しかし，脱構築が可能となるのは，現実の男や女，同性愛者や異性愛者においてではない。脱構築されるのは，言語によって決定される象徴的な位置である。そして，脱構築は一過性のものではなく，継続して行われなければならない。というのも，脱構築されるべき主体は，常に言語の中で再構成されていくものだからである。

3．ファミリー・ロマンスの脱構築に向けて

　脱構築という概念を生み出したジャック・デリダ (Jacques Derrida) のポスト構造主義的言語観は，言語における差異の法則を発見した言語学者フェルディナン・ド・ソシュール (Ferdinand de Saussure) の革新的言語理解の延長線上にある。ソシュールの言語理論では，言語は記号システムであり，シニフィアンとシニフィエとの任意の組み合わせからなるシーニュの鎖で構成されている。シニフィアンとシニフィエとの関係には本質的なものはなく，言語が意味を持つのは，両者の絶対的なつながりにおいてではなく，シニフィアンの持つ音が，別のシニフィアンの持つ音とは「違う」と認識されることによってのみである。それゆえ記号システムは，すなわち差異の体系であり，それが「意味する」現実とは切り離されたところで構造化されているものであると考えられるのである。シニフィアンとシニフィエとが任意に結びついて意味を作り出しているという考えは，ラカンによる象徴界の理論化に反映されている。また，差異という概念は，個々の文化を共時的に存在する「差異」であると考えたレヴィ＝ストロースに取り入れられている。

ソシュールの言語理論に基づいてデリダが注目した二分法が，書き言葉（エクリチュール）と話し言葉（パロール）の二分法である。デリダによれば，表音文字言語では，この二分法において常に話し言葉が特権化される。話し言葉を特権化する音声中心主義を，デリダはロゴス中心主義といって批判している。ロゴス中心主義とは，世界のあらゆる法則を総括する絶対的真理がどこかに存在するという信念のことであり，西洋哲学は，これまでその真理を言語の外に見出そうとしてきた。そしてロゴス中心主義では，そうして発見される真実は，まず声によって話し言葉として表現され，書き言葉は真実を告げるために話された言葉の表記にすぎないとされた。

ところがデリダはエクリチュールの復権とロゴスからの解放をもくろみ，「差異」(différence) とは一字違いで発音を同じくする「差延」(différance) という概念を作り出した。これは動詞 différer の持つ「差異」と「遅延」という二つの意味を組み合わせたデリダの造語で，エクリチュールにしか現れない「シニフィアンの自由な戯れ」である。つまり差延とは，シニフィアンとシニフィエとの結びつきを揺さぶる意味のずれであって，差異による意味の決定を遅延させるようなずれに注目することによって，デリダは意味の脱中心化を計ったのである。意味の脱中心化によって，差異の二分法的な捉え方をずらすことが，すなわち脱構築であり，それは常にエクリチュールの中で行われる運動である。というのも，デリダは「エクリチュールに外部はない」と主張しており，この主張によってデリダは，真実は言語の外に存在するというロゴス中心主義的な考えを否定しているからである（Derrida, 1967）。真実の現前性を否定するデリダは，差延作用すらも存在しないと考えており，よって，差延は，不在の痕跡であると理解される。そして，このように理解される痕跡が，書き言葉と話し言葉の二分法を越えた，原エクリチュールであると考えられている。デリダの提示するエクリチュールの概念は，それゆえ，単に，話し言葉に対する書き言葉の優位性を主張するものではない。

あらゆるものはエクリチュールの中にあるというデリダの考えは，家父長主義的な男性中心言語によって抑圧されてきた女性性を女性言語によって再定義しようというエクリチュール・フェミニンに取り入れられた。その中心人物であるエレーヌ・シクスーによれば，家父長主義的な言語観における二分法は，

常に男／女の二分法を基礎としており，そこでは男性的なものが女性的なものよりも優位におかれる。社会における女の抑圧は，言語における女性性の抑圧を反映しており，それゆえ女を解放するためには，男性的なものを特権化するような言語的二分法から女性性を救い出さなければならない。そこでシクスーが主張するのは，このような二分法に依拠しない女性言語を作り上げ，それによって女性性を書き記すことである。この女性言語がすなわちエクリチュール・フェミニンであり，その確立には前言語的な母との結合が重要視され，非直線的であることや非論理的であることが特徴とされた（Cixous, 1975）。

エクリチュール・フェミニンは，フェミニズムにおける言語レベルでの革命であったが，結局のところ「女性性」を前言語的な何かに関連づけてしまうため，本質主義的であると批判される。また，母性を特権化する傾向にあり，それによってファミリー・ロマンスの強化に貢献することになってしまう。エクリチュール・フェミニンによる女性言語の創造は，男性言語との対比の上に成り立っており，新たなる二分法を作り出すことにしかならなかった。しかし，その反省によって，言語からの解放はあり得ないのと同様，二分法からの解放もないという知見をフェミニズムは得ることになる。そして，その後，二分法の中でいかにして戦うか，脱構築後の主体のあり方はいかなるものか，という問題に議論の焦点が当てられることになるのである。

フェミニズムとポストモダン理論とをふまえたクィア理論は，まさしく，脱構築後の主体のあり方を考えるものとして登場した。クィア理論では，男／女というジェンダーの二分法に加えて，正常な異性愛／異常な同性愛というセクシュアリティの二分法が脱構築される。異性愛中心主義は，セクシュアリティの二分法を保持するために，同性愛者を対象化し差別してきた。ゲイル・ルービンによれば，異性愛中心主義社会では，セクシュアリティは，婚姻関係にある異性愛カップルの，次世代再生産を目的としたセクシュアリティを中心に階層化されており，その中で同性愛は周縁に位置する異常な性愛とみなされている（Rubin, 1982）。クィア理論は，このような異性愛中心主義的な性のヒエラルキーを脱中心化し，解体するための理論である。

だが，異性愛中心主義が抑圧してきたのは，同性愛者だけではない。それは，家父長制と共同して，女を男に嫁がせ，家庭の領域に押しとどめ，夫と子ども

の世話をするという役割を女に負わせるような性差別を生み出してきた。異性愛中心主義による女の抑圧は，母性と血縁とによって「家族」を神話化するようなファミリー・ロマンスによって包み隠されている。ところが，クィア理論がセクシュアリティを脱中心化したことにより，異性愛体制を維持し機能させていたファミリー・ロマンスの虚構性は暴かれることになった。父，母，子の三角形が保持してきた「正常なセクシュアリティ」の正当性は失われたのである。しかし，そこには始めから近親相姦的欲望という「異常」な欲望とその抑圧とが織り込まれていたのであるから，正当性が揺らぐのも，当然のことであるといわなければならないだろう。

4. 言説理論とクィア政治

　フーコーにとって，近親相姦タブーは，存在する近親相姦的欲望を抑圧する法ではなく，むしろ禁止することにより，禁止されたものに対する欲望を生み出すような言説である。このように考え，フーコーは，セクシュアリティの存在論とフロイトの抑圧仮説を批判した。なぜなら抑圧仮説は，性の秘密という幻想によって性をいたるところで言説化し，そうした言説によって構成される性の領域を多様化し押し広げていくからである。抑圧仮説は，抑圧以前に存在するセクシュアリティを前提としており，結局のところ，性の存在論である。存在論を否定し，セクシュアリティを言説であると考えるフーコーにとって，抑圧以前に存在するセクシュアリティなどはあり得ず，よって解放すべきセクシュアリティというのも存在しない。

　フーコーは，セクシュアリティを，性に関する「告白」の儀式を通じて流通する「性の科学」的言説であると考えた。フーコーによれば，性の「真実」を科学的に追究するために「告白」を迫る「性の科学」には，常に権力の力学が働いている。権力はいたるところにあり，権力からの「解放」という概念それ自体，権力構造の構成要素であるゆえに，権力から「解放」されることはない。それゆえ，権力に立ち向かうためには，権力を生み出すメカニズムを言説理論に基づいて分析していくしかないとフーコーは主張している。

　だからこそ，フーコーが『性の歴史』を書いた時，それを性科学の歴史では

なく性言説の歴史として提示したのは，セクシュアリティを存在する「もの」とみなすセクシュアリティの存在論を解体するためであった（Foucault, 1976）。フーコーによれば，セクシュアリティが存在する「もの」として流通するのは，セクシュアリティについて知ろうとする意思によってである。この「知への意思」をキリスト教における「告白」の儀式に発見したフーコーは，「告白」が，セクシュアリティを知の対象とし，それをめぐって，知る側と知られる側に人々を振り分けることに注意を向ける。告白する者とそれを聞く者との間には権力関係が成り立っており，セクシュアリティは，告白を聞く者が，告白者の言説の中にそれを認識することによって，初めて存在を得るようになる。このようにして認識されたセクシュアリティは，告白する者の性の真実として，その人の身体に刻印される。知の対象として存在するものとされてきたセクシュアリティは，こうしてみれば，実は知と結びついた権力の効果なのだということがわかる。真理から権力へとこのように視点を移行させることは，フーコーにとって，性言説に対する最も有効な政治的アプローチであった。

　フーコーは，「解放」という概念に対して疑念を抱いている。なぜなら，いかなる人も権力から逃れることはできないと考えているからである。フーコーにいわせれば，「権力に対する絶対的外部というものはない」のである。それゆえ，フーコーの考える「自由」とは，決して「解放」を意味するのではない。それは，むしろ，言説に現れる権力の効果を利用することで，別の権力関係を生じさせ，既存の権力関係に揺さぶりをかけるという「自由」である。そうであるからこそ，権力に対してとるべき位置は，権力関係からの「解放」ではなく，その中においての「抵抗」ということになる。

　権力の内部での抵抗というフーコーの考えをすすんで取り入れたのが，クィア政治である。クィアの対抗政治は，カミング・アウトの政治学に基づいている。カム・アウトするか否かの問題点については，セジウィックが『クローゼットの認識論』の中で議論している（Sedgwick, 1990）。セジウィックによれば，カム・アウトする前の同性愛者は，自己の同性愛を隠しており，いわば，「クローゼット」の中にいる状態にたとえることができるのだが，クローゼットの中というのは，非常に問題含みの空間で，実際には同性愛者自身はその中にいることもできないし，外に出ることもできない。なぜなら，クローゼットの中

にいる限り，同性愛者は自分の性アイデンティティがうまく人から隠せているかどうか確かめることができないからである。また，カミング・アウトには，軽蔑，無視，家族を傷つける可能性などが伴い，その上，カム・アウトしてクローゼットの外にいったん出たとしても，新たな人物と出会うたびに，新しいクローゼットが出現する。結局のところ，クローゼットというものは，同性愛者が自らの意思で出たり入ったりできるものではなく，むしろ，同性愛者本人が秘密にしているつもりのことを，周りの人間が知っているというような状態を作り出す装置であり，同性愛者をそこに配置する「公然の秘密」というガラスケースである。

　それゆえ，同性愛者がクローゼットの中にいる（イン）か，外に出る（アウト）かは，常に他者によって判断される。クローゼットをめぐる，このようなイン／アウトのモデルは，つまるところ，ホモフォビア言説の中で形作られるものであって，異性愛中心主義社会は，正常な異性愛／異常な同性愛という二分法を保持するために，このモデルを用いて同性愛者を対象化し差別してきた。クィア政治は，異性愛中心主義的な性のヒエラルキーを脱中心化し，解体することを目的とし，その目的のために，ホモフォビアの言説に抵抗する。しかし，抵抗の方法は，ホモフォビア言説に対して一つひとつ反論していくのではない。むしろ，ホモフォビア言説が生み出される時の権力の力学を問題にするのである。それゆえ，セジウィックによるクローゼットの認識論は，クローゼットの解体を主張するのではなく，クローゼットを可視化／不可視化するような力学，つまり，認識におけるイン／アウトのモデルを浮き彫りにし，それをホモフォビア言説の効果として暴き出すことを目的としている。

　クィア政治がホモフォビアの言説に抵抗する手段として用いるのが，カミング・アウトの言説である。しかし，クィアのカミング・アウトは，これまでのゲイやレズビアンのアクティヴィストが行ってきたような本質主義的な性自認とは大きく異なっている。アクティヴィストが，同性愛アイデンティティを立て，異性愛者から差異化された同性愛者という，二分法的なカテゴリーを中心に活動してきたのに対して，クィア政治はアイデンティティ・ポリティクスそのものに異議を唱える。クィアのカミング・アウトとは，同性愛者のアイデンティティを立ち上げることなしに，自らが規範に対して周縁的な位置にあるこ

とを確認し、その位置から発言することである。それゆえ、クィアは、必ずしも同性愛者である必要はなく、規範に対して対立するような位置は、すべてクィアであるとされる。したがって、クィア・アイデンティティは、脱中心化されたアイデンティティであり、デイヴィッド・M・ハルプリン（David M. Halperin）の言葉を使えば、「本質なきアイデンティティ」であるとされる（Halperin, 1995）。

クィア政治によって、男／女というジェンダー・カテゴリー、異性愛／同性愛というセクシュアル・カテゴリーの間でそれぞれ越境が可能となり、フェミニストとレズビアン、ゲイとレズビアンの間にゆるやかな連帯が模索されるようになった。しかし、他方では、クィアの掲げるゆるやかな連帯や本質なきアイデンティティという理想は、アクティヴィストの活動そのものを脱中心化してしまうため、現実的な政治闘争の基盤にはなり得ないという指摘もされている。

5. クィア・ファミリーの可能性

脱構築、精神分析理論、言説理論は、アイデンティティを問題化することによって、ジェンダーとセクシュアリティに関する考察を深めてきた。それをふまえて、フェミニズムとクィアは、男／女、同性愛／異性愛というカテゴリーを脱構築することによって、家父長制や強制的異性愛に対して異議申し立てを行ってきた。同時に、そうしたカテゴリーを政治活動の基盤として用いることを拒否することによって、政治運動の目的と方法に新たな展開をもたらした。たとえば、ジュディス・バトラーのジェンダー・パフォーマティヴィティ論は、個人のさまざまなジェンダー・パフォーマンスによって二分法的ジェンダーを脱構築し、ジェンダー・アイデンティティの撹乱を図ったものである（Butler, 1990）。

アイデンティティを批判的に捉えるバトラーは、アイデンティティを分節化する主体に換えて、言説を生み出す行為体（エイジェンシー）という概念を提示し、行為体と言説とを政治闘争の場と位置づけている（Butler, 1997）。

フーコー的なクィア政治にしろ、バトラーが考えるジェンダー・パフォーマ

ティヴィティにしろ、ポストモダン思想を引き継いで得られたジェンダー、セクシュアリティに関する知見は、あまりに哲学的であるため、フェミニズム運動やゲイ・レズビアン運動が繰り広げられる現場においては実質的に生かせないという面もあるであろう。しかし、これらの思想は、政治運動の最小単位としての個人に対し、重要な意識改革をもたらすものであり、それゆえ、政治運動を支える理論として、現在、日本でも取り入れられつつある。しかし、社会変革のためには、個人の意識改革に加えて、依然として、経済的、政治的な改革が必要であり、そのための法整備が切に望まれる。ジェンダー、セクシュアリティに関する理論は、法のどの点を見直すべきかという視点を提供するが、最も重要なのは、こうした理論に基づいて出された考察を、政治経済や法において、どのように取り入れ、生かすことができるかなのである。

　では、実践においては、どのようなことが可能なのだろうか？　ファミリー・ロマンスの解体という目下のもくろみに限っていえば、まずは家族制度の見直しが考えられるであろう。もちろんそこには戸籍や養子縁組、結婚制度の問題も含まれる。例を挙げれば、同性愛者のカップルの結婚を合法化するかどうか、同性愛者のカップルに子どもを養子縁組することを認めるかどうか、等といったことがらが、近い将来、日本でも問題になってくるだろう。同性愛者の築く家族は、父、母、子という神話化された家族形態をパロディー化し、同時に、家族というものがパフォーマティヴであるという事実を突きつけてくるだろう。父、母、子で成り立つ家庭を築くことは、必ずしも人間の使命ではなく、ましてや本能でもない。父、母、子の関係は、子どもが生まれる時の遺伝子的結合を示しているにすぎない。にもかかわらず、精神分析学はそのモデルを神話化し、子どもの成長過程を説明する基礎においたとして、しばしば批判される。しかし、ラカンの精神分析理論がモデル化している父、母、子の関係は、あくまで象徴であるため、実際には遺伝子による血縁関係とイコールではないとされている。だとしたら、現実のレベルにおいては、たとえば母の位置におかれるものは、実際の母親でなくてもよいし、女である必要もない。それが「生みの母」であることが望ましいという幻想は、家族を性的関係と血縁関係に縛りつけてきた近親相姦タブーと異性愛中心主義の生み出した幻想である。

　しかし、気をつけなければならないのは、同性愛者の結婚を認めよという要

求が，やはりまた，ファミリー・ロマンスを強化することにつながるという問題である。なぜなら，その要求は，婚姻というものを，性愛関係を持つ二者に限定し，そうした関係を理想化し，神話化してしまうからである。それゆえ，今後は，性愛関係を持つ二者間に限られた結びつきを，その他の結びつきから特権化すること自体を問題化し，考え直さなければならなくなるだろう。性愛から離れ，性別を問わず，二者間に限定しないような結びつきに，婚姻制度が保障するのと同じような法的な保障を求める要求が，将来，なされなければならないのではないだろうか。そうすることにより，父，母，子の三角形によって構成されるファミリー・ロマンスを，象徴的なレベルにおいても解体していくことができるのではないだろうか。

　以上のことがらを可能にするためには，法整備に加えて，ファミリー・ロマンスそのものに対する社会の考えを変化させなければならない。たとえば，不妊治療に励むカップルは，なぜ「血のつながった子ども」にこだわるのか？　血縁関係が養子縁組よりも神話化されるのはなぜか？　なぜ，子どもを持つことが「幸福」であると考えられているのか？　こうした疑問は，「幸福」とは何か，という問いにつながるものである。そして，「幸福」とは多様化されるべきである，というのがその問いに対する私の答えである。子どもを産まないことや，結婚しないことで得られる幸福が世の中に存在するということが社会全体として理解されれば，血縁関係重視のファミリー・ロマンスは自然とその効力を失っていくであろう。このようにして，父，母，子という位置関係に限定されない新たなる家族像が創造されれば，それは，さしずめクィア・ファミリーということになるのだろうか。他方で，「幸福」というものが，家庭ではなく社会における自己実現であるという考え方も，見直す必要があるだろう。こうした考えの中には，昔ながらの社会／家庭の二分法が潜んでいるからである。だからこそ，「幸福」を一元化したり，一点に固着させたりしないことが重要である。そして，それこそが，クィア・ファミリーが目指すべき「幸福」のあり方であるといえるだろう。

詳しく知りたい人の参考図書

J・ラプランシュ＆J・B・ポンタリス著，村上仁監訳『精神分析用語辞典』み

すず書房, 1977／1996年.
S・フォカ(文)／R・ライト(絵), 竹村和子・河野貴代美訳『イラスト図解"ポスト"フェミニズム入門』作品社, 2003年.
E・ライト編, 岡崎宏樹ほか訳『フェミニズムと精神分析事典』多賀出版, 2002年.

【引用文献】

Beauvoir, S. de   1949   *Le deuxième sexe*. Paris: Gallimard. (井上たか子・木村信子訳   1997, 1998   決定版 第二の性 I, II   新潮社)
Benjamin, J.   1988   *The bonds of love: Psychoanalysis, feminism, and domination*. New York: Pantheon. (寺沢みづほ訳   1996   愛の拘束   青土社)
Butler, J.   1990   *Gender trouble: Feminism and the subversion of identity*. Routledge. (竹村和子訳   1999   ジェンダー・トラブル――フェミニズムとアイデンティティの攪乱   青土社)
Butler, J.   1997   *Excitable speech: A politics of the performative*. Routledge. (一部：竹村和子訳   1998   触発する言葉   思想   **892**. 4-46)
Butler, J.   2000   *Antigone's claim: Kinship between life and death*. Columbia University Press. (竹村和子訳   2002   アンティゴネーの主張――問い直される親族関係   青土社)
Cixous, H.   1975   Le rire de la Méduse. *L'Arc.* **61**. 39-54. (松本伊瑳子ほか編訳   1993   メデューサの笑い   メデューサの笑い   紀伊国屋書店)
Derrida, J.   1967   *De la grammatologie*. Paris: Les Éditions de Minuit. (足立和浩訳   1972   根源の彼方に――グラマトロジーについて   上, 下   現代思潮社)
Engels, F.   1884   *Der Ursprung der familie, des privateigenthums und des staats*. Hottingen-Zürich: Druck der Schweizerischen Genossenschaftsbunchdruckerei. (土屋保男訳   1999   家族・私有財産・国家の起源   新日本出版社)
Foucault, M.   1976   *L'Histoire de la sexualité, I, La volonté de savoir*. Paris: Gallimard. (渡辺守章訳   1986   性の歴史 I   知への意思   新潮社)
Freud, S.   1905   *Drei abhandlungen zur sexualtheorie*. Vienna. (懸田克躬・吉村博次訳   1969   性欲論三篇   フロイト著作集   5巻   人文書院   7-94)
Freud, S.   1913   *Totem und tabu*. Vienna. (西田越郎訳   1969   トーテムとタブー   フロイト著作集   3巻   人文書院   148-281)
Freud, S.   1931   *Über die weibliche sexualität*. (懸田克躬・吉村博次訳   1969   女性の性愛について   フロイト著作集   5巻   人文書院   139-56)
Gallop, J.   1985   *Reading Lacan*. Ithaca: Cornell University Press. (富山太佳夫ほか訳   2000   ラカンを読む   岩波書店)
Halperin, D. M.   1995   *Saint Foucault: Toward a gay hagiography*. New York: Oxford University Press. (村山敏勝訳   1997   聖フーコー――ゲイの聖人伝に向けて   太田出版)
Irigaray, L.   1977   *Ce sexe qui n'en est pas un*. Paris: Les Éditions de Minuit. (棚沢直子ほか訳   1987   ひとつではない女の性   勁草書房)
Lacan, J.   1966   *Ecrits*. Paris: Seuil. (佐々木孝次ほか訳   1975-81   エクリ I～III   弘文堂)
Lévi-Strauss, C.   1947   1967   *Les structures élémentaires de la parenté*. Paris: Mouton. (福井和美訳   2000   親族の基本構造   青弓社)
Rubin, G.   1982   Thinking sex: Notes for a radical theory of the politics of sexuality.   C. S. Vance

(Ed.), *Pleasure and danger*. New York: Routledge. 267-319.（河口和也訳　1997　性を考える――セクシュアリティの政治に関するラディカルな理論のための覚書　現代思想　**25**(6)　94-144）

Sedgwick, E. K.　1985　*Between men: English literature and male homosocial desire*. New York: Columbia University Press.（上原早苗・亀沢美由紀訳　2001　男同士の絆――イギリス文学とホモソーシャルな欲望　名古屋大学出版会）

Sedgwick, E. K.　1990　*Epistemology of the closet. Berkeley*: University of California Press.（外岡尚美訳　1999　クローゼットの認識論――セクシュアリティの20世紀　青土社）

Silverman, K.　1988　*The acoustic mirror: The female voice in psychoanalysis and cinema*. Bloomington: Indiana University Press.

（谷本千雅子）

第Ⅱ部

学術におけるジェンダー

1

生物学とジェンダー

1. はじめに

(1)「ジェンダー」と「性（セックス）」

　ジェンダーに類する言葉として生物学の分野で頻繁に使われる言葉は「性（セックス）」である。よって，生物学からジェンダーを考える時には，まず性（セックス）とジェンダーの違いを明らかにする必要がある。世界保健機構（WHO）は，性（セックス）は「遺伝学的・生理学的または生物学的に女性あるいは男性であるかという指標」であり，ジェンダーは「社会によって決定される，性別役割と責任」であると定義している（貴邑冨久子監修『性差医学入門』参照）。またアメリカ医師会では，性（セックス）は「雄性と雌性の生物学的特徴」であり，ジェンダーは「セックス以上のものを含み，ある人の個人的，そして社会的地位の文化的指標である」と定義している（同参照）。このように「ジェンダー」は，一般にヒトにおいてのみ使われる言葉であり，一方「性」は，性を持つすべての生物に使われる。よって，ジェンダーを語るには社会・文化的な側面からの検討が必要不可欠であり，ヒトの価値観やライフスタイルといった，その人の受けた個人的なイベントを切り離して考えることはできない。一方，生物学的な性（セックス）を語る時は，ヒトも生物の一種として捉え，他のほ乳動物の例と比較検討しながら，生物としての性差を捉えることになる。ただし，忘れてはならないのは，性とジェンダーをまったく切り

離された独立の事象として取り扱うべきものではないということである。ヒトの性（セックス）の分化は、基本的に他の哺乳動物と同様のプロセスを経て起こる。このことは紛れもない事実ではあるが、とりわけヒトの脳の性差を考えるには、ヒトの養育環境、生活環境が何らかの形で神経発達など生物学的な分化を修飾しないとはいい切れない。このことを念頭においた上で、本章は生物学的な性分化のメカニズムに焦点を当てて述べることとする。

(2) 性の意義

　生殖は生物が子孫を残すための自己複製の機能である。生殖には大きく分けて有性生殖と無性生殖とがある。その違いを考えると、性の意義を明確にできるに違いない。単に親世代と相同の子孫を残すためなら、無性生殖の方が遙かに効率的である。単細胞生物であるアメーバや酵母は、それぞれ細胞分裂や出芽によって親世代と相同の次世代を作ることができる。このような無性生殖は、細胞が基本的に分裂能を持っていれば可能となり、効率的に次世代を作ることができる。一方、有性生殖のプロセスは複雑である。オス個体とメス個体の両性が出会い、さまざまな生殖の過程を経て、やっと次世代を誕生させることができる。このため、有性生殖は決して効率的な手段とはいえない。このように、自己複製の効率を減少させるリスクを負っているにもかかわらず、有性生殖で子孫を作る動物がこれほど地球上に繁栄したのはなぜだろうか。その答えは、有性生殖がそれぞれの種に遺伝的多様性をもたらす原動力となることにほかならない。父親と母親の両性からの遺伝子を引き継いだ子どもは、いずれの親とも異なる遺伝情報を持つこととなり、結果的に異なった形質を持った個体となる。単一の遺伝形質を持つ個体ばかりが存在することは、環境が比較的穏やかな場合はそれほど問題とならないかもしれない。しかしながら、いったん極端な気候変動や大規模な疾病の流行などに見舞われた時に、遺伝子の多様性は種の存続にとって大きな力となる。多様な形質は、さまざまな環境変化に適応できる能力を持つ個体を作る可能性を増大させるからである。

(3) 性の形成

　動物の「性」は、いくつかのプロセスを経て形成される。ヒトや動物におけ

る「性差」は，単に外見上の違いだけではなく，内部生殖器や脳の機能の性差など，多くの形態的および機能的な差異の複合である。これらの違いは，遺伝子の性差に始まり，性腺の性差，ホルモンの性差を経て，内外生殖器の性差および脳の性差へと段階的に進んでいく。これらの各段階における性差形成のメカニズムのすべてが解明されたわけではなく，未だ多くの不明な点がある。本章では，これまでに知られているほ乳類の性分化のメカニズムについて述べることにしよう。

2. 生物学的性差――生殖器の性分化のメカニズム

(1) 遺伝的な性による性腺の性分化

　ほ乳類では，基本的にすべての体細胞は，母方すなわち卵子由来の染色体と，父方すなわち精子由来の染色体の一対の相同染色体を持つ。染色体の本体であるDNAには，その細胞が形態的・機能的特徴を持つ細胞として分化するための遺伝情報が組み込まれている。ヒトの細胞には，22対，計44本の常染色体と2本の性染色体があるが，このたった二つの性染色体の違いが，男性と女性の遺伝的な性差をもたらしている。

　ほ乳類のメスの性染色体はXX型であり，一方オスのそれはXY型である。X染色体に比べY染色体は小さい。オスとメスの違いは受精時における精子由来の性染色体の差に始まる。何億もの精子のうち，受精に成功した精子がたまたまX染色体を持っていればその受精卵は発生しメスとなる（図1-1）。一方受精を担った精子の性染色体がY染色体であれば，その個体はオスになる。しかしながら，オスとメスの個体は，発生初期の段階から形態的な雌雄差を持っているわけではなく，遺伝的にオスであるかメスであるかに関係なく，ある時期まで性腺を含めたすべての器官は雌雄同型のまま発生する。後に配偶子（精子あるいは卵子）となる原始生殖細胞はもともと体腔上皮から発生し，アメーバ運動により移動して生殖隆起に到達する。生殖隆起は，後に性腺（精巣あるいは卵巣）となる部位である。到達した原始生殖細胞が精子になるか卵子になるかは，その場が精巣か卵巣かに依存する。すなわち，原始生殖細胞は，周りの環境によって精子にもなり得るし，卵子にもなり得る。このことは，生殖隆起

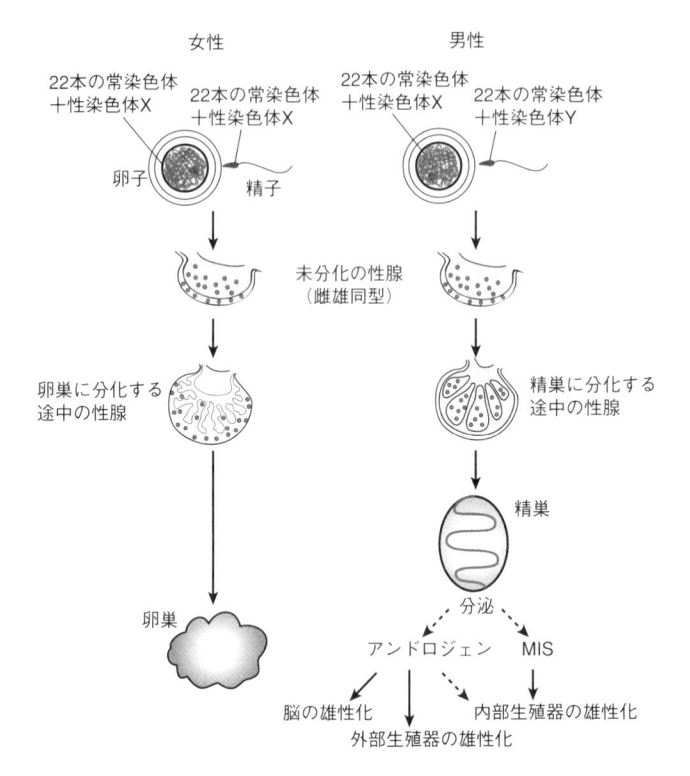

図1-1 ヒトにおける遺伝的性の決定から性腺および生殖器の性分化

ヒトの遺伝的性は精子由来の性染色体によって決定する。卵子は性染色体としてX染色体を持つ。卵子と受精した精子がX染色体を持つ場合、その受精卵の性染色体はXX型となり、遺伝的な性は女性となる。一方、受精した精子がY染色体を持つ場合は、受精卵の性染色体はXY型の男性となる。Y染色体上のSRY遺伝子の作用により、男性では未分化の性腺が雄性化し精巣となる。胎児精巣から分泌されるアンドロジェンおよびミューラー管抑制物質（MIS）は、内部生殖器の雄性化を引き起こす。アンドロジェンはまた、外部生殖器の雄性化をも引き起こす。これらの物質の関与がない場合は、内部・外部生殖器は女性型へと分化する。詳細は本文参照のこと。

が後に精巣になるか、卵巣になるかが配偶子の性を決める決定的な因子であることを示している。

Y染色体上には性決定を担う遺伝子（sex-determining region Y；SRY遺伝子）が存在し、この遺伝子の発現がいくつもの遺伝子発現のカスケード（連鎖）を引き起こすことにより、胎児の性腺をオス型の精巣へと分化させる。一方、SRY遺伝子を持たないメスでは、未分化の性腺は卵巣となる。このように未分化の性腺には、胎児期のある時期までオスとメスの違いはなく、Y染色体を持

性ステロイドホルモン

　ステロイドホルモンは，コレステロールを前駆体として生成され，ステロイド環を骨格に持つホルモン群の総称である。主な性ステロイドホルモンの生合成過程を図に示した。アンドロジェンはいわゆる「男性ホルモン」の総称であり，主に精巣から分泌され，オスの血中に有意に高い濃度で存在する性ステロイドホルモンである。精巣由来の主なアンドロジェンは，テストステロンであり，その他，外部生殖器のオス化を引き起こすジヒドロテストステロンがある。一方，エストロジェンはいわゆる「女性ホルモン」の総称であり，主に卵胞で合成・分泌され，メスの血中に高濃度で存在するホルモンである。エストロジェンのうち，最も生理活性が高く，内因性のエストロジェンとして盛んに生合成されるのはエストラジオールである。エストロジェンには，ほかにエストロンおよびエストリオールがある。

つオスのみが、精巣を持つことになる。

　ヒトの場合、受精後約7週間目まで男女の性腺に形態的な違いはみられないことから、その頃以降に、SRY遺伝子が発現し始め、男性への性分化の引き金となると考えられている。精巣の発達は卵巣よりも急激であり、SRY遺伝子の発現によって、セルトリ細胞が分化してくる。セルトリ細胞は、後述のミューラー管抑制物質（MIS）を分泌し、その後の内部生殖器の性分化を引き起こす。ヒト胎児精巣は約8週齢ほどでアンドロジェンの一種であるテストステロン（コラム「性ステロイドホルモン」参照）を分泌し始める。その分泌能は非常に高く、たとえば、ヒトでは胎生期の16週齢前後で、成人男性と匹敵するほどの血中テストステロン濃度を示すことが知られている。この時期のアンドロジェンが、後述するように内外生殖器の男性化に非常に重要な作用を持つ。一方、卵巣では、中性的な状態がしばらく続いた後、胎生期の11～12週齢ほどで卵巣内の生殖細胞が減数分裂期に入り、また約12週齢で卵巣がステロイドの生合成の機能を持つようになる。その後、精巣あるいは卵巣には著しい変化がなくなり、後に10代の思春期の頃に性成熟を迎えると精巣は精子を、一方卵巣は卵子を形成する器官として、それぞれの配偶子を形成する場となる。

(2) 内部生殖器の性分化

　卵巣・精巣が配偶子を産生する場として重要であることはいうまでもないが、実際に生殖を完結するためにはほかにいくつもの生殖器官が必要である。たとえばメスの生殖器官の一つである卵管は、排卵された卵子が受精し、受精卵が子宮に到達するための通り道である。また子宮は着床した受精卵が胎児として発育する場である。オスの場合、精巣上体は精子の成熟や貯蔵の場であり、精管は射精の際に精子が体外へと向かう通り道である。これらの内部生殖器もまた、もとは雌雄同型である。内部生殖器の性分化を迎える以前の胎児では、後にそれぞれ女性（メス）型あるいは男性（オス）型の生殖器に分化する2種の管、すなわちミューラー管およびウォルフ管の両方が存在する（図1-2）。ミューラー管およびウォルフ管はそれぞれが一対の管であり、双方とも尿生殖洞につながっている。ヒトの場合、約7週齢の胎児では、内部生殖器として、ミューラー管およびウォルフ管の両方を持つことが知られており、その後、胎

生期約3ヵ月齢までの間，男の胎児ではミューラー管が退行し，一方女の胎児ではウォルフ管が退行していくことが認められている。

　ほ乳類の内部生殖器の性分化のメカニズムはかなりよく確かめられている。胎生期に，オス（男性）化を促す物質に感作されることが，内部生殖器をオス型（男性型）に分化させる。この反応は感作される動物の遺伝的な性の違いには関係なく，オス型化を促すための積極的な干渉がなければ，その胎児はメス型の内部生殖器を持つことになる。ヒトにおける内部生殖器の分化の過程を図1-2に示した。遺伝的な男児では，精巣に分化した性腺からアンドロジェンが分泌される。ウォルフ管はアンドロジェンによってその発達が刺激され，後に精巣上体や精管などになる。胎児精巣からはもう一つ重要な物質であるMISが作られる。MISは抗ミューラー管ホルモン（AMH）とも呼ばれ，ミューラー管の退行を促す。このため，オスではミューラー管が消失する。一方，卵巣からは，これらの物質は分泌されないため，女児では男児とはまったく逆にウォルフ管は退行し，ミューラー管が発達して卵管や子宮の一部となり，メス（女性）型の内部生殖器が形成される。

(3) 外部生殖器の性分化

　健康なヒトの新生児が，男児であるか女児であるかは，簡単に判別できる。これは誕生時の外部生殖器が男女でまったく異なるからである。しかしながら，外部生殖器もまた，もともと男女（雌雄）同型である。ヒトでは，胎生8週齢において，胎児の外部生殖器は同型で，女性型あるいは男性型のいずれの外部生殖器にも分化することができる。性分化する以前の外部生殖器は，性器結節，尿生殖ヒダとその外側にある陰唇陰嚢隆起，および尿生殖ヒダに挟まれた溝（尿生殖裂または尿生殖溝）からなる。外部生殖器のうち，たとえば男性の陰茎と女性における陰核は，起源を性器結節に持つ相同器官である。また，胎児期の尿道ヒダおよび陰唇陰嚢隆起は，女性型の場合は離れたまま残ってそれぞれ小陰唇および大陰唇に分化するが，男性型の場合は癒合してそれぞれ尿道海綿体部や陰嚢に分化する。

　このような外部生殖器の性分化をもたらす因子として，ここでもホルモンが重要な働きを持つ。胎児期に精巣由来のアンドロジェン（テストステロン）の

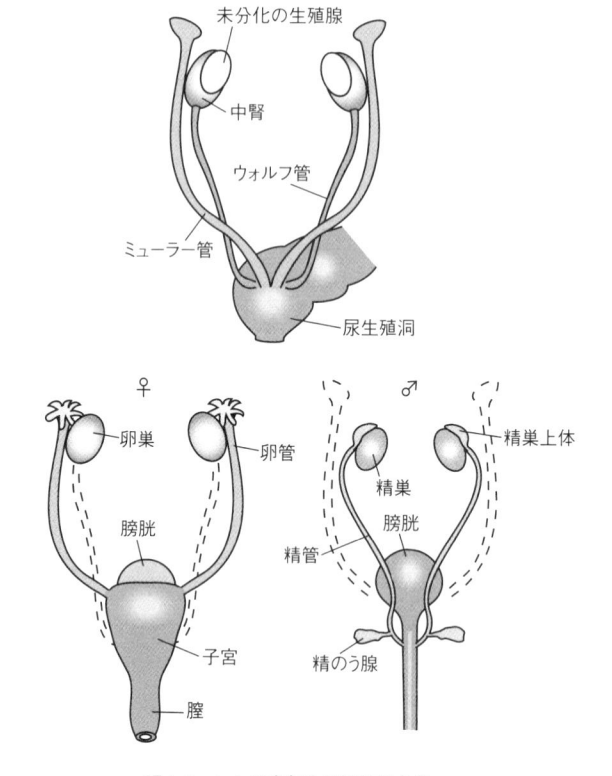

図 1-2　ヒトの内部生殖器の性分化

内部生殖器はもともと男女同型であり，ミューラー管およびウォルフ管と呼ばれるそれぞれ 1 対の管を持っている．胎児精巣由来のアンドロジェンはウォルフ管を発達させ，また MIS はミューラー管を退行させる．このため，男性ではウォルフ管由来の精巣上体，精管などが残り，ミューラー管は消失する．一方，女性では MIS がないので，ミューラー管は残って卵管や子宮の一部となり，またウォルフ管は刺激因子であるアンドロジェンがないため退行し，消失する．

代謝物であるジヒドロテストステロンがアンドロジェン受容体に結合することにより，その作用が発現し，未分化の外部生殖器から男性型の外部生殖器が形成される．一方，女性の場合は，内部生殖器の場合と同様に，胎児性腺由来のホルモンなどの液性因子から影響を受けることなく女性型の外部生殖器が形成される．すなわち，未分化の外部生殖器はアンドロジェンによる感作がないため，生得的な変化として女性型の外部生殖器を形成することになる．

外部生殖器が，遺伝的な性によらず，アンドロジェンの作用によることを端

的に示す例がある。ヒトにごくまれにみられる精巣性女性化症（TFM）である。この遺伝子の突然変異を持つヒトの場合，性染色体としてXY型を持つにもかかわらず，外見は完全な女性となる。その原因はX染色体上にあるアンドロジェン受容体をコードする遺伝子の異常により，アンドロジェン受容体が機能的に欠損するためである。すなわち，TFMのヒトは，Y染色体のSRY遺伝子の作用により内部生殖器としては精巣を持ち，アンドロジェンを分泌するが，アンドロジェン受容体に異常があるため，アンドロジェンが作用することができない。その結果，外部生殖器は男性型に発達することができず，基本形である女性型のまま分化が進む。TFMの個体は外見が女性と見分けがつかないため，社会的には女性として認知される場合がほとんどだが，思春期になっても月経がなく，その原因をさぐる過程でTFMであることが発見されることが多い。TFMの個体は精巣を持ち，ここからアンドロジェンが合成・分泌されるが，アンドロジェン受容体の機能的欠損のためウォルフ管は発達しない。精巣から分泌されるMISの作用によりミューラー管は退行するため，女性型の内部生殖器も持たないことになる。

(4) 性成熟の性差

　内外生殖器の性分化が終了すると，生殖機能に大きな変化が認められない時期を経て，その後，性成熟期（ヒトでは思春期）を迎える。性成熟期（思春期）は，性的に未熟な状態から成熟状態に移行する期間である。この時期に，女性も男性も，生殖能力を獲得する。すなわち，卵巣は卵胞発育と排卵を繰り返す性周期（ヒトでは月経周期）を持つようになり，精巣は精子形成を開始する。また同時に，いずれの性の個体も著しい二次性徴を示し，女性らしい，あるいは男性らしい体格を持つようになる。精巣由来のテストステロンは，筋肉を発達させる作用を持つため成人男性の「男らしい」体つきを作る。女性における乳房の発達は主に卵巣由来のエストロジェンの作用による。

3. 脳の性分化

　性成熟を迎えた個体がその後の正常な生殖機能を維持するために，「脳」が

非常に重要な働きを担っている。脳は生殖を制御するためのいわば「司令塔」である。ここでは，生殖にかかわる神経内分泌的な性差と雌雄に特有の性行動をもたらす「脳の性差」に焦点を当てて述べることにする。

(1) 神経内分泌系の性差

女性には月経周期がある。個人差はあるものの，一般に女性は，だいたい28日ごとに排卵し，その約2週間後に月経を迎える。卵胞期には，卵胞の発育に伴って，ここから分泌されるエストロジェン（エストラジオール）の血中濃度が徐々に上昇する（図1-3）。すると高濃度のエストロジェンによる促進効果（ポジティブフィードバック）により，下垂体から黄体形成ホルモン（LH）の大量放出（LHサージ）が起こる。LHサージは，排卵を誘起し，その後，排卵後の卵胞が変化し黄体が形成される。黄体からは，妊娠の維持に不可欠な黄体ホルモン（プロジェステロン）が分泌される。黄体ホルモンは，来るべき妊娠に備えるために子宮内膜を肥厚させる。しかし，妊娠が成立しなかった場合は約2週間で黄体は退行し，これに伴い子宮内膜がはがれ落ちる。これが月経である。月経はサルやヒトなどの霊長類にのみみられる現象である。他の動物は月経を持たないものの，メスの性周期中のホルモン分泌の様子は，ヒトの場合とほぼ同様である。一方，男性にはこのような周期性はなく，生殖能力がある限り，精子を作り続ける。このように女性（あるいはメス）に月経周期（動物においては性周期）があり，男性（あるいはオス）に周期性がないのは，「視床下部－下垂体－性腺軸」の機能的な性差のためである。

視床下部には，性腺刺激ホルモン放出ホルモン（GnRH）と呼ばれる，生殖系で最も上位のホルモンを産生する神経細胞（ニューロン）がある（図1-4）。このニューロンの末端からGnRHが下垂体門脈血中にパルス状に分泌される。GnRHは下垂体の性腺刺激ホルモン（GTH）産生細胞からのGTH分泌を促す。GTHにはLHと卵胞刺激ホルモン（FSH）の2種があり，両者のパルス状の分泌により，女性では卵胞の発育やエストロジェンの合成・分泌が刺激され，男性では精子形成やアンドロジェンの合成・分泌が促される。エストロジェンやアンドロジェンは視床下部および下垂体に働き，上位のホルモン分泌を調節する。これらの制御メカニズムは，ヒトを含むほ乳類でほぼ同様である。

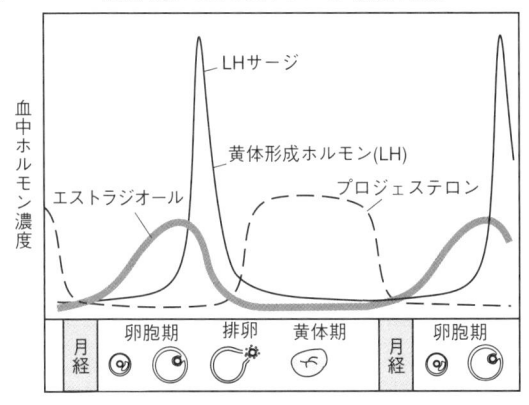

月経周期における血中ホルモン濃度の変化

[図：血中ホルモン濃度の変化を示すグラフ。エストラジオール、黄体形成ホルモン（LH）、LHサージ、プロジェステロンの曲線。下部に月経、卵胞期、排卵、黄体期、月経、卵胞期の時期表示]

図1-3　ヒトの月経周期における血中ホルモン濃度の変化
　卵胞の発育に伴いエストラジオール（エストロジェン）の血中濃度が徐々に上昇すると，高濃度のエストロジェンのポジティブフィードバックにより，下垂体から黄体形成ホルモン（LH）の大量放出（LHサージ）が起こる．LHサージは排卵を誘起し，その後，黄体が形成される．黄体から分泌されるプロジェステロン（黄体ホルモン）は，子宮内膜を肥厚させる．しかし，妊娠が成立しなかった場合は約2週間で黄体は退行し，これに伴い子宮内膜がはがれ落ち月経となる．

　メスの動物のみが性周期を持つのは，視床下部－下垂体－性腺軸のフィードバック機構がオスとメスとで異なるためである．オスには性ステロイドホルモンによる上位ホルモン分泌に対する抑制的な効果（ネガティブフィードバック）のみが存在し，メスではポジティブおよびネガティブフィードバックの両方が存在する．これが脳を機能的な観点からみた時の雄雌の著しい相違点である．オスにおいては，精巣から分泌されるアンドロジェンが主に視床下部にフィードバックし，GnRH分泌を抑制し，結果的にLH分泌が抑制される．
　メスでは，卵胞から分泌されるエストロジェンが血中に低濃度で存在する時には，オスの場合と同様，上位中枢に対してネガティブフィードバック効果を持ち，GnRHやLH分泌を抑制する．ところが，エストロジェンの血中濃度が卵胞発育に伴い上昇し続けると，一転してポジティブフィードバック機構が作動し，GnRH分泌およびLH分泌を促進し，LHサージを引き起こす．つまり，エストロジェンの血中濃度の増加を介して，十分に発育した卵胞が卵巣内に存在することを中枢へと知らせ，視床下部がこれに反応し，排卵を促すための

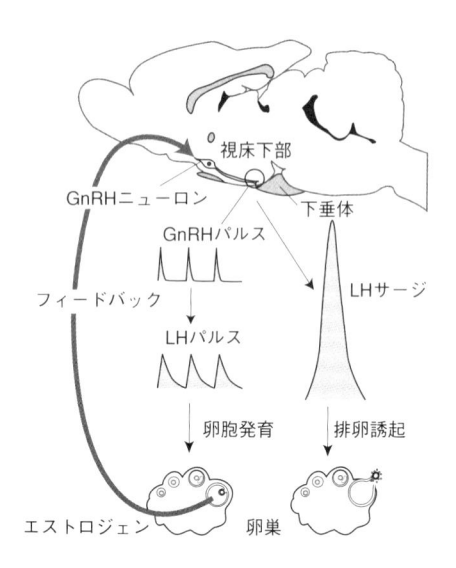

図1-4 視床下部－下垂体－性腺軸

視床下部には，生殖系で最も上位のホルモンである性腺刺激ホルモン放出ホルモン（GnRH）を産生するGnRHニューロンがあり，その末端から下垂体門脈血中へGnRHがパルス状に分泌される。GnRHは下垂体からの性腺刺激ホルモンのパルス状分泌を促す。性腺刺激ホルモンには黄体形成ホルモン（LH）と卵胞刺激ホルモン（FSH）があり，両者のパルス状の分泌により，メスでは卵胞の発育やエストロジェンの合成・分泌が刺激される。エストロジェンは視床下部および下垂体に作用（フィードバック）し，上位のホルモン分泌を調節する。成熟卵胞から高濃度のエストロジェンが分泌されるとポジティブフィードバックし，GnRHおよびLHサージを引き起こし，これにより排卵が誘起される。ここではFSHについては省略した。図はラット脳の矢状面を示した。ヒトに関しては本書第Ⅱ部第2章図2-1を参照されたい。

LHサージを引き起こすこととなる。

　性成熟後のメスのラットの性腺を取り除き代わりに高濃度のエストロジェンを投与するとLHサージが引き起こされる。これは，脳が成熟卵胞からの高濃度のエストロジェン分泌を感知した場合を再現する反応である。ところが，同様の処置をオスの個体に施しても，決してLHサージが引き起こされることはない。このことは，性成熟後のオスとメスラットの脳が機能的に異なることを示している。メスは高濃度のエストロジェンへの反応性を維持しており，オスは，このような反応を示す機能が失われたためである。

(2) 性行動の性差

　オスまたはメスの動物は，その性に特有の行動を示すことがある。その大部分は，生殖にかかわる行動である。メスラットの生殖行動の一つに，ロードーシスと呼ばれる行動がある。発情したメスがオスにマウント（乗臥）された時，動きを止めて背柱を湾曲させて身をそらし，オスを許容する行動がロードーシスである。ロードーシスはメスの腰の皮膚がオスの前肢によって圧刺激を受けた時に示す反射である。この反射はいつでも引き起こされるわけではなく，血中のエストロジェン濃度が高いことが条件である。よって卵巣を除去されたラットでは，エストロジェンがないため，ロードーシス反射を示さない。また，このような動物に高濃度のエストロジェンを投与すると再びロードーシス反射を示すようになる。エストロジェンは脳内のエストロジェン受容体と結合し，その作用を発現することで，ロードーシス反射を引き起こす（山内, 1999）。このため，メスは血中エストロジェン濃度が高くなる排卵前後に発情行動を示すのである。妊娠が成立するための理にかなった機構といえよう。

　一方，正常な成熟オスラットにみられるマウントは，精巣由来のテストステロンの作用により引き起こされる。オスでは，常に精巣からテストステロンが供給され続けている。このため，発情期のメスに出会えばいつでもマウント行動を示す。これらのことは，性的に成熟した雌雄いずれの個体においても，生殖行動の発現のために性ステロイドホルモンがいかに重要な働きをするかを示している。

　ところが，成熟個体が性ステロイドホルモンに反応して，いつでも生殖行動を示すわけではない。正常な雌雄の性行動を示すためには，あらかじめメスはメス型の脳を，オスはオス型の脳を持っていることが必要である。たとえば，成熟オスラットの精巣を除去し，高濃度のエストロジェンを人為的に投与しても，メスのようなロードーシス反射を示すことはない。前項のフィードバックの性差と同様，不可逆的な脳の性差が既に形成されているからである。

(3) 生殖にかかわる脳の性分化のメカニズム

　雌雄の行動に性差をもたらす性分化のメカニズムは，ラットのロードーシスやマウント行動を指標とした研究によって詳細に検討されている。ラットでは，

生殖行動の性分化が起こる時期は，誕生前の5日前から生後5日目ぐらいにかけてである（山内, 1999）。この時期にアンドロジェンの感作があると脳は雄性化し，性成熟後のテストステロンに反応してオスの生殖行動を示すことができるようになる。正常なオスと同じような強度のマウントを行うためには，出生直前から直後にかけてアンドロジェンの感作を受ける必要があることが指摘されている。

メスラットに対し，出生の直前あるいは直後にアンドロジェンを投与すると，そのラットはメス型の性行動を示さなくなる。すなわち，成熟後にエストロジェンに感作されても，ロードーシスを示さなくなるのである。一方，オスラットの場合，出生後1時間以内に精巣を除去することによって出生直後のアンドロジェンの感作を取り除くと，成熟後に投与された高濃度のエストロジェンに反応してロードーシスを示すようになる（Corbier *et al.*, 1983）。

メスにおいてのみ，高濃度のエストロジェンに反応してLHサージが引き起こされることはすでに述べた通りである。この場合も，性行動の性差をもたらす性分化と同様の機序により，性差が生じると考えられている。誕生前後のメスラットにアンドロジェンを投与すると，成長した後に高濃度のエストロジェンを投与してもLHサージを示さなくなる。また，出生直後（1時間以内）にオスラットの精巣を除去すると，成長後には高濃度のエストロジェンに反応してサージ状のLH分泌を示すことが示唆されている（Corbier, 1985）。これらのことから，脳の基本形はメス型であり，出生前後にアンドロジェンにさらされることによって，不可逆的にオス型に変換されると考えられている。

ヒトの場合はどうだろうか？　ヒトに関するいくつかの興味深い報告がある。精巣を除去された男性に，高濃度のエストロジェンを投与するとLHサージがみられたとの報告がある（Barbarino & De Marinis, 1980）。このことは，ヒトの場合はラットと異なり，男性でも高濃度のエストロジェンに反応する能力を維持していることを示している。しかしながら，話はそれほど単純ではなさそうである。ある実験では，男性を同性愛者と異性愛者に分けてエストロジェンの効果をみたところ，異性愛の男性では，正常な女性においてLHサージを誘起できるエストロジェンを投与してもLHサージがみられないが，同性愛の男性では，LH分泌の上昇がみられ，その濃度は，女性と異性愛男性の中間

型を示したという (Gladue et al., 1984)。このことから，性的嗜好性を決定する脳の性分化とエストロジェンのポジティブフィードバックにかかわる脳の性分化に何らかの関連がみられるようにも思われる。いずれにしても，ヒトの場合，簡単に結論づけることはできないようである。

「脳の性分化」が起こる時期は「臨界期」と呼ばれる。臨界期は動物種によって異なる。これまで述べたように，ラットの場合の臨界期は，誕生前後であるが，たとえば，アカゲザルでは受胎後1ヵ月半から2ヵ月くらいとされている。妊娠期間はラットで約3週間であり，アカゲザルでは約半年である。山内 (1999) は，妊娠期間が長い動物は脳の性分化の臨界期が胎児期に当たり，一方ラットのように妊娠期間が短い動物では，脳の性分化が不完全な状態で誕生し，その後新生時期に性分化が完了することを指摘している。

精巣から分泌されたテストステロンが脳の雄性化をもたらす時に，実はアンドロジェンのまま作用するのではないことが，ラットなど齧歯類を用いた実験によって明らかにされている。テストステロンは脳に到達し，脳内に豊富に存在する芳香化酵素によってエストラジオールに変換された後に，脳のオス化を引き起こすことが確かめられている。生まれて数日以内のメスラットに大量のエストロジェンを投与することによって脳がオス化する (Gorski, 1963)。また芳香化を受けない，すなわちエストラジオールへと転換することができないアンドロジェンの一種である5α-ジヒドロテストステロンをラットに投与すると脳のオス化が起こらない (McDonald et al., 1970)。さらに，エストロジェン受容体αを欠損したマウスでは，脳のオス化が起こらないことが確かめられている (Ogawa et al., 1997)。これらの事実から，ラットやマウスなどの場合「脳の性分化」を引き起こす作用を持つ最終的な物質はエストロジェンであることが確かめられた。いわゆる女性ホルモンであるエストロジェンが脳のオス化を引き起こすことは，一見意外なことかもしれないが，雌雄ともに脳内には芳香化酵素が豊富に存在し，両性にとってエストロジェンが重要なホルモンであることは間違いない。また，妊娠期の母親由来の高濃度のエストロジェンは胎児をすべてオス化するように思われるが，そんなことはない。実際には，胎児肝臓で多量に作られるタンパク質であるαフェトプロテインによってトラップされ，脳内にエストロジェンが入ることができないのである (McEwen et al.,

1975)。

　このように，ラットをはじめとする齧歯類の場合，精巣由来のアンドロジェンがエストロジェンに転換されて，生殖にかかわる機能を制御する脳をオス化させる主な因子として作用することは間違いない。しかしながら，他の因子の関与をまったく否定するものではない。特にヒトの場合，脳の性分化を担う最終的な物質がエストロジェンであるかどうかを確定するのは困難である。芳香化酵素，あるいはエストロジェン受容体α遺伝子の突然変異によってエストロジェンの作用が欠損した男性でも，特にジェンダー・アイデンティティ（後述）に影響がみられない例も報告されている（Grumbach & Auchus, 1999）。このことは，エストロジェンがヒトにおいては必ずしも脳の男性化を担う決定的な因子でない可能性を示している。

(4) 生殖にかかわらない機能や行動の性差

　生殖とは一見関係ない行動に，性差がみられることがある。たとえば，子ザルの遊びに着目した場合，オスの子ザルは，追いかけっこなどのやんちゃな遊びを好んで行うが，メスの子ザルではそのような行動を示す頻度が明らかに低い（Goy & Phoenix, 1972）。妊娠中の母親にアンドロジェンを投与した時，その胎児がメスであれば，外部生殖器がオスとメスの中間型である半陰陽の子ザルが生まれる。興味深いことに，そのような個体の遊びのパターンもまた，オスとメスの中間型を示す。このことは，遊びのパターンもまた基本形はメス型であり，胎生期のアンドロジェンによってオス型に変換されることを示唆するものである。

　成熟したイヌの放尿行動には明らかな性差がみられる。性成熟前の子イヌは，雌雄にかかわらず立ち姿勢で放尿するが，性成熟後のオスイヌは片足を上げた特徴的な姿勢で放尿するようになる。これに対して，メスイヌはそのような行動を示さず，しゃがんだ姿勢で放尿する。このような性差は広くイヌ科の動物にみられる。放尿行動の性差をもたらす因子もまた，アンドロジェンであることが確かめられている。遺伝的にメスでも，妊娠期の母親にアンドロジェンを投与し，さらに新生時期にアンドロジェンを投与すると，オス型の放尿行動を示すようになるからである（Beach, 1974）。

ラットにおいて，甘味に対する嗜好性に性差があることが報告されている。メスラットは，オスラットに比べて，甘いブドウ糖水やサッカリン溶液を好んで飲むことが古くから報告されている（Valenstein *et al.*, 1967）。「女性は甘いものが好き」とよくいわれるが，このことはメスラットの甘い物好きの例から，生物学的に説明されるようにみえる。しかしながら，最近の著者らの研究によれば，同じラットでも系統が異なれば，必ずしもメスが好んで甘い水を飲むわけでなく，むしろオスの方が高い甘味嗜好性を示す場合もあることが確かめられた（未発表結果）。ヒトの嗜好性の性差を生物学的に語ることは難しいようである。

4. ヒトにおける脳の性差

(1) ヒトの脳の形態的および機能的性差

ヒトにおいても，脳に性差があることを示す報告がある。たとえば，男女の脳重量の平均値を比べると，身長や体表面当たりでみても，男性の脳のほうが，女性よりも重いことが報告されている（新井，2001）。ただし，知的能力を示すIQに性差がないことが認められており，また脳には使われていない領域が多くあると考えられていることから，脳の重量が能力など機能的な指標となるとは考えられていない。

ヒトの脳の性差について語る時に，よく引き合いに出される研究結果がある。その一つが，脳梁のサイズの男女差である。脳梁は，左右の大脳半球の間を連絡する神経線維の束であるが，その後方部のサイズをみると女性の方が男性に比べて大きいことが報告されている（DeLacoste-Utamsing & Holloway, 1982）。このことから，女性の左右大脳の連絡が男性に比べて密であり，男性の方が左右の大脳に機能分化があると考えられている。

ヒトの言語能力には性差があることが指摘されている。この差は左右の大脳の機能分化が男性でより顕著なことが原因であると考えられている。実際に，言語野がある左脳半球に物理的な傷害がある場合，男性の方が女性に比べてはるかに失語症になる確立が高いことが古くから指摘されていた（McGlone, 1977）。その理由として，ある種の言語機能に関して女性は左右両方の脳を使

うのに対して，男性は左脳のみ使うためであると説明されている（Shaywitz et al., 1995; Kansaku & Kitazawa, 2001）。

ただし，これらの一見生物学的な「ヒトの脳の性差」が，本当に生物学的な観点から完璧に説明できるか否かについては疑問の余地が残る。とりわけ，生後の刺激が必要な能力の場合は慎重になるべきであろう。たとえば，ヒトの言語能力の発達には外部からの刺激が必要であり，その刺激が社会的・文化的環境により異なる場合もあるだろう。ある人間が，幼少期から成人に至るまでに親や社会から受ける刺激にジェンダーによる差がないかどうか，さらにそのことがヒトの脳の発達にどのような影響を及ぼすかは簡単に証明できる問題ではない。

(2) ジェンダー・アイデンティティ

ジェンダー・アイデンティティとは，ヒトが自分の性を，どちらの性別に属していると認識するかの「性別の自己認識」である。健常なヒトの場合は，身体的・社会的な性とジェンダー・アイデンティティが一致するが，時にその不一致がみられる場合がある。最近話題になった「性同一性障害」は，自身が身体的（特に外見上），および社会的に女性（あるいは男性）であるかを認識しているにもかかわらず，精神的には反対の性別に属していると感じるために起こる適応障害である。このため，身体的・社会的な性に強い違和感を持つこととなり，その度合いが強い場合は自己が認識した性に身体的・社会的な性を合わせようとすることもある。この性同一性障害にみられるように，ジェンダー・アイデンティティは必ずしも身体的・社会的な性と一致するわけではない。

ヒトにおけるジェンダー・アイデンティティがどのように形成されるかは興味深い問題である。過去には，ジェンダー・アイデンティティは，生後の経験により形成されるものと信じられていた。すなわち，親や周囲の人々の育て方や接し方によって刷り込まれた結果，その子どもの「性別の自己認識」が形成されるとされてきた。しかしながら，この「養育の性」を否定する例として，XYの性染色体を持った正常な男児として生まれたが，生後7ヵ月目に割礼の事故により陰茎を取り除かれることとなったヒトに関する報告がある（Diamond & Sigmundson, 1997）。この男児は女性として判定され，女性とし

て育てられたが，ジェンダー・アイデンティティは女性としての性を受け入れることができず，結果的に男性としての再判定を受け，男性として幸せに生活しているとのことである（貴邑冨久子監修『性差医学入門』参照）。この報告に類する例はほかにもあり，このことから現在では，ジェンダー・アイデンティティは「養育の性」ではなく，少なくとも妊娠期から出産直後には形成されるものであるとの考え方が優位である。

5．性に関する生物学的研究が及ぼす波及効果と問題点

　性差に関する生物学的な研究は，社会的なインパクトを与えることが多い。たとえば，男と女の脳に違いがあると報告されれば，これを根拠に「男の役割」と「女の役割」を分担すべきとする議論に拍車をかけるかもしれない。この点で，いたずらにヒトの脳の性差を強調することは好ましいとはいえない。同様に，科学的な根拠なく，盲目的にヒトの性差を否定することも避けなければならない。ヒトのある機能に性差があるとする研究と，これに反する研究を，バランスよく客観的に受け入れる必要があると思われる。動物のオスとメスにさまざまな点で差異があると同様に，ヒトにも生物学的性差があることは明らかである。性による差を科学的に認識することと，性差によって順列をつけることや，役割を一方的に決めつけることはまったく次元の異なる問題である。

　生物学は他の科学分野の学問と同様，事象を分析・分類し，共通点に着目することで，その原理を発見してきた。この点で，まれな事象については，例外として取り扱うこともある。しかしながら，ヒトのジェンダーを取り上げる時に，例外を無視することは危険である。「人権の有無に例外がない」と同様の観点で，少数例に対しても，これを無視するような視点で望んではならない。このことは，性のみならず，人種や年齢の違い，また障害の有無によらず，人を人として認め，互いに尊敬し，多様性を認める社会を創り上げることを可能にするに違いない。

詳しく知りたい人のための参考図書
Wisemann, T. M. & Pardue, M.L. (eds.), *Exploring the biological contributions to*

human health: does sex matter?, National Academy Press, 2001.（貴邑冨久子監修『性差医学入門』じほう，2003 年）

【引用文献】
新井康充　2001　脳の性分化——はじめに——ヒトの脳の性差中心に　山内兄人・新井康充（編）性を司る脳とホルモン　コロナ社　98-104
Barbarino, A. & De Marinis, L.　1980　Estrogen induction of luteinizing hormone release in castrated adult human males. *Journal of Clinical Endocrinology and Metabolism.* **51**. 280-286.
Beach, F. A.　1974　Effects of gonadal hormones on urinary behavior in dogs. *Physiology & Behavior.* **12**. 1005-1013.
Corbier, P.　1985　Sexual differentiation of positive feedback: effect of hour of castration at birth on estradiol-induced luteinizing hormone secretion in immature male rats. *Endocrinology.* **116**. 142-147.
Corbier, P., Roffi, J. & Rhoda, J.　1983　Female sexual behavior in male rats: effect of hour of castration at birth. *Physiology & Behavior.* **30**. 613-616.
DeLacoste-Utamsing, C. & Holloway, R. L.　1982　Sexual dimorphism in the human corpus callosum. *Science.* **216**. 1431-1432.
Diamond, M. & Sigmundson, H. K.　1997　Sex reassignment at birth. Long-term review and clinical implications. *Archives of Pediatrics & Adolescent Medicine.* **151**. 298-304.
Gladue, B. A., Green, R. & Hellman, R. E.　1984　Neuroendocrine response to estrogen and sexual orientation. *Science.* **225**. 1496-1499.
Gorski, R. A.　1963　Modification of ovulatory mechanisms by postnatal administration of estrogen to the rat. *American Journal of Physiology.* **205**. 842-844.
Goy, R. W. & Phoenix, C. H.　1972　The effects of testosterone propionate administered before birth on the development of behavior in genetic female rhesus monkeys. *UCLA Forum Medical Sciences.* **15**. 193-201.
Grumbach, M. M. & Auchus, R. J.　1999　Estrogen: consequences and implications of human mutations in synthesis and action. *Journal of Clinical Endocrinology and Metabolism.* **84**. 4677-4694.
Kansaku, K. & Kitazawa, S.　2001　Imaging studies on sex differences in the lateralization of language. *Neuroscience Research.* **41**. 333-337.
McDonald, P., Beyer, C., Newton, F., Brien, B., Baker, R., Tan, H. S., Sampson, C., Kitching, P., Greenhill, R. & Pritchard, D.　1970　Failure of 5 alpha-dihydrotestosterone to initiate sexual behaviour in the castrated male rat. *Nature.* **227**. 964-965.
McEwen, B. S., Plapinger, L., Chaptal, C., Gerlach, J. & Wallach, G.　1975　Role of fetoneonatal estrogen binding proteins in the associations of estrogen with neonatal brain cell nuclear receptors. *Brain Research.* **96**. 400-406.
McGlone, J.　1977　Sex differences in the cerebral organization of verbal functions in patients with unilateral brain lesions. *Brain.* **100**. 775-793.
Ogawa, S., Lubahn, D. B., Korach, K. S. & Pfaff, D. W.　1997　Behavioral effects of estrogen receptor gene disruption in male mice. *Proceedings of National Academy of Sciences U S A.* **94**. 1476-1481.
Shaywitz, B. A., Shaywitz, S. E., Pugh, K. R., Constable, R. T., Skudlarski, P., Fulbright, R. K., Bronen, R. A., Fletcher, J. M., Shankweiler, D. P., Katz, L., et al.　1995　Sex differences in the functional

organization of the brain for language. *Nature*. **373**. 607-609.
Valenstein, E. S., Kakolewski, J. W. & Cox, V. C. 1967 Sex differences in taste preference for glucose and saccharin solutions. *Science*. **156**. 942-943.
山内兄人　1999　脳が子どもを産む　平凡社選書

〔束村博子〕

2

医学とジェンダー

1. 女性医学から性差医学へ
from women's medicine to gender sensitive medicine

　1990年の半ばまで，ほとんどの医学研究は対象を男性にしていた。男性で知り得た情報がそのまま女性にも当てはまると考えられていた。その後の女性医学の発展は，大きな実りをもたらし，男性と女性には正常な状態でも多くの差異があることが明らかとなり，同一疾患でも説明のできない顕著な性差があることが，発見された。

(1) 性差医学発展の背景

　分子生物学の急速な進歩により，ヒトの健康や疾病における性に基づく差異が，遺伝子レベルおよび分子レベルでの研究でも明らかになってきた。性差の一部は雌性におけるXX，雄性におけるXYという性の遺伝子型（genotype）に由来する。性染色体はヒトゲノムの約5％を占めるので，男女で5％の確率で生化学的反応が異なる可能性もある。また，以前より，男女が生化学や細胞レベルにおいて異なり，生物学的に性差が存在することは指摘されていた。

(2) 性差医学の必要性

　胎生期には遺伝学的また環境的因子により，性の決定と分化が起こる。成熟

期の基礎となる思春期には,行動的変化および性機能の発現が,個体の性のアイデンティティを強化する二次性徴の完成を促す。やがて成熟期に至り,男女は生涯を通じて存在する生物学的に異なる身体の骨組みを作り上げ,疾病の発症や進行にも性差が影響を及ぼすようになる。基礎研究および臨床研究において「性差」を常に念頭において研究計画を立て,男女のライフステージにおける性差の重要性を追究することは,非常に重要といえる。

2. ヒトの生涯の健康

(1) 性の決定と生涯発達

①性の決定　男女のセックスの違いは性染色体により決定されている。ヒトには22組44個の常染色体と2個の性染色体がある。性染色体には大小2種類あり,大きい方がX染色体,小さい方がY染色体であり,この組み合わせによって性が決定される。男性は (44 + XY),女性は (44 + XX) の染色体を持つ。

②思春期　わが国の現状では,思春期は 8, 9〜17, 18 歳頃である。小児期に抑制された中枢神経系の機能が開放され,中枢神経系が成熟する (Grumbach & Styne, 1998)。つまり,この期間に成長のスパートが起こり,著しい性的二型性を来す二次性徴が現れ,繁殖能力を獲得し,また極めて大きな心理的変化が起こる。続く青年期は,17, 18〜22, 23 歳頃を占め,穏やかな成長が起こる時期である。

少女における思春期の発来は,乳房の発達以前にも,成長率の増加から推測できる。少年の思春期の発来は,精巣の大きさの増加により明確である。男女の性的二型性変化は,少年における精巣ライデイッヒ細胞によるテストステロン分泌と,少女における卵巣顆粒膜細胞によるエストロジェン分泌の結果である。少年では,少女よりも遅れて思春期のスパートが開始し,最大身長成長速度の時期には約2年間の時差があり,また少年の最大身長成長速度は少女よりも大きい (Grumbach, 2000)。

③成人期　性成熟期の男性と女性には,生理学的に一貫した(しかし,恒常的でない)性差がある。平均して,女性は,男性に比べて,体脂肪の割合が

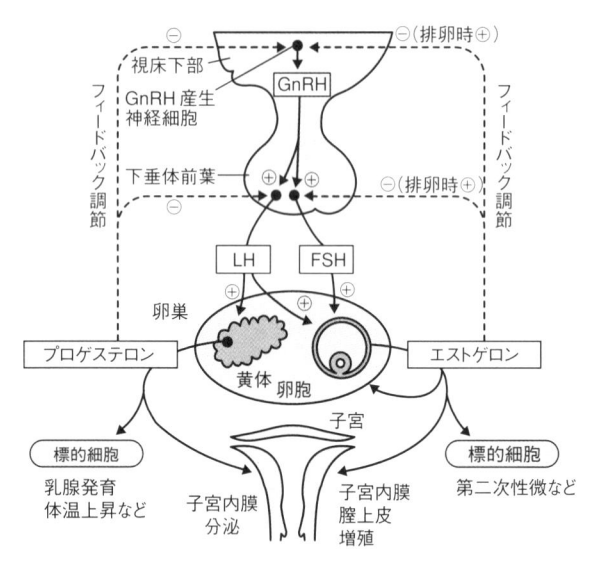

図 2-1 女性ホルモンの作用と分泌調節 (佐藤ほか, 2002より)(著者一部改変)

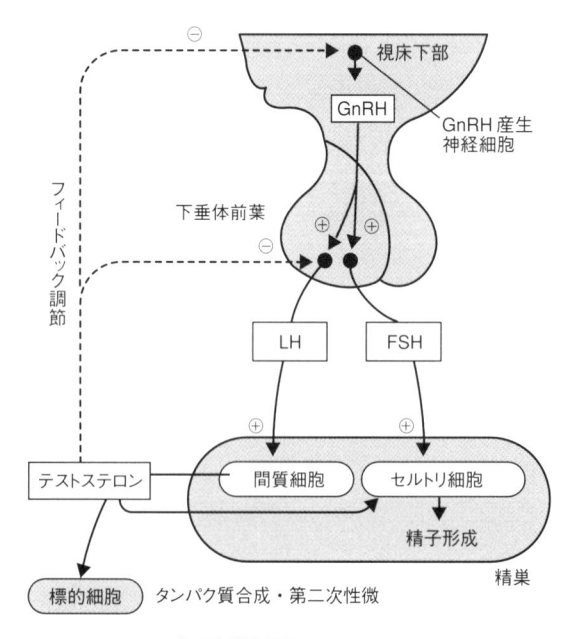

図 2-2 テストステロンの作用と分泌調整 (佐藤ほか, 2002より)(著者一部改変)

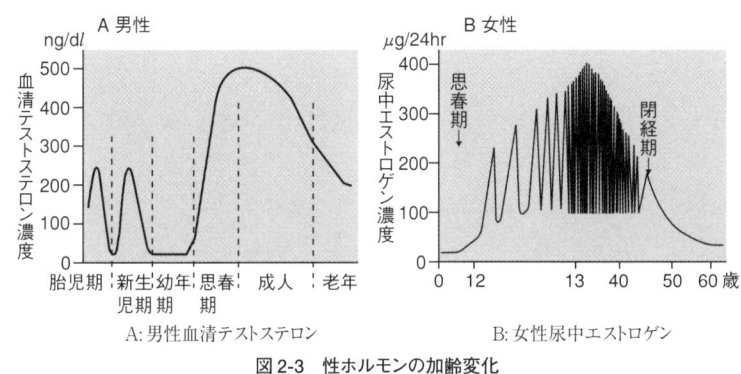

A: 男性血清テストステロン　　　　B: 女性尿中エストロゲン
図2-3　性ホルモンの加齢変化
（A: Ganong, 2000, B: Guyton *et al.*, 1999；佐藤ほか, 2002より）

高く，筋肉量が少なく，血圧が低く，エストロジェン・レベルが高く，アンドロジェン・レベルが低い。反対に，男性は体脂肪の割合が低く，筋肉量が多く，血圧が高く，エストロジェン・レベルが低く，アンドロジェン・レベルが高い。これらの因子が男女間の性差に，いかに相互に作用しあうかを解読することが健康と疾病における性差を考える上で重要である。

④老年期　　長期間の生殖可能な成人期に存在する性差のパターンが，老年期にも，意味のある臨床的変化をもたらすことは明らかである。

(2) 女性の健康に対するメノポーズ（閉経）の効果

女性には生殖年齢の後，女性ホルモン・レベルの急激な低下に至る閉経（現在の日本人の閉経は平均51歳前後である）関連の変化が起こる約10年間の期間がある。卵巣では卵胞の喪失が起こり，卵巣の萎縮が起こり，エストロジェン・レベルが低下する。この低下に最も影響を受けるのは，子宮，膣，乳房，尿路系である。視床下部，皮膚，心血管組織，骨なども強く影響を受ける。このように女性のライフサイクルにおいては，エストロジェンは短期的（月経周期），中期的（妊娠，産褥，授乳），長期的（思春期，更年期）に，その作用を変化させ，女性の健康と疾病に影響を与えていることは重要な事柄である。

男性においても，「アンドロポーズ」と呼ばれる，ホルモン代謝の変化が，平均48歳から70歳の間の長期にわたって起こる（Morales *et al.*, 2000）。アンドロジェン欠乏も骨粗鬆症と関係している。

(3) 日本人の平均寿命の性差と死亡原因

1947年に80歳まで生存する日本人は男性9.5％，女性17.3％であった。1985年には，男性42.8％，女性63.0％に伸び，2002年では，80歳まで生存する男性は，54.2％，女性では実に75.9％に達した。女性の方が長いという事実は，人種を問わず一貫しているが，そのメカニズムはわからない。2002年の平均寿命は男性78.32歳，女性85.23歳であり，6.91歳の性差がある。

現在の主たる死亡原因は男性では，悪性新生物（がん），心臓疾患，脳血管疾患，肺炎の順であり，女性では，心臓疾患，悪性新生物，脳血管疾患，肺炎の順である。トップの三大死因による死亡は全体の半分を超えている。

3. 性は健康に影響を及ぼす

男性と女性ではかかりやすい疾患や寿命が異なっているが，これらの性差に生物学的な違いや環境は相対的にどのように関与しているか？ 環境因子に対する暴露の仕方や感受性の性差および発がん物質に対する反応性の性差，エネルギーの貯蔵や代謝における性差によって，薬物に対する反応性や，肥満，糖尿病，自己免疫疾患，冠状動脈疾患などの疾患の発症と症状に性差を生ずる。

以下に，いくつかの例をのべる。

(1) 薬物の吸収および薬の代謝に関する性差

①臨床上の問題　薬物動態や薬力学における性差が，薬物の有効性に影響したり，副作用を引き起こす可能性がみられる。性差は，治療指数の大きい薬物より，狭い薬物に対して影響しやすい。性差を補正するためには，薬物の投与量や投与間隔を調節することや，異なる薬物もしくは異なる治療方法を用いる必要がある場合も生ずる。

男性と女性の間の体脂肪率の差によって，脂溶性の高い薬物の分布容積が女性の方が大きいことやアルコールの分布容積が男性の方が大きいことが起こり得る。また，女性の方が固形物の胃排出速度が，男性に比べて緩徐であるともいわれている。女性ホルモンであるプロジェステロンがこの胃排出速度の遅さに関係するという報告がある。

②母体から胎児への薬剤移行　　胎児の薬物濃度は，母体の薬物濃度，胎盤への透過性，胎児の薬物代謝能，母体での薬物の血漿タンパク結合と胎児における血漿タンパク結合の差の関数として表される（Boulus *et al*., 1971）。胎盤を介した薬物の透過速度は脂溶性の高い薬物で速く，水溶性の高い薬物で遅い。

(2) 代謝，ライフサイクルおよび身体活動の性差

①身体組成の性差　　身体組成の性差は性ホルモンおよび男女の行動の違いによって思春期頃に現れる。平均して成人男性は成人女性よりも背が高く，体重当たりの筋肉の量が多く，身長と体重が同じ女性よりも体脂肪率が低い。男性の筋肉量が多いことは，体力と関連がある。

エネルギー消費量は，脂肪組織よりも筋肉の方が高い。したがって，同身長・同体重において，一般的に脂肪以外の組織の割合が高い男性と比べて，脂肪の多い女性はエネルギー消費量が少ない。エネルギー代謝における性差はすべての動物種で認められているわけではないが，性差が認められる場合には，

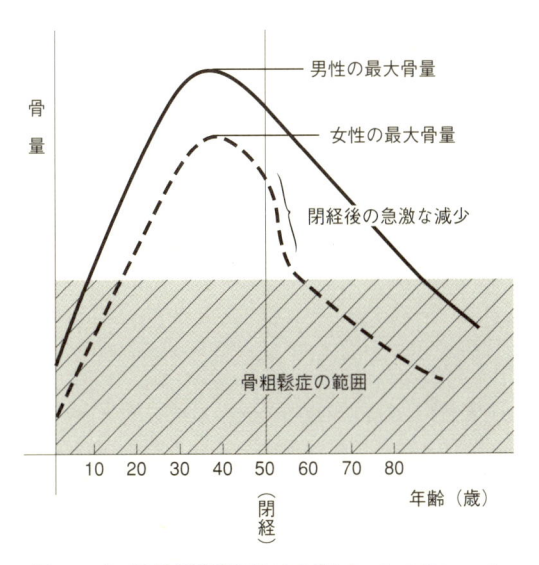

図 2-4　なぜ女性は骨粗鬆症にかかりやすいか（玉田，1996）

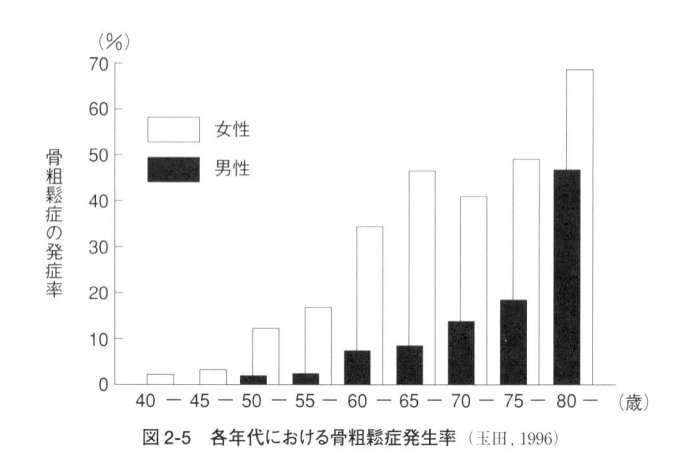

図2-5 各年代における骨粗鬆症発生率（玉田，1996）

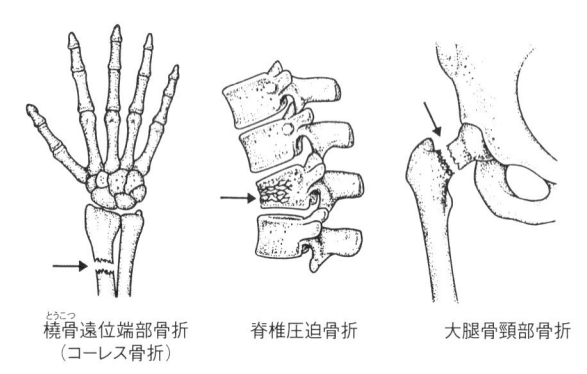

橈骨遠位端部骨折
（コーレス骨折）　　脊椎圧迫骨折　　大腿骨頸部骨折

大腿骨頸部骨折を起こすと歩行が困難になることから，寝たきり老人をつくる重要な疾患として，脳血管障害とともに注目されている。

図2-6　骨粗鬆症患者にみられる骨折の好発部位（折茂ほか，1989；玉田，1996より）

雌性の方が肥満である。

②**骨代謝および骨粗鬆症**　　骨粗鬆症は，食事，ホルモン，老化と関係が深い疾患であり，高齢化社会では重要視されている。骨塩量（骨に含まれるカルシウムを中心としたミネラルの量，骨量ともいう）が減少し，骨の微少構造が変性し，骨が脆くなり骨折に至る疾患である。最も多くみられる骨折は脊椎の変形，脊椎圧迫骨折，大腿骨頸部骨折，橈骨骨折である。ヒトの骨量は30〜

40歳でピークに達し，その後，男性はゆっくりと骨密度が減少する（1年当たり0.3～0.5％）。女性は更年期までは男性と同様に減少するが，閉経期は1年あたり2～3％の速度で減少する。その後の減少速度は男性とほぼ同じ程度のペースになる（Manolagas, 2000）。

全国に1100万人いるといわれる骨粗鬆症患者であるが，高齢者，女性に多い（American journal of Medicine, 1993）。年齢別に発症頻度をみると，女性は閉経期頃より圧倒的にその頻度が増し，加齢とともにさらに増えていく。ホルモンに関しては，エストロジェンとテストステロンは骨量の増加と維持に不可欠である（Prestwood et al., 2000）。

男性の骨粗鬆症の罹患率が低いのは，分子生物学的違いとホルモンの違い以外に，男性の方が身体を使ったり，筋肉を鍛える運動をしたりする傾向が強いためと考えられる（Cullen et al., 2000）。

運動不足が骨粗鬆症の発症につながることは知られている。宇宙飛行が始まった初期の頃，宇宙飛行士に骨塩量の減少が指摘され，無重力状態が原因とわかり，宇宙飛行士には特別の運動が課せられるようになった。同様に，寝たきりなどで重力の負荷がかからなくなると，骨が脆くなる。また，無月経になるような極端なトレーニングによって，骨量は減少する。

妊娠と授乳はカルシウムを母親の骨から子どもに分ける。このため，母親は骨粗鬆症および腰背痛の予防のためにカルシウムの補充をしなければならない。

(3) 自己免疫

①自己免疫疾患の種類および発症における性差　　自己免疫疾患における性差が解明できれば，おそらく男女間の重要な生物学的性差を明らかにすることができるといわれている。

自己免疫により攻撃を受ける宿主抗原は，甲状腺や皮膚などに限局する場合と，全身性エリテマトーデスにみられるように広範囲に分布する場合がある。

自己免疫疾患のうち，全身性エリテマトーデス（女性には男性の9倍発症），慢性関節リウマチ（同じく3倍），自己免疫性甲状腺炎（橋本氏病は4倍，Graves病は7倍），特発性血小板減少性紫斑病（4倍），シェーグレン症候群

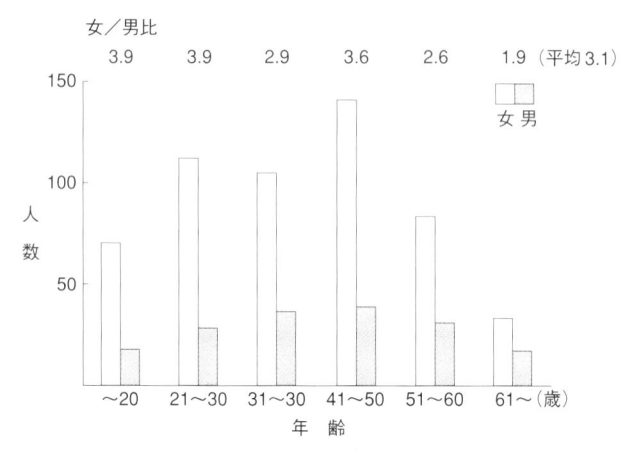

図2-7 慢性関節リウマチの性別，年齢別発病者数（1980年）（延永，2000）

（10倍）は女性に多い疾患である（玉舎, 1999）。しかし，その他の自己免疫疾患では女性に多いとはいえない疾患もある。したがって自己免疫そのものだけで，自己免疫疾患の発症の性差を説明することはできない。

一方で，自己免疫の成長段階ライフステージに関する要因として，女性に多い疾患のほとんどが若年成人期に発生するが，若年成人期以下の年齢かそれ以上の年齢の患者がかかる自己免疫疾患では性差はあまりみられない（延永，2000）。

リウマチは関節腔の内面を被う滑膜から始まり，次第に軟骨，骨に及ぶ慢性の滑膜炎である。滑膜細胞に存在するエストロゲンレセプターは，慢性関節リウマチの標的分子の可能性があり，この疾患が女性に多いことの一つの理由になるかもしれない（Castagnetta et al., 1999）。

②自然免疫と獲得免疫の性差　ヒトは，ウイルスや細菌などの病原微生物の侵入による感染に対して自然免疫と獲得免疫という二つの免疫応答の組み合わせで反応する（Medzhitov & Janeway, 2000）。自然免疫とは，病原性微生物に対する物理的，化学的障壁として存在する基本的な生体防御である。自然免疫の働きは皮膚表面，呼吸器系，消化器系，泌尿生殖器系の管腔の内側に存在し，非特異的で，かつ何度も同じ微生物に感染しても，反応は変わらない。獲得免疫は性別によって大きく異なっているが，自然免疫はそれほど異なってい

女性の免疫反応の特異性

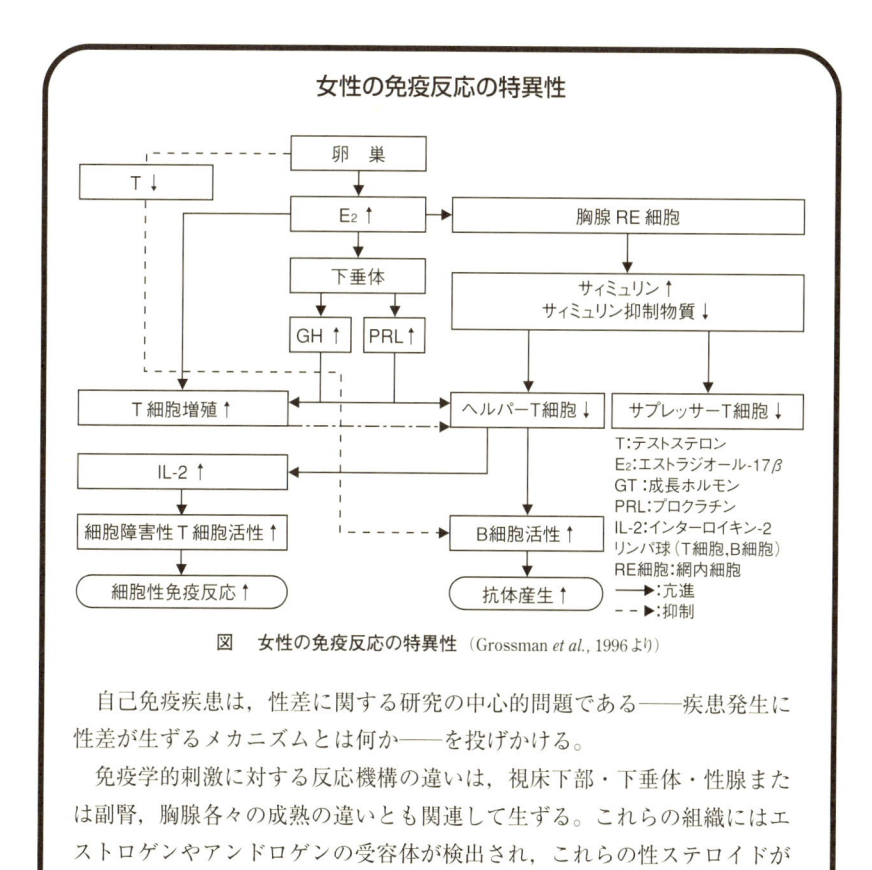

```
          卵 巣
      ┌────┼────┐
 T↓   │    │
      E₂↑ ─────→ 胸腺RE細胞
      │            │
      下垂体      サイミュリン↑
      ┌┴┐        サイミュリン抑制物質↓
     GH↑ PRL↑           │
                    ┌────┴────┐
 T細胞増殖↑ ──── ヘルパーT細胞↓   サプレッサーT細胞↓
      │
   IL-2↑
      │                  T：テストステロン
 細胞障害性T細胞活性↑    E₂：エストラジオール-17β
      │             B細胞活性↑   GT：成長ホルモン
  細胞性免疫反応↑     抗体産生↑   PRL：プロクラチン
                                IL-2：インターロイキン-2
                                リンパ球（T細胞，B細胞）
                                RE細胞：網内細胞
                                 →：亢進
                                 --→：抑制
```

図　女性の免疫反応の特異性（Grossman *et al*., 1996より）

　自己免疫疾患は，性差に関する研究の中心的問題である——疾患発生に性差が生ずるメカニズムとは何か——を投げかける。

　免疫学的刺激に対する反応機構の違いは，視床下部・下垂体・性腺または副腎，胸腺各々の成熟の違いとも関連して生ずる。これらの組織にはエストロゲンやアンドロゲンの受容体が検出され，これらの性ステロイドが影響していることは明らかといえる（Grossman *et al*., 1996）。

ない。

　獲得免疫は自然免疫の効果を増強したり改良したり，また再び同一の病原体（抗原）と出会った時に，以前の感染を記憶して，強力に反応を推し進めるのに有用である（免疫における二次反応）。自己免疫は獲得免疫のシステムが（正常な）宿主自身の組織を攻撃することで引き起こされる。

　女性ホルモンはリンパ球，マクロファージ，樹状細胞などの獲得免疫の細胞を活性化し，男性ホルモンは抑制する（Ahmed & Talal, 1999; Kanda *et al*., 1999）。月経周期によって，獲得免疫反応は変動する。激しい運動，ストレス，うつは

すべての免疫系を抑制する（Irwin, 1999; Nehlsen-Canarella et al., 1997）。

③女性ホルモンの妊娠時免疫能・自己免疫疾患への影響　ヒトの妊娠期間中に，女性ホルモンは100倍以上に増加し，エストロジェンにより免疫機能は活性化するため，母親にとっては非自己である胎児の生存には不利かもしれない。しかし，妊娠中の母親の免疫系は総体的には抑制状態にあることは証明されている。これには胎盤から分泌されるホルモンや副腎皮質ステロイドのレベルの変化などがかかわっている。去勢または，ホルモン治療，さらには妊娠によって，自己免疫疾患が悪化または寛解する（Lahita, 1999; Ostensen, 1999）。エストロジェンは存在してはならない自己免疫クローンを生存させる役割を果たしている可能性もある。

(4) 冠動脈疾患

コレステロールや細胞成分からなるプラークは，冠状動脈の内膜に沈着し，次第に血液の流れを悪くし，細胞や器官の壊死を起こし，心筋梗塞に至る。前述のように，心疾患は，日本では主要死亡原因の1～2位を占めるが，冠動脈疾患は女性には男性より平均10～20年遅く発症し，男性は女性より早く死亡する。心疾患に関する医療の進歩により死亡率は着実に低下したが，この病態の性差は注目すべき問題である。

①冠動脈疾患の発症における性差　冠動脈疾患の病因は環境（食事，薬，空気中の有害物質，感染性病原体など），遺伝（家族性高コレステロール血症），年齢，生活習慣などが挙げられる。

女性の血清コレステロール値は，50歳以前では男性に比し低値を示すが，50歳以降になると上昇して，男性を凌駕するようになる。

男女とも，喫煙者は非喫煙者と比較すると心臓疾患による死亡率が3倍となっている。女性では，喫煙が早期閉経を起こし，冠動脈疾患などの多くの疾患を起こす原因となっている。

閉経前の女性はHDLコレステロール（善玉コレステロール）が高く，LDLコレステロール（悪玉コレステロール）は低い。しかし，閉経後では，LDLコレステロールは上昇し，HDLコレステロール値は低下する。このように，閉経期の後は，脂質代謝は好ましくない状態に陥るとされる（Collins, 2000）。心

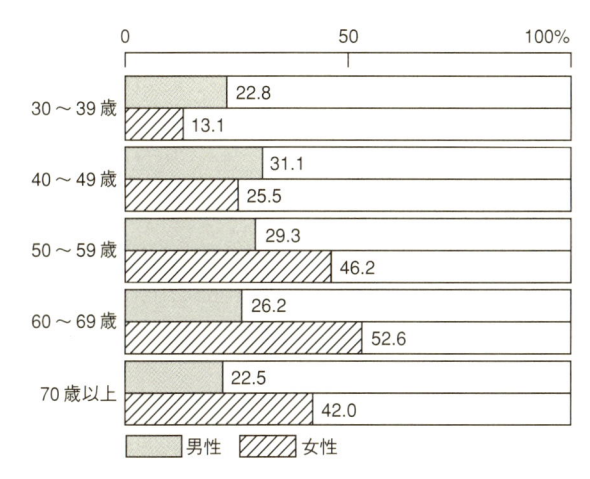

図2-8 血清総コレステロール値「要注意＝220 mg/dl以上」者の比率（玉田, 1996）

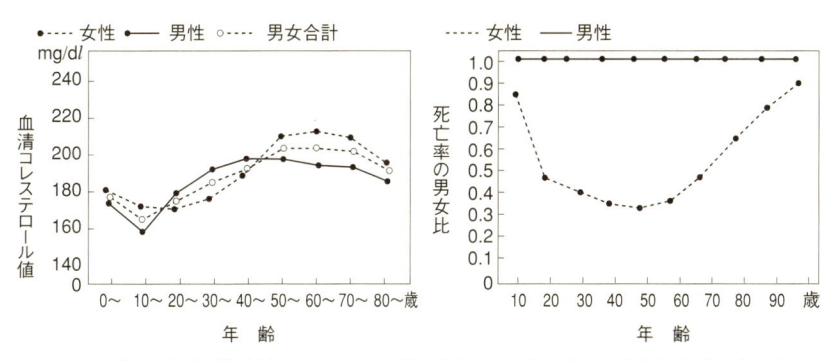

図2-9-1 日本人の年齢・性別血清コレステロール値
（Sekimotoほか, 1983；玉田, 1996より）

図2-9-2 心疾患による男性の死亡率を1.0としたときの女性の心疾患による死亡率（1991年）
（国民衛生の動向, 1993；玉田, 1996より）

疾患の死亡率は，男女ともに加齢に伴い上昇するが，女性では閉経を境に上昇率がさらに急激に高くなる。

②冠動脈疾患の病像の性差　冠動脈疾患を発症した女性は，うっ血性心不全，高血圧症，糖尿病などの合併症を持っていることがしばしばある。特に，糖尿病の女性は，心筋梗塞後の合併症を発症しやすい。心筋梗塞を起こした患者の中で，男性は心室性頻脈を示すことが多く，一方，女性では心臓性ショッ

クや心停止を起こすことが多く、予後は良くない（Greenland et al., 1991; Milner et al., 1999）。

4. 医学とジェンダーにおける今後の展望

　最近まで社会が男性中心に構築されてきているために、医学的疾患においても、女性に関してのデータは豊富ではない。女性への治療に関しても、男性への治療を横すべりに当てはめたにすぎないことがいえる。しかし、先端をなす米国の性差医学も、20年に満たない歩みである。今後は、きちんとした目的意識を持って、生理機能、疾患のメカニズムと治療戦略における男性と女性の差「性差」を探究することが求められている。日本でも、女性の医療の立ち後れを是正し、女性の健康におけるエビデンスを構築するためには、まず、女性医師をはじめとする女性の医療関係者がそのことに気づかなければならない。米国では医学生の4割が、オーストラリアでは7割が女子である。日本でも女子医学生は3割から4割に増加しており、性差医療の現場、性差医学研究と教育への積極的な参加を期待したい。なお、日本における性差医療・医学研究会（http://www.pin-japan.com/gender/）は第1回学術集会を2004年3月14日に開催した。また、性差医療に関する情報を流すためのウェブサイト（http://www.nahw.org）も情報提供をしている。

詳しく知りたい人のための参考図書
青野敏博　『臨床医のための女性ホルモン補充療法マニュアル』　医学書院，
　　1999年。
後藤節子・足立恵子編　『テキスト母性看護』（Ⅰ，Ⅱ）名古屋大学出版会，
　　1996年（2004年改訂）。
厚生統計協会（編）『国民衛生の動向』　財団法人厚生統計協会発行，2003年。
日本母性衛生学会　『Women's Health──女性が健康にいきるために』　南山堂，
　　1998年。
佐藤昭夫・佐伯由香　『人体の構造と機能』　医歯薬出版株式会社，2002年。
鈴木秋悦・宮川勇生・久保春海・神崎秀陽　『エストロゲン──新しい視点から

みた作用と臨床』 メジカルビュー社，1999年。

玉田太朗 『女性ホルモン療法——小児・思春期から更年期まで』 メジカルビュー社，1996年。

Theresa, M. W. & Pardue, M.-L., *Exploring the biological contribution to human health : Does sex matter?*, National Academy Press, 2001. (貴邑冨久子監修 『性差医学入門』 じほう，2003年。)

KEYWORDS

環境(environment)　ある生物の生息する地域の物理的因子および生物的因子の総体。

治療指数(therapeutic index)　治療比とも呼ばれる。Paul Ehrlich が，薬物の安全性を表すために，最大耐容量を最小治療量で割った値として考案したものである。(Ehrlich はこれを抗菌薬に適用した)。現在では，この治療指数は LD50/ED50 として (動物のデータから) 算出されている。

緩除　ゆるやかで静かな様子。

自己免疫　免疫現象が普通非自己の異物に対して起きるのに対して，個体が何らかの原因により自己の体の成分に対して抗体を形成し，免疫反応を起こすこと。

自己免疫疾患　自己免疫を引き金として発生する疾患。エリテマトーデス・シューグレン症候群・リウマチ様関節炎・自己免疫性溶血性貧血・橋本甲状腺炎・多発性硬化症など。

宿主(host)　①ウイルスやバクテリオファージによる感染を受ける細胞，寄生物が寄生の対象とする生物。②寄主。やどぬし。組織片や器官を移植する時，移植される方の組織・個体。

エリテマトーデス　皮膚，殊に顔面の種紅斑を特徴とする膠原病の一種で，若年の女性に多い。遺伝的素因によって自己免疫現象を生じる結果発症する。一般に，皮膚のほか，血管・漿膜・関節・腎臓など全身に滲出性・硬化症病変が及ぶ全身性エリテマトーデス（SLE）をいう。

橋本氏病　慢性甲状腺炎。女性の 30～50 歳台に好発し，頸部に固い瀰慢性(びまんせい)の甲状腺腫ができ，慢性に進行する。甲状腺機能はほぼ正常だが，病変が高度になると一般に低下する。血液中に甲状腺に対する自己抗体が出現し，代表的な臓器特異性自己免疫疾患とされる。

グレーブス病(バセドー病)　甲状腺の機能亢進によって起こる疾患。1840年,ドイツの医師バセドーが研究,発表。甲状腺腫脹・眼球突出・心悸亢進・多汗・手指振顫などを起こす。

シェーグレン症候群　涙腺や唾液腺の分泌が減少し,乾燥性結膜炎,角膜炎,唾液腺の腫脹,多発性関節炎などを来す全身疾患。中年の女性に多く,自己免疫原因説が有力。

関節　骨と骨との可動性の連結部。両骨の相対する面には軟骨の薄層があり,周囲は骨膜の延長による関節包に包まれて関節腔を形成する。関節包内面の滑膜からは滑液が分泌され,運動をなめらかにする。

関節腔　滑液で満たされる関節の腔所。

滑膜　関節腔の内側に沿って存在する結合組織膜で,滑液を生産する。骨の関節軟骨の部分を除く全内面をおおっている。

レセプター　細胞表面あるいは細胞質内部でホルモン,抗原,神経伝達物質などの特定の因子と結合する構造蛋白分子。

標的分子　ねらいとする相手の分子。

マクロファージ　細菌,異物,細胞の残骸などを細胞内に取り込み消化する力の強い大型の単核細胞。炎症の修復や免疫にあずかる。大食細胞。

樹状細胞(dendritic cell ; DC)(樹枝状白血球 dendritic leukocyte)　生物内の器官・組織に広く分布する骨髄幹細胞由来の非リンパ系細胞で,樹枝状白血球(dendritic leukocyte)とも呼ばれる。マクロファージとは異なる細胞集団で,貪食活性やエフェクター細胞としての機能を持たない。しかし,種々の免疫応答の始動において抗原提示細胞として働いており,移植片拒絶反応を引き起こす滞留性細胞の実体であることが知られている。

クローン　(もとギリシャ語で小枝の意)遺伝子組成が完全に等しい遺伝子・細胞または生物の集団。免疫的な意味でクローンという場合には,抗原レセプター遺伝子の再構成を完了したT細胞やB細胞が,個々の抗原レセプター遺伝子(T細胞レセプター,免疫グロブリン遺伝子)の変異を伴わずに増殖した一群の細胞群を指す。

線維プラーク(線維性硬化巣 fibrous plaque)　アテローム動脈硬化症の病変で,動脈内の真珠様の白色部が内膜面を内腔へ膨張させる。脂質,細胞崩壊物と平滑筋細胞からなるが,大部分はコラーゲンからなり,老人ではカルシウムからなる。

【引用文献】

Ahmed, S. A. & Talal, N. 1999 Effects of sex hormones on immune responses and autoimmune diseases: an update. In Y. Shoenfeld (ed.) *The Decade of Autoimmunity*. Amsterdam: Elsevier. 333-338.

American Journal of Medicine 1993 Consensus Development Conference: diagnosis, prophylaxis, and treatment of osteoporosis. *American Journal of Medicine.* **94**. 646-650.

Boulos, B. M., Davis, L. E., Almond, C. H. & Sirtori, C. R. 1971 Comparison among sulfanilamide concerntration in the fetal, umbilical, maternal blood and amniotic fluid. *Archives of International Pharmacodynamic Therapy.* **191**. 142-146.

Castagnetta, L., Cutolo, M., Grantana, O. M., Di Falco, M., Bellavia, V. & Carruba, G. 1999 Endocrine end-points in rheumatoid arthritis. *Annals of the New York Academy of Sciences.* **876**. 180-191.

Collins, P. 2000 The basic science of hormone replacement therapy. Presentation at the First International Congress on Heart Disease and Stroke in Women, May 2000, Victoria, British Columbia, Canada.

Cullen, D. M., Smith, R. T. & Akhter, M. P. 2000 Time course for bone formation with long-term external mechanical loading. *Journal of applied Physiology.* **88**. 1943-1948.

Greenland, P., Reicher-Reiss, H., Goldbourt, U. & Behar, S. 1991 In-hospital and 1-year mortality in 1,524 women after myocardial infarction-comparison with 4,315 men. *Circulation.* **83**. 484-491.

Grossmann, C., et al. 1996 Sex steroid regulation of autoimmunity. *Journal of Steroid Biochemistry.* **42**. 649-660.

Grumbach, M. M. 2000 Estrogen, bone, growth and sex: a sea change in conventional wisdom. *Journal of Pediatric Endocrinology and Metabolism.* **13** (suppl. 6). 1439-1455.

Grumbach, M. M. & Styne, D. W. 1998 Puberty: ontogeny, neuroendocrinology, physiology, and disorders. *Williams Textbook of Endocrinology*, 9th ed. Wilson, J. D., Foster, D. W., Kronenberg, H. M. & Larsen, P. R. eds. Philadelphia: W. B. Saunders Co. 1509-1625.

Irwin, M. 1999 Immune correlates of depression. *Advances in Experimental Medicine and Biology.* **461**. 1-24.

Kanda, N., Tsuchida, T. & Tamaki, K. 1999 Estrogen enhancement of anti-double-stranded DNA antibody and immunoglobulin G production in peripheral blood mononuclear cells from patients with systemic lupus erythematosus. *Arthritis and Rheumatism.* **42**. 328-337.

Lahita, R. G. 1999 The role of sex hormones in systemic lupus erythematosus. *Current Opinions in Rheumatology.* **11**. 352-356.

Manolagas, S. C. 2000 Birth and death of bone cells: basic regulatory mechanisms and implications for the pathogenesis and treatment of osteoporosis. *Endocrinology Review.* **21**. 115-137.

Medzhitov, R. & Janeway, Jr. C. 2000 Innate immunity. *New England Journal of Medicine.* **343**. 338-344.

Milner, K. A., Funk, M., Richards, S., Wilmes, R. M., Vaccarino, V. & Krumholtz. H. M. 1999 Gender differences in symptom presentation associated with coronary heart disease, *American Journal of Cardiology.* **84**. 396-399.

Morales, A., Heaton, J. P. & Carson Ⅲ, C. C. 2000 Andropause: a misnomer for a true clinical entity. *Journal of Urology.* **163**. 705-712.

Nehlsen-Cannarella, S., Fagoaga, O., Folz. J., Grinde, S., Hinsey, C. & Thorpe, R. 1997 Fighting, feeding and having fun: the immunology of physical activity. *International Journal of Sports*

Medicine. **18** (Suppl. 1). S8-S21.
延永　正　2000　Ⅰリウマチ　患者さんとスタッフのための膠原病ABC　延永正（編）　日本医学出版 1-27
Ostensen, M. 1999 Sex hormones and pregnancy in rheumatoid arthritis and systemic lupus erythematodus. *Annals of the New York Academy of Sciences.* **876**. 13-143.
Preswood, K. M., Kenny, A. M., Unson, C. & Kulldorff, M.　2000　The effect of low dose micronized 17 β-estradiol on bone turnover, sex hormone levels, and side effects in older women: a randomized, double blind, placebo-controlled study. *Journal of Clinical Endocrinology and Metabolism.* **85**. 4462-4469.
玉舎輝彦　1999　エストロゲンのよくない効果　性ステロイドがわかる　玉舎輝彦（編）　金芳堂 73-81.

〔後藤節子〕

3

精神医学とジェンダー

1. 精神医学におけるジェンダーの視点

(1) 精神医学とはどんな学問か？

　精神医学とジェンダーについて述べるに当たり，まず精神医学とはどのような学問かについて概説しておきたい。精神医学は，医学における一分野である。内科学や外科学が，身体における疾病あるいは障害を取り扱い，治療の対象とするように，精神医学は人間の精神面における疾病や障害を取り扱う（コラム「心理学，心療内科学とは，どう違う？」参照）。

　近年，心の問題がクローズアップされている。大阪教育大学附属池田小学校での児童殺傷事件では，事件の凄惨さゆえに，遺族のみならず，現場に居合わせた多数の子どもたちの心にも，目には見えない大きな傷を負わせたことは記憶に新しい。いわゆるPTSD，心的外傷後ストレス障害という心の問題である。凶悪化する少年犯罪においては，罪を犯した少年自身の心の問題とともに，その背景として，そのような少年が育った家庭の問題が取り上げられることも多い。また，若い女性に急増している拒食症，過食症などの摂食障害や近年大きな社会問題となっている若者の引きこもり，中高年の自殺など枚挙にいとまがない。

　それでは，これらの心の問題は，どのように生じてくるのであろうか。

(2) 精神医学の疾患モデル

　種々の精神疾患を原因に基づいて分類する場合，従来の精神医学では「内因性」精神疾患，「心因性」精神疾患，「外因性」精神疾患というように大きく三つに分類していた。うつ病や統合失調症（本章第2節(1)参照）に代表される「内因性」精神疾患は，個人の持つ素質，素因が主原因で発症すると考えられてきた。一方，暴力的ないじめにあうなどの心理的に衝撃的な出来事の後に，急に目が見えなくなるなどのあたかも身体症状を思わせる症状が出現することがある。このような場合，身体医学的諸検査で異常が出なければ，発症の背景としては，「心因」が想定される。「外因性」精神疾患とは，体内に取り込まれた薬物の影響により幻覚が生じるといったような，生物学的，物理的，化学的な環境因子の影響により，精神疾患が生じる場合を指す。従来は，この分類法に基づき，発症の原因に関しての議論がなされていた。

　ところが，近年，種々の精神疾患において発症にかかわる素因（内因）と環境因子（心因，外因）との関係が検討された結果，従来の単純な三分類では，十分な原因の説明にならないことが明確になってきた。たとえば，心因性疾患とされていた神経症にも素因が発症に関与していることが明らかになった。その一方で，うつ病や統合失調症の発症にも，心理的にストレスフルな出来事に代表される環境因子が関係することが報告されるようになってきた。すなわち，すべての精神疾患の発症に素因（内因）と環境因子（心因，外因）が多かれ少なかれ関与しているということが実証的に解明されつつある。

(3) 精神医学における男性・女性

　それでは，以上をふまえて，精神医学におけるジェンダーの問題を考える際の視点とは，どのようなものになるであろうか？　第一に，精神疾患における男女差の問題を挙げることができる。これは，ラットにおける雌雄差のように（第Ⅱ部第1章参照），純粋に生物学的な差であるといいがたいことは，前述した精神医学の疾患モデルからも明らかである。つまり，精神疾患における男女差には，生物学的に規定される差に加えて，環境因子としての心理社会的なファクター，つまりジェンダーの問題が影響している。第二に，従来，精神医学では，子どもの心の発達や心の問題の顕在化に及ぼす母親あるいは家族の役割

> **心理学，心療内科学とは，どう違う？**
>
> 　心理学は，現在の学問体系の中では人文科学系の学問であり，子どもの情緒の発達，認知の問題，煙草のポイ捨てなどの迷惑行為の発生機序，学習に関する動機づけ，仕事と家庭の葛藤など人間の心に関する領域を幅広く取り扱う。心理学の中でも，異常心理学や臨床心理学は精神医学の近接領域である。近年，学校現場で活躍しているスクールカウンセラーや病院などに勤務している臨床心理士であるが，大学院修士課程で臨床心理学を修め，かつ心理相談活動などの実地訓練を経験した後資格試験に合格した者に資格が授与される。
>
> 　一方，心療内科であるが，内科疾患の中には，潰瘍性大腸炎などのように，発症や症状の増悪にストレスが大きく関与するものがある。このようなストレス性疾患における心と体のかかわりを扱うのが，内科の一分野である心療内科である。従来，精神科が扱っていたうつ病や摂食障害なども，一部の病態に関しては，心療内科でも取り扱うようになってきており，心理学と同様，精神医学の近接領域であるといえる。

といったことが強調されてきた。この点に関してもジェンダーの視点から，問題提起することが可能である。

2. 心が破綻する時

(1) 精神疾患における男女差

　身体疾患の中には，罹患率に男女差が認められる疾患が多く存在することはすでに学んだ（第Ⅱ部第2章参照）。身体疾患のみならず，精神疾患でも同様のことが認められる（表3-1）。表にも示したように，多くの精神疾患において女性の有病率は男性よりも高い。また，男女差は，症状や疾病の経過などにもみることができる。このことをうつ病，統合失調症を例にとり，説明する。うつ病とは，気分の落ち込みや悲しみ，絶望感といった悲哀感情と，考えがまとまらないとか，気力がわかないといった思考および行動の抑制が主症状である。それらに加えて，疲労，頭痛，耳鳴り，めまい，食欲不振，不眠といった

表 3-1 精神障害の生涯有病率における性差 (Burt & Hendrick, 1997 から一部抜粋)

精神障害	生涯有病率 %	
	女性	男性
うつ病	21.3	12.7
気分変調性障害	8.0	4.8
双極性障害		
双極性Ⅰ型障害	0.9	0.7
双極性Ⅱ型障害	0.5	0.4
季節型気分障害	6.3	1.0
パニック障害	5.0	2.0
社会恐怖	15.5	11.1
全般性不安障害	6.6	3.6
統合失調症	1.7	1.2
アルコール依存症	8.2	20.1
神経性無食欲症	0.5	0.05
神経性大食症	1.1	0.1
反社会性人格障害	1.2	5.8

さまざまな身体症状が認められる。うつ病の女性は男性に比べて，うつ病の経過中に不安障害を合併することが多く，過眠や過食などの「非定型的」症状を呈しやすい（Burt & Hendrick, 1997）。また，うつ病には自殺の危険が常につきまとうが（コラム「精神医学的問題としての自殺」参照），一般的に，自殺既遂は男性に多く，自殺未遂は女性に圧倒的に多い（Murase et al., 2003）。一方，かつて精神分裂病と呼ばれていた統合失調症は，精神病の一種であるが，症状として，幻覚，妄想，解体した思考，会話，行動や感情の平板化，社会機能の低下，業務遂行能力の低下などが生じる。統合失調症においては，女性の方が発症年齢は高く，幻覚や妄想などの症状を呈することが少なく，男性に比べて経過は良好であるという特徴がある（Burt & Hendrick, 1997）。

　これらの精神疾患における症状や経過の男女差に関しては，生物学的観点および心理社会的な観点から種々の説明が試みられている。まず，生物学的な観点については，脳の形態学的な差異に関する報告（McGlone, 1980）や性ホルモンが精神活動に影響を及ぼしているという報告（Vogel et al., 1978）がある。女性ホルモンが，神経細胞間の情報伝達を担っている神経伝達物質に対して作用することで，女性における精神障害に影響を与える可能性があると考えられている。また，心理社会的な観点については，女性における伝統的な社会的地

> ### 精神医学的問題としての自殺
>
> 　日本における自殺者は1998年から連続して年間3万人を超え，大きな社会問題となっている。年間3万人という数字は，交通事故死よりも多い。日本の中高年の自殺率の高さは，世界の中でもトップクラスにランクされている。わが国においては，非常に重篤な自殺企図者，すなわち一歩間違えば死んでいたかもしれないような危険な方法で自殺を図った人の中には，未治療のうつ病患者の割合が高いとの報告がある。北欧も世界の中では自殺率が高いことで有名であるが，スウェーデンでは，自殺予防策の一環としてうつ病に関する啓蒙活動を行ったところ，自殺者が有意に減少した。うつ病は，自殺の重要なリスクファクターであり，我が国においても，うつ病に関する正しい知識の普及が望まれる。
>
> 　また，日本の児童青年においても，自殺は死因の第2位を占めており，精神保健上の重大な関心事である。諸外国では，児童青年の自殺に関連する数多くの研究があるが，我が国には，児童青年における自殺者や重篤な自殺企図者を扱った臨床的な研究は，非常に少ない。諸外国における研究では，うつ病などの精神疾患に罹患している児童青年では，自殺率が極めて高くなること，また，母親の抑うつや家庭の機能不全が，子どもの自殺や自殺企図と関連するという知見がすでに得られているが，これらの知見が我が国でも実際に当てはまるかどうかは未だ不明である。自殺には，社会的，文化的，民族的な背景が密接に関連すると考えられているため，今後，我が国独自の臨床的かつ実証的な研究が実施されることが望まれる。

位の低さ，低賃金，性的および家庭内暴力の被害者になりやすいことなどが，これらの男女差を生み出す要因として示唆されている。

　しかしながら，これらの知見は，それぞれが，各々の専門領域の中で研究された結果から得られたものであり，生物学，心理社会学の両方の視点を同時に持ちあわせた複合的な視点で男女差の問題に迫ろうというアプローチから得られた研究結果ではない。どのファクターがより強く，これらの男女差を規定しているかを比較検討するためには，今後，遺伝学，生理学，医学，心理学，社会学などさまざまな立場を統合して，精神疾患の男女差の問題に迫る複合的な

視点からのアプローチが行われることが望ましいと考えられる。

(2) 母親となる女性のメンタルヘルス

妊娠，出産は女性だけが経験する特別なライフイヴェントである。従来，子どもを自分の中に宿した女性は，赤ちゃんの誕生を喜び，幸福感に満ちているはずだと考えられてきた。しかしながら，近年の多くの研究から，妊娠，出産期が女性にとって必ずしも幸せな時期ではないことが判明している（第Ⅱ部第2章参照）。妊娠中あるいは出産後に抑うつを訴える妊婦の頻度は，10数％から20％にまで達している（O'Hara, 1995; 金子ほか, 2001）。さらに，妊娠中に抑うつを訴えた妊婦では，生まれてきた子どもとの間に，愛情の絆ともいうべき愛着（本章第2節(3)参照）を持ちにくいこともわかってきている（Honjo et al., in press）。加えて，産後うつ病は，乳児の情緒的な発達や認知行動的発達に問題を生じる可能性があるなど，生まれてきた子どものメンタルヘルスにまで影響を及ぼすという報告もある（O'Hara, 1987）。さらに女性にとって不幸なことに，周囲の目が，赤ちゃんの健康状態ばかりに行きやすいため，産後の母親のメンタルヘルスの問題は看過されやすい。女性は，妊娠や出産による満足や充実感が得られるはずだという世間のステレオタイプな期待が強いために，女性は自分の感情を素直に表現しにくいことも，これらの問題が明らかになりにくい原因であるとも考えられている。

(3) 発達心理学，精神医学における母子関係，父子関係

従来，発達心理学や精神医学，特に精神分析学においては，子どもの精神的な発達に母親が及ぼす影響ということが重要視され，盛んに研究されてきた。たとえば，発達心理学者であるエインズワース（Ainsworth, 1963）は，母子関係の中でも，特に子どもの示す愛着行動について優れた研究を行った。愛着行動とは，愛着対象を他の人物から区別し，その人物に常に視線を向けたり，泣いたり微笑んだりすることで愛着対象を自分に引きつけたり，後追いやしがみつきなどの行動を通して，愛着対象に近づこうとする乳幼児が示す行動を指す。ヒトがほ乳類として発達初期は母乳で育つために，母親が養育担当になることが多いことから，乳幼児における愛着に関する研究は，ほぼ例外なく母子が対

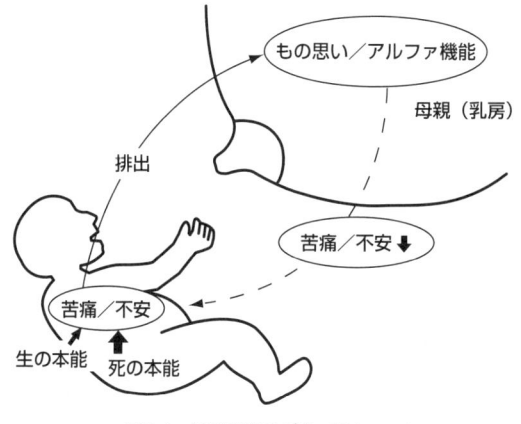

図3-1 母子交流モデル (松木, 1996)

象であった。さらに，幼少時に母親と安定した愛着を形成したことが後の対人関係の質を決定するといわれてきた。つまり，発達早期に母親との間に安定した関係を形成できた子どもは，心の中に安定した母親の良いイメージが形成されており，心の中が，そのイメージに象徴される安心感や信頼感に満ちていて，母親との間に築かれた良い対人関係を他人との間でも繰り返すというものである。また，精神分析学における一学派である対象関係論者たちは，ばらばらな断片のような赤ちゃんの心が，母親の存在を通して，まとまりのある成熟した心に形成されていく過程とそれが破綻した時に生じてくる精神疾患について，論を展開している（松木, 1996）。子どもにとって母親は，子どもの持つ良い感情も怒りなどの激しい感情もすべてを包みこみ，子どもに対して適切な形にして返す「受け皿」のような機能を持つ存在であるとされてきた（図3-1）。

さらに，発達初期の母親との一体関係から分離し，子ども自身が個体化，すなわち身体的に自立していく過程を詳細に検討したのがマーラー（Mahler *et al.*, 1975）の分離個体化論である（図3-2）。マーラーの理論は，自閉期，共生期，分離個体化期の三期を想定している。自閉期では，赤ちゃんにはまだ自他の区別は存在していない。共生期になると，自分の欲求を満たしてくれる母親の存在をぼんやりと認識し始める。この時期，母親と赤ちゃんは単一体を作っており，育児に没頭状態にある母親は赤ちゃんの補助自我として機能する。子

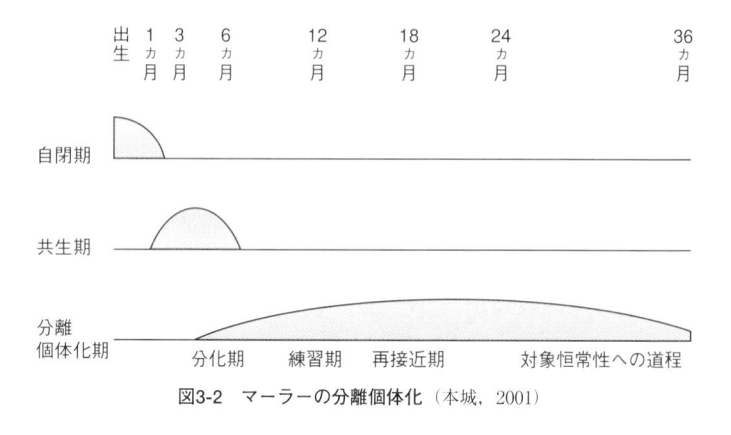

```
        出 1  3  6   12  18  24     36
        生 カ カ カ  カ  カ  カ     カ
          月 月 月  月  月  月     月
自閉期

共生期

分離
個体化期
          分化期  練習期  再接近期   対象恒常性への道程
```

図3-2 マーラーの分離個体化（本城, 2001）

どもが母親との適切な共生関係を経験することが, 個体化を促進する重要な基礎とされる。分離個体化期では, 子どもの心身の機能が発達し, 母親から離れたり, 不安になるとくっついたりしながら, 母親をエネルギー補給のためのコントロールタワーのように利用して, 個体化を促進させていく。このように, 分離と自立により母親を喪失する不安との間で混乱している子どもに対し, 母親が安定し, 一貫した態度で子どもの自立を支持することによって, 子どもはこの混乱を乗り越え, 母親イメージを統合し, 心の中に内在化させていく。

　このように, 子どもの精神発達における母子関係の重要性が一貫して指摘されてきた。その一方で, 子どもの精神発達における父子関係については, これまであまり重視されず, 言及されることも比較的少なかった。古典的な精神分析学において, 父親が登場するのは, 子どもが4, 5歳の年齢に達しエディプス期（男根期）に入ってからである（図3-3, 図3-4）。エディプス期とは, フロイトにより提唱された子どもの発達段階の一時期で, 通常4歳から6歳頃に相当する。この時期になると, 男の子は母親に強い愛情を感じ, 同性である父親に敵意を感じるようになる。このために, 母親と強く結びついている父親から処罰を受けるのではないかという不安, いわゆる去勢不安を現実と空想を交えながら強く感じるようになるとされている。一方, 女の子の場合は男根がないことから男根羨望が生じ, 男根を持っていない母親に対する憎悪から母親からの分離が強められると同時に, 父親や他の男性へ羨望が向くとされている。

年齢	一般的な発達区分	S.フロイトのリビドー発達段階
1歳	乳幼児	口唇期
2	幼児期	肛門期
3		
4		男根期
5		
6		
7	児童期	潜伏期
8		
9		
10		
11		
12	青年期	性器期
13		
14		
15		
16		

図3-3 正常発達段階 (牧原, 1985を一部改変)

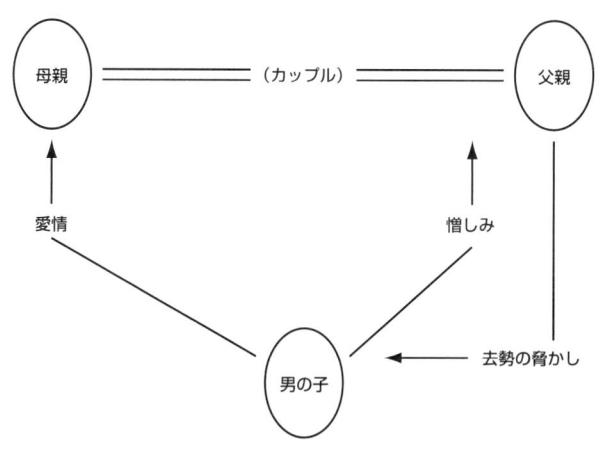

図3-4 フロイトのエディプス状況 (松木, 1996)

しかしながらフロイト自身もこの議論は不完全であるとして，女性分析家によるその後の理論的発展に期待し，それを課題として残した。また，小児科医であり精神分析医でもあるウィニコット (Winnicott, 1964) は，父親の役割について，母親の背後にあって母親を情緒的に支えるという点で重要であると述べ

ている。さらにエイブリン（Abelin, 1975）は，分離個体化過程において，父親は，外的現実世界の探求に向かう子どもの導き手になるとともに，母親からの分離個体化を促進する役割を果たすと述べている。つまり，精神発達初期の密着した母子一体の絆を断ち切り，子どもの自立を促すのが父親の役割であるという主張である。

　これらは，いずれも子どもの精神発達に関する非常に重要な理論であるが，これらの理論が展開された時代は，母親役割および父親役割が性別により固定化されていた時代でもあったことに留意しておかねばならない。社会が変動し，価値観が多様化している現在，家事や育児にとどまらず，社会の中で新たな自己実現の可能性を模索する女性が増えているのも事実である。

　このような現状をふまえ，我が国における実証的な発達心理学的研究において，父親と母親の育児に対する考えや感情，しつけの比較，養育に参加する度合いなどが近年，盛んに検討されるようになってきた（柏木・高橋, 1995）。これらの研究から，以下のことがわかってきている。第一に，子どもや育児に対する肯定的な感情は父母ともに強く，両者の間で差はないが，否定的感情は母親で有意に強く，しかも夫の育児参加度の低い母親では否定的感情が最も高い。第二に「子どもは自分の分身」との思いは母親より父親に強く，育児参加度の低い父親で最も強い。第三に，子どもの気持ちに訴えかける以心伝心のしつけは日本の母親の特徴と考えられてきたが，父親も育児に参加するようになると同様の特徴を帯びる。これらの一連の研究から，現代の日本女性にとって，子育ては，喜ばしいものであると同時に自己実現との狭間での葛藤をはらんだものであること，その解決のために父親の役割が重要であり，さらに「母親ならでは」とされてきた子育て行動が性別によらず育ってくる可能性があること，などが明らかになってきている。

　これらは，今後の子育てにおける男性のあり方にも示唆を与えるものとなるであろう。精神分析学的な考え方からもわかるように，子どもの初期の精神発達における母親役割の重要性は疑うべくもないが，今まで述べてきたように，母親という言葉を「母性」あるいは，「母親的なもの」と言い換えることは可能ではないだろうか。子どもの健全な情緒発達における「母親的なもの（母性）」と「父親的なもの（父性）」の重要性を十分理解した上で，男女が共同して，

子どもの心の健全な発達に対して責任を担っていくという意識が，今後，ますます重要になってくるであろうと考えられる。

(4) 思春期における精神疾患と家族

ここでは，心の健康とは対極に位置する精神疾患について知ることで，「母性」「父性」，家族のあり方を考えていくこととする。これらは，思春期の精神医学的な問題の中にも色濃く反映されている。思春期は，第二の分離個体化期とも呼ばれ（本章第2節(3)参照），親からの心理的な自立が試みられる時期であるが，完全に家族から自立しているわけではないために，この時期にみられる精神疾患の中には，家族の状況が大いに反映されてくる。牛島（1998）は，この点に関して，以下のような指摘を行っている。

歴史的にみて，思春期の問題として最初に挙げられるのは「赤面恐怖」や「対人恐怖」である。これは人前で過度に緊張して顔が赤くなってしまう自分を恥じるといった病態であるが，父親の権威に対する緊張から生じており，家父長的家族を反映した病態であった。このような病態が戦前の青少年たちに多く認められた。1960年代になって，些細な傷つきをきっかけにして，腹痛や頭痛などの身体症状のために登校できなくなる子どもたちが現れ始めた。このような登校拒否児の家族に代表されるように，以前と比べて母親の力が強くなり，父親の権威はだんだんと弱くなっていった。1970年代になると，母親に対して暴力をふるう子どもが増えだした。いわゆる「家庭内暴力」である。家庭の中で強大な存在と化した，過干渉な母親に抵抗するために，子どもは暴力で対抗せざるを得なかったが，父親は子どもの暴力を阻止できないほどに弱体化してしまった。さらに1980年代に入ると，問題は家庭内にとどまらず，教師に暴力をふるう中学生が出てきた。これらの動きと平行して，拒食症，次いで過食症（コラム「女性に多くみられる摂食障害と文化社会的影響」参照），さらには衝動的に手首を切ったり，大量に服薬したり等，非常に不安定な人格構造を持つ女児が急増した。そして，90年代以降は，児童虐待や解離性障害などのトラウマ，すなわち心的外傷に起因する精神疾患が子どもたちの間で増えている。児童虐待からもわかるように母性の欠損はもちろんのこと，父性の欠損も顕著である。性的虐待をする父親には，母子の一体化を分断し子どもの

> ### 女性に多くみられる摂食障害と文化社会的影響
>
> 　近年，若い女性の間で急増している摂食障害には，拒食症と過食症というサブカテゴリーがある。拒食症とは，肥満に対する病的な恐怖のため，極端なダイエットを行い，低体重や無月経を来す病態である。一方，過食症の中核症状は，過食であるが，体重が増えないように，嘔吐したり，下剤を乱用したりする。
>
> 　一見相反するこれらの食行動であるが，痩せているのに自分は太っていると考えてしまう傾向，つまりボディーイメージの障害という共通の根から問題は派生している。摂食障害は，発展途上国では極めてまれな病態であるが，文化が西欧化するのに伴い，罹患率が増加する傾向にある。痩せていることが美しい，という現代の風潮やダイエットに関する社会文化的な圧力を反映しているとも考えられており，舞踏家，ファッションモデル，ある種の運動選手における罹患率は一般女性より高いとの報告もある。また，拒食症では，二卵性双生児の一致率より一卵性双生児の一致率の方が高いことから，遺伝の関与も示唆されている。また，家族関係が葛藤に満ちていることなど家族の問題を示唆する研究もあるが，原因というより結果である可能性も考えられている。

自立を促すという強い働きは，もはやなく，自分の欲望のままに子どもを性的な存在と混同してしまう未熟さのみが認められる。

　牛島（1998）の指摘のように，このような社会変動を背景に，個人のあり方，家族の構造は大きく変化しており，子どもたちは，このような社会変動の直接的な影響を受けると同時に，家族を介して間接的に人格発達においてさまざまな影響を受けている。子どもの心の健全な発達を考える場合，父母をはじめとして，家族がどうあるべきか，子どもに対してどうかかわるべきかという課題は，常に最も重要な課題である。従来の個人，家族，子どもに関する価値観が大きく揺らぎ始めている今日の日本社会においては，この問題への真摯な取り組みは，男性にとっても，女性にとっても，人生における非常に大きなチャレンジとなるであろう。

詳しく知りたい人のための参考図書

Wisemann, T. M. & Pardue, M. L.(eds.) *Exploring the biological contributions to human health: does sex matter?*, National Academy Press, 2001. (貴邑冨久子監修『性差医学入門』じほう, 2003年。)

柏木恵子『家族心理学』東京大学出版会, 2003年。

C・カトナ & R・メアリー著, 島悟・荒井稔・荒井りさ訳『図説精神医学入門』日本評論社, 2001年。

V・K・バート & V・ヘンドリック著, 島悟・長谷川恵美子訳『女性のためのメンタルヘルス』日本評論社, 1999年。

KEYWORDS

児童虐待 子どもの人権を無視するようなやり方で, 子どもを扱うことを指す。今日大きな社会悪として認識され, 研究・予防・治療活動が全世界的に行われている。身体的虐待, 放置, 言語的虐待, 性的虐待にカテゴリー分類されている。

解離性障害 強い情動体験などにより, 意識や人格の統合的な機能が障害された状態のことを指す。心因性健忘, 多重人格などが含まれる。

心的外傷（トラウマ） 心の傷となり, 後に種々の精神症状を生ぜしめるようなストレスフルな出来事のこと。

【引用文献】

Abelin, E. L. 1975 Some further observations and comments on the earliest role of the father. *International Journal of Psychoanalysis.* **56**. 293-302.

Ainsworth, M. D. 1963 The development of infant-mother interaction among the Uganda. In B. M. Foss(ed.) *Determinants of infant behaviour, II.* Weiley.

Burt, V. K. & Hendrick, V. C. 1997 *Women's mental health.* American Psychiatric Press.（島悟・長谷川恵美子訳 1999 女性のためのメンタルヘルス 日本評論社）

本城秀次 2001 小児の成長・発達 若林慎一郎・本城秀次(編) 精神保健 ミネルヴァ書房 38-52.

Honjo, S., Arai, S., Kaneko, H. & Murase, S. Antenatal depression and maternal fetal attachment. *Psychopathology.* (in press)

柏木恵子・高橋恵子(編) 1995 発達心理学とフェミニズム ミネルヴァ書房

金子一史・瀬地山葉矢・佐々木靖子・本城秀次・氏家達夫・村瀬聡美・荒井紫織・畠垣智恵・稲垣恵里・三輪紀久子・笛吹素子・石原美智恵・猪子香代・板倉敦夫 2001 妊娠期の母親のメン

タルヘルスが母子関係に与える影響について　安田生命社会事業団研究助成論文集 **37**. 36-46.

Mahler, M. S., Pine, F. & Bergman, A.　1975　*The psychological birth of the human infant*. Basic Books.（高橋雅士・織田正義・浜畑紀訳　1981　乳幼児の心理的誕生　黎明書房）

McGlone, J.　1980　Sex differences in human brain asymmetry: a critical survey. *Behavioral and Brain Sciences*. **3**. 215-263.

牧原寛之　1985　年代による精神医学(1)小児期　三好功峰・藤縄昭(編)　精神医学　医学書院

松木邦裕　1996　対象関係論を学ぶ　岩崎学術出版社

Murase, S., Ochiai, S., Ueyama, M., Honjo, S. & Ohta, T.　2003　Life-threatening serious suicidal attempters : clinical study from a general hospital in Japan. *Journal of Psychosomatic Research*. **55** (4). 379-383.

O'Hara, M. W.　1987　*Postpartum depression: causes and consequences*. Springer-Verlag.

O'Hara, M. W.　1995　Post-partum "blues," depression, and psychosis: a review. *Journal of Psychosomatic Obstetrics and Gynecology*. **7**. 205-227.

牛島定信　1998　心の健康を求めて　慶応義塾大学出版会

Vogel, W., Klaiber, E. L. & Broverman, D. M.　1978　The role of gonadal steroid hormones in psychiatric depression in men and women. *Progress in Neuro-Psychopharmacology*. **2**. 487-503.

Winnicott, D. W.　1964　*The child, the family, and the outside world*. Penguin Books.（猪股丈二訳　1985　赤ちゃんはなぜなくの　星和書店）

（村瀬聡美）

4

心理学とジェンダー

1. 心理学（Psychology）とは

　心理学は一言でいえば，「心を対象とした学問」といえるが，「心」といってもその包含する範囲は非常に多様であり，同様に心理学も多様に展開している。ちなみに2003年の日本心理学会第67回大会をみてみると，原理・方法，人格，社会・文化，臨床・障害，犯罪・非行，数理・統計，生理，感覚・知覚，認知，学習，記憶，言語・思考，情動・動機づけ，行動，発達，教育，産業・交通，スポーツ・健康，ジェンダー・フェミニズムの19の分科会があり，総数約1300件の研究発表がなされている。この2003年は，1904年に東京大学をはじめとする日本の大学に哲学科心理学専修がおかれ，心理学が独立したディシプリンとして認知されてちょうど100年目の年に当たる（日本心理学会, 2003）。日本でもまだ1世紀であるが，世界的にみても心理学の歴史はそれほど長くはない。菅（2001）はエビングハウス（H. Ebbinghaus）の言葉「心理学は長い過去と短い歴史を持つ」を引き，人類にとって心の問題は太古からの関心事であったが，科学的な方法によって心の問題が研究され始めるのは19世紀後半であり，その歴史は決して長いとはいえないと述べている。

　現代心理学の創始としては，フェヒナー（G. T. Fechner）の『精神物理学原論』（1860年），ヴント（W. Wundt）の心理学の最初の論文である「感官知覚の理論的寄与」（1862年）が挙げられる。ヴントは実験心理学の祖とも呼ばれ，

ライプチヒ大学において世界で最初の心理学実験室を創設した。ヴントによれば，心理学は直接経験の学である。意識内容を要素に還元し，要素の結合の法則を明らかにしようとしたことから，要素主義と呼ばれる。

その後，心理現象は要素ではなく，形態の全体性（ゲシュタルト）にこそ，その本質があるとしたウェルトハイマー（M. Wertheimer）らのゲシュタルト心理学が展開し，知覚研究に大きな功績を残した。一方，意識のように本人にしかわからないものを対象とするのではなく，意識の結果としての，目に見える「行動」を研究の対象にすべきだという，ワトソン（J. B. Watson）が登場し，行動主義心理学を展開した。行動主義心理学は徹底して研究対象から意識を排除したため，「意識なき心理学」と呼ばれる。また，フロイト（S. Freud）は20世紀の初頭に精神分析論を展開し，意識に対して無意識の概念を提出することにより，心理学に大きな影響を及ぼした。

その後心理学は意識，行動を視野に入れ，非常に多岐に渡る領域に広がっている。基本的な方法論としては，自然科学の影響を受け，より実証的に主体としての人の意識や行動を捉えようとするもので，観察法，質問紙法，面接法，実験法などがある。

2．心理学におけるジェンダー

このように新しい学問として，心を対象に扱ってきた心理学においても，ジェンダーの視点が導入され始めたのは，他の科学と同様につい最近のことである。それまで多くの理論は男性研究者によって構築され（川瀬, 1997），その根拠となる研究の対象者も白人中産階級の男性が中心であった。その過程の中で，女性は男性の例外，または未成熟段階として扱われてきた（宗方, 1996）。

しかし，男女差は心理学の重要な変数として位置づけられ，さまざまな心理学的測定値の中に統計的に有意な男女差を見出し報告してきた。なまじ心を扱っているので，これらの男女差は固定された生物学的差異であると勘違いされかねない危険性を持っていたが，ジェンダーの視点が導入される以前には，研究者自身もその言説が世に与える影響にほとんど問題意識を持っていなかった。また，客観的に測定されたかにみえる測定値にすでに測定段階で，男性に

有利な課題や特有の問題になっていたという方法上の問題も無視できない。その意味で，現在ではこれらの男女差の多くが社会的所産であると指摘できるにもかかわらず，そういった配慮なく発表されてきたことで性差別を助長してきたということもあり得た。

しかし，こういった反省から，現在ではジェンダーの視点を取り入れた研究が増加しつつあり，まだ十分でないものの新たな心理学のパラダイムの創造が模索されつつある段階である。

では，現時点において心理学ではジェンダーをどのように捉えているのかをみてみよう。森永（2003）によれば，「ジェンダー」は社会的・文化的な性別で，女らしさや男らしさ，女性の役割や男性の役割，すなわち，女性らしい，男性らしいと社会からみなされるような性格，行動，態度，ものの考え方などをもとに女性，男性を区別するものである。これに対して「セックス」は生物学的な性別で，身体構造に関連するところで人を男女に区別するものである。

本章では，心理学において，ジェンダーがどのように扱われてきたか，現在はどのように検討されつつあるか，そして，それらはどのような知見を生み出したかをみていこう。現在までに生み出されてきた知見をすべて紹介することは紙面の都合上不可能なので，そのうちのいくつかを取り上げる。

3．心理学におけるジェンダーの視点

(1) 性役割は生物学的性差に基づく普遍的なものか？

性役割は心理学の主要なテーマの一つである。社会や集団において，ある位置や地位を占めるものに期待される行動様式を「役割」，あるいは「社会的役割」という。役割の中でも男女の性にそって社会が期待する行動様式を「性役割」という（上瀬，1997）。たとえば，「男は仕事，女は家庭」「男は論理的，女は感情的」「男は主，女は従」など，男女にかかわるこれらの表現は，長く男女に行動の規範を提示してきた伝統的な性役割観である。現在では，性役割は社会・文化に規定され，社会・文化の変化に伴い，変化するものと考えられており，事実これらの伝統的性役割観も変わりつつあるが，しかし，歴史的にみると，性役割は生物学的性差に基づき，固定的で，しかも人類普遍のものとい

う考え方から出発した。

　鈴木（1997）は性役割研究の進展を以下の三期に分けている。まず，第一期は性差研究期である。性差は19世紀の末頃から心理学の主要な変数として登場し，当然あるべき（と当時は考えられていた）男女差を明確にすることに重点がおかれた。しかし，ミード（Mead, 1935）の文化人類学研究により，心理学的性差は人類普遍ではなく，社会や文化によって異なるものであることが明らかにされると，心理学者の関心は性差そのものから，性差を作り出す原因や，性差は生物学的差なのか，文化的差なのかなどに向けられた。

　第二期はジェンダー研究期である。1960年代から1970年代にかけて，ジェンダーの概念が導入され，性役割獲得のプロセスに関心が向けられると同時に，性差は本当にあるのかという視点から，従来の性差研究の再検討が行われた。再検討の結果明らかになったことは，方法上の問題，統計上の不備，性差や性役割についての研究者の意識的，無意識的な偏見およびステレオタイプの存在であった。

　この時期には，その後の性役割研究を方向付けた三つの研究が発表されている。まず，マネーとアーハード（Money & Ehrhardt, 1972）は両性具有者（身体的）を対象とした性アイデンティティの発達を検討した結果，生殖器官上の性と自分自身の認識する性が一致していない子どもは自分の認識する性にふさわしい態度や行動を獲得していることを明らかにした。この研究の意義は性役割獲得には生物学的性よりも自己認識こそがその方向性を決定づけること，また，同時に社会化のプロセスが重要であることを示した点にある。

　もう一つはマコービーとジャクリン（Maccoby & Jacklin, 1974）の研究で，それまでに行われた膨大な性差研究を再検討したものである。検討の結果，男女間にはごく一部の特性（視覚－空間把握能力，数学的能力，攻撃性は男性優位，言語能力は女性優位）以外には差異が見出されなかった。また，男女差が見出された特性もあくまでも平均値に差があったのであり，男女の得点分布はかなり重なっていることを示した。また，視覚－空間把握能力は訓練によって獲得される能力であることから，はっきり性差と断定することは難しい。この研究により，性差は一般に考えられているよりもかなり少なく，むしろ共通点の方が多く認められることが明らかになった。

三つ目の研究はベム（Bem, 1974）の研究である。ベムは従来，同一次元上の双極として捉えられてきた男性性と女性性を，それぞれ独立した次元と捉え，男性性，女性性とも高い心理的両性具有（androgyny）であることが可能であり，さらに心理的両性具有者が最も社会的に適応的であることを示すことで，その後の性役割研究に大きな影響を及ぼした。しかし，二元化することで逆に男性性，女性性を明確化してしまっていることや心理的両性具有の測定方法などに対する批判も提出された。

　第三期は文化期である。1980年代以降，女性には女性独自の「文化」があり，その文化的文脈を無視しては，女性の心理を明らかにすることはできないとして，女性を対象とする研究が展開した。その端緒となるのが，ギリガン（Gilligan, 1982）の研究である。ギリガンは多くの発達理論は男性だけを対象としていたために，女性の発達を正しく説明できないとして，女性を対象とした綿密なインタビューを「もうひとつの声（In a different voice）」として考察した。また，この第三期では男性役割研究や性役割に関する学際的研究や比較文化的研究が増加している。

　性役割認知がどのように変化しているかについて，湯川（2002）の研究をみてみよう。湯川は大学生を対象に，1970年代と1990年代とでどのように性役割特性語の認知が変化しているかを調べた。具体的には，従来の性役割研究から取り出された50個の特性語（表4-1）を，「男性に当てはまる」「女性に当てはまる」「男女両方に当てはまる」「男女両方に当てはまらない」の四つに分類させた。この結果は表4-2に示した通りである。一見して明らかなのは，全体として性別に当てはまるとした特性語は男子大学生で24から12に，女子大学生で19から17に減っていることである。また，男女とも1970年代よりも1990年代の方が男女それぞれに分類している特性語は減少しており，男女両方に当てはまるとした特性語は1970年代よりも1990年代の方が増えている。これらの変化から，かつて明確に認識されてきた男女の性格特性が男女に共通の特性として認知されるように変化していると述べている。一方，男性の「つよい」「経済力のある」「指導力のある」および女性の「かわいい」「美しい」「気持ちのこまやかな」は，1970年代，1990年代とも，男女ともに分類しており，20年で変化しなかった特性語である。しかし，これらの結果も，さらに

表 4-1　性役割特性語リスト (湯川, 2002)

1 活発な	26 行儀のよい
2 自信のある	27 指導力のある
3 つよい	28 複雑な
4 かわいい	29 こまかい
5 冷たい	30 仕事に専心的な
6 謙遜な	31 くどい
7 頭のよい	32 感情的な
8 よわい	33 敏感な
9 線の太い	34 無頓着な
10 積極的な	35 明るい
11 理性的な	36 おしゃれな
12 従順な	37 質素な
13 依存的な	38 愛情豊かな
14 外向的な	39 家庭的な
15 政治に関心のある	40 でしゃばりな
16 美しい	41 静かな
17 きちんとした	42 つき合いのよい
18 忍耐強い	43 理想をもった
19 激しい	44 のんびりした
20 視野の広い	45 勝手な
21 気持ちのこまやかな	46 現実的な
22 大胆な	47 独創的な
23 経済力のある	48 神経の細かい
24 学歴のある	49 話上手の
25 意志強固な	50 粗略な

別の研究を組み合わせて詳細に分析すると，男女間の共通性が増す傾向がうかがわれており，これらの性役割認知もいずれ変化するものと考察している。

(2) 男性は女性より説得力があるか？　女性は男性より説得されやすいか？

　他者に働きかけ，その人の意見や態度や行動を一定の方向に変化させようと意図されたコミュニケーションを説得というが，説得コミュニケーションにおける男女差はあるのであろうか。説得の効果は，送り手の要因，メッセージの内容，受け手の要因の三つの視点から検討されている。

　まず，送り手の要因としては，送り手の持っている専門性や真実を語っていると信頼できる程度などの信憑性と，送り手の身体的（外見的）魅力度の程度が挙げられる。マクガイヤー（Macguire, 1985）のレビューによると，送り手

表 4-2 年代別性役割特性語の分類 (湯川, 2002)

	【調査Ⅰ　1970年代】		【調査Ⅱ　1990年】	
	男子 Ss (N=306)	女子 Ss (N=256)	男子 Ss (N=228)	女子 Ss (N=255)
M	2 自信のある 3 つよい 9 線の太い 15 政治に関心のある 20 視野の広い 23 経済力のある 25 意志強固な 27 指導力のある 30 仕事に専心的な 42 つき合いのよい 47 独創的な　(11)	3 つよい 15 政治に関心のある 20 視野の広い 23 経済力のある 25 意志強固な 27 指導力のある 30 仕事に専心的な (7)	3 つよい 23 経済力のある 27 指導力のある 34 無頓着な 50 粗略な (5)	3 つよい 9 線の太い 23 経済力のある 27 指導力のある (4)
F	4 かわいい 8 よわい 12 従順な 13 依存的な 16 美しい 21 気持ちのこまやかな 29 こまかい 32 感情的な 36 おしゃれな 39 家庭的な 40 でしゃばりな　(11)	4 かわいい 8 よわい 12 従順な 13 依存的な 16 美しい 21 気持ちのこまやかな 26 行儀のよい 29 こまかい 32 感情的な 40 でしゃばりな (10)	4 かわいい 16 美しい 21 気持ちのこまやかな 39 家庭的な (4)	4 かわいい 12 従順な 13 依存的な 16 美しい 21 気持ちのこまやかな 32 感情的な 40 でしゃばりな (7)
MF	7 頭のよい 35 明るい (2)	7 頭のよい 10 積極的な (2)	7 頭のよい 10 積極的な 35 明るい (3)	7 頭のよい 10 積極的な 14 外向的な 35 明るい 36 おしゃれな 45 勝手な　(6)
	(24)	(19)	(12)	(17)

(注)(特性語についている数字は項目番号)

が男性の場合，女性の場合よりも受け手の注意を集め，男性の方が女性よりもやや説得力が高いという結果が得られた。しかし，そのような差異が見出された原因として，①研究の対象となった男女ともに，男性の方がより論理的で客観的で指導力があるというステレオタイプを持っており，そのことが結果を規定したというジェンダーの影響と，②説得の実験の際に用いるトピックスが男

性向きのトピックスを扱っていたという方法上の問題の二点が指摘されている。

受け手の要因としては，受け手の男女差のほかに，年齢，知能，自尊感情，不安傾向，メッセージの内容についての自我関与度などが検討されてきた。イーグリーとカーリ（Eagly & Carli, 1981）のメタ分析では女性の方が男性よりも被説得性が高いという結果が得られたが，さらに詳細に分析したところ，男性研究者による研究では男女差がみられ，女性研究者の研究では男女差がみられなかったことが見出され，この結果についても方法上の問題が指摘されている。ほかに，送り手要因と同様に，多くの研究が男性向きのトピックスを説得の材料として扱ってきたために，女性には知識もなく，自我関与度も低くなり，被説得性が高まったという指摘もある。

一方，中村（1996）は，伝統的性役割観が女性に被説得性を身につけることを要求していることを示唆する研究もあると指摘している。アベルソンとレッサー（Abelson & Lesser, 1959）の研究では小学生1年生の男女では被説得性に性の差異はみられず，このことから被説得性は女性の性役割として取り入れられていくのではないかと述べている。

(3) 男性リーダーは女性リーダーより頼りになるか？

リーダーシップは集団の生産性を高め，集団を維持する機能として重要である。ではリーダーシップに男女差はあるのであろうか。現在，職場で働く女性の割合が約40％を占めるにもかかわらず，管理職に占める割合は係長クラスで8.1％，課長クラスで4.0％，部長クラスでは2.2％にとどまっており，職場における女性のリーダーはまだまだ少ない（平成13年度版女性労働白書，2001）。

まず，女性リーダーに対する評価についてみてみると，男女大学生に架空の男女のリーダーを評定させた若林・宗方（1987）の調査によれば，男子大学生，女子大学生とも，代表性，調停力，不確実耐性，説得力，構造作り，自由許容度，役割遂行，生産強調，予測の正確性，統率力，出世志向の11のリーダー行動において，男性リーダーの方を高く評価し，ただ一つ伝統的に女性的と考えられてきた「配慮」についてのみ，女性リーダーの方を高く評価する傾向が

あった。また，男子大学生は女子大学生よりも，女性リーダーを低く評価する傾向があった。別の研究では伝統的性役割に肯定的なほど，女性リーダーについた場合，モラールが低くなる傾向が見出されている。女性リーダーは性のステレオタイプによってそのリーダー行動が評価され，さらに伝統的性役割観の影響から部下のモラールの低下まで引き起こされているといえる。

　では，実際に女性のリーダーシップと男性のリーダーシップは異なるのであろうか。リーダーの特性の一つに支配性があるが，メガーギー（Megargee, 1969）は支配性の高い人と低い人がペアになって作業する際に，話しあってリーダーを決めるという場面を設定した。その際，支配性の高低と男女を組み合わせたところ，支配性の高い男性と支配性の低い女性のペア，支配性の高い男性と支配性の低い男性のペア，支配性の高い女性と支配性の低い女性のペアは，いずれも支配性の高い人がリーダーとなったが，支配性の高い女性と支配性の低い男性のペアでは，支配性の低い男性がリーダーとなり，支配性よりも性役割優位となった。しかし，リーダー決定のプロセスをみると，支配性の高い女性が支配性の低い男性にリーダーになるように勧めており，実際の作業も支配性の高い女性が支配的に進めていることがわかった。これらから，実際的には男女ともに支配性がリーダーシップを支えていることがわかる。

　また，坂田・黒川（1993）は地方自治体の管理職についてリーダーシップ行動の男女差を比較したところ，男性管理職と女性管理職のリーダーシップ行動には大きな違いはみられないことを見出しており，イーグリーとジョンソン（Eagly & Johnson, 1990）も性ステレオタイプ的な課題の性質がリーダーの性別と合致していれば，女性リーダーも男性リーダーも課題志向的に行動することを示している。これらから，坂田（1996）はリーダーとしての行動には性別の影響は小さいと述べている。

　これらの結果は先の男女大学生の男性リーダー，女性リーダーの評価がかなり事実と異なっていることを示している。リーダーシップは実質的にはリーダーの資質による（たとえば，支配性）にもかかわらず，性ステレオタイプで評価がされやすいこと，さらに，その評価のために部下のモラールが下がることを明らかにしたことは心理学におけるジェンダー研究の重要な知見である。ちなみに若林らの研究は80年代の調査なので，現在ではこういった性ステレオ

タイプによる評定が大きく変化していることを期待したい。

4. 心理学におけるジェンダー研究の今後の課題

現在,心理学ではジェンダー心理学とフェミニスト心理学を統合していこうという方向性が提案されている（青野, 2003）。青野はフェミニスト心理学をフェミニズムの視点に立つ心理学と定義し,フェミニズムとは性差が社会的に作られるという認識に立ち,女性差別や女性に対する抑圧を解消するために,社会の制度,規則,文化,学問などの社会システムを問い直す思想・運動とした。一方,従来の心理学におけるジェンダー研究は個人の心理に焦点を当てて現状の男女差の記述・分析を行い,価値中立的であって研究のための研究にすぎないとして批判する。が,そのジェンダー研究であっても,性差が社会的に作られたものであることを明らかにし,ジェンダーの個人への影響を研究していることから,その背景にはジェンダーは解消すべきという暗黙の価値観があることは否定できず,すなわち,どのような研究も価値から自由ではないとして,フェミニスト心理学との共通性を強調した。

柏木・高橋（2003）は,心理学の今後の課題として,日常生活での男女平等や人権尊重についての信念や実践の根拠となる正確な知識,そして,それを実現できるようなプログラムを提供していくことを挙げており,そのための考慮すべき重要な問題として①ジェンダーとセックスの区別は真にあり得るのか,②埋め込まれているジェンダー・バイアスへの注意,③研究方法への配慮の三点を挙げている。

まず,ジェンダーとセックスの区別について,生物学的差異を人間の行動の基礎として扱うかどうかは社会的・文化的枠組みの問題で,今後明らかにされるかもしれない生物学的差異をいかに読み解くかが重要である。生物学的差異がたとえあったとしてもそれが差別につながる根拠にはならないし,どのような社会を作るかは生物学的差異に規定されるのではなく,人間の知恵の問題であると述べている。また,研究に際しては,さまざまな社会的装置や理論的装置（特に精神分析や愛着理論など伝統的な理論）にすでに埋め込まれているジェンダー・バイアスに敏感である必要性を論じ,そうでなければ,心理学はそ

の再生産に手を貸してしまうことになると指摘する。同様に，研究方法としても，生活状況と遊離しないテーマの選定，偏らない研究対象，研究対象の社会的背景に関する記述，質的，量的に偏らない，多様な方法論の採用などの配慮を求めている。

現在，男女共同参画社会の実現を我が国の21世紀の最重要課題と位置づけた，男女共同参画社会基本法が平成11年に施行され，さまざまな施策が展開している。男女共同参画社会のキーワードは多様性（ダイバシティ）と透明性である。男女共同参画社会は男女という二分法に捉われることなく，性別のみならず人種，民族，国，宗教などといった枠組みを越えた，価値観やライフスタイルの多様な個人のあり方が尊重される社会である。このため，ダイバシティ・マネジメントは今後社会の中核的なポリシーとなろう。しかし，ここで明確にしておきたいが，「多様性の尊重」の陰で「差別」が再生産されることは避けなければならない。多様性が社会の中で活かされ，意味あるものとなるためには，社会のあらゆる参画の手続きは誰がみても明らかであるように，透明性が保たれていることが必要不可欠である。

この多様性を保持することは，さまざまな点で事柄が複雑になる可能性がある。しかし，金井（2000）はこの複雑性こそ新しい社会の進展の鍵となるのではないかと述べている。金井はセクシュアル・ハラスメントについて論じる中で，セクシュアル・ハラスメントの要因の一つとして，性ステレオタイプの存在を指摘し，セクシュアル・ハラスメントをなくすためには，男だから，女だからという画一化されたステレオタイプで相手を判断せず，性別をも含んだ個別性に注目することが有効であるとした。男女のステレオタイプに依拠しないことで判断時における複雑性が高まるために，認知的作業は非効率となるが，この複雑性の認識こそが柏木ほか（2003）のいう，人間の知恵につながると考えられよう。

この意味から，複雑で多様なものを単一に切り捨てず，複雑で多様なものとして保持し，活かす社会的装置，理論的装置の開発が，今後心理学に限らず，あらゆる学問に期待されているのではないかと考えられる。

詳しく知りたい人のための参考図書

柏木恵子・高橋恵子（編）『心理学とジェンダー』 有斐閣，2003年。

宗方比佐子・佐野幸子・金井篤子（編）『女性が学ぶ社会心理学』 福村出版，1996年。

森永康子・神戸女学院大学ジェンダー研究会（編）『はじめてのジェンダー・スタディーズ』 北大路書房，2003年。

堀野緑・川瀬良美・森和代・上瀬由美子『よくわかる心理学28講〜女性の視点から〜』 福村出版，1997年。

鈴木淳子『性役割〈比較文化の視点から〉 レクチャー「社会心理学」Ⅲ』 垣内出版，1997年。

KEYWORDS

ステレオタイプ 紋切り型。認知のスタイルが単純で，固定的で，偏見を含んでいること。性別ステレオタイプ，国別ステレオタイプ，人種別ステレオタイプなどがあり，差別や争いを助長することがある。ほかにも，A型はまじめだなどの血液型ステレオタイプ，眉の太い人は意志が強いなどのボディ・ステレオタイプなどが知られている。ステレオタイプは認知・思考エネルギーの節約のために使われると考えられる。複雑な判断にはエネルギーを要するからである。しかし，そのステレオタイプ化がたまたま正解なら良いが，正解でない場合は判断者，被判断者双方に不利益が生じるおそれがあり，差別につながる可能性もあるので注意が必要である。

社会化 個人が他者とのかかわりを通じて，社会的に適切な行動および経験のパターンを発達させる過程を指す。個人は社会化により，所属する社会や集団に適合した考え方や集団規範を学習して内面化し，社会や集団に適した行動をとることができるようになり，一方，社会や集団は個人の社会化を通して，文化の維持・発展をはかることができる。社会化のプロセスは乳幼児期から始まっているが，特に言語の獲得と言語的コミュニケーションが社会化に大きく影響を及ぼす。また，企業に就職した新入者が，組織のさまざまなルールや考え方を習得し，適応していく過程を組織社会化という。

メタ分析 「分析の分析」を意味し，統計的分析のなされた複数の研究を統合したり比較したりする分析方法である。この方法では，多くの研究を統合することで，一つの研究では結論づけられない概念間の関係を明確化することや，研究を相互に比較することで，一つの研究では見出されなかった新たな視点を得ることなどが期待できる。

セクシュアル・ハラスメント 性的ないやがらせ。当該者が望まない性的接近や性的行為の要求，性的性質を有する口頭または身体的行為，および当該者のその行為への対応により，当該者が不利益を被ること。「男のくせに」「女のくせに」といった伝統的性役割観に基づいた発言で相手をおとしめる，職業的地位を保証する代わりに性的関係を要求するなどがある。我が国では，改正男女雇用機会均等法（1999年施行）において，事業主に対し，セクシュアル・ハラスメントの防止のために雇用管理上必要な配慮をするよう求めている。

ダイバシティ・マネジメント マイノリティをマジョリティと同じ土俵に乗せるのではなく，それぞれのグループが持つ異質性の意義を再評価し，両者の違いを認めあうことでそれぞれの価値の相互作用を生み出し，社会を活性化させる理念および方策を指す。この実現には次の三つのステップがあると考えられている。すなわち，第一段階は「差別の禁止」，第二段階は「差別是正に不可欠なマイノリティの擁護」，最終段階として「異質性の容認とその有効活用（ダイバシティ・マネジメント）」である（牛尾，2001）。ポジティブ・アクションの根拠は第二段階にある。

【引用文献】

Abelson, R. P.& Lesser, G. S. 1959 A developmental theory of persuasibility. In I. L.Janis & C. I. Hovland (Eds.) *Personality and persuasibility*. New haven: Yale University Press. 167-186.

青野篤子 2003 シンポジウム企画主旨 シンポジウム フェミニスト心理学の課題――ジェンダーの社会病理・家族病理と向き合うことから 日本心理学会第67回発表大会

Bem, S. L. 1974 The measurement of psychological androgyny. *Journal of Consulting and Clinical Psychology*. **42**. 155-162.

Eagly, A. H. & Carli, L. L. 1981 Sex of researchers and sex-typed communications as determinants of sex differences in influence ability: A meta-analysis of social influence studies. *Psychological Bulletin*. **90**. 1-20.

Eagly, A. H. & Johnson, B. T. 1990 Gender and leadership style: A meta-analysis. *Psychological Bulletin*, **108**, 233-256.

Gilligan, C. 1982 *In a different voice: Psychological theory and women's development*. Cambridge, MA: Harvard University Press. （岩男寿美子監訳 1986 もうひとつの声 川島書店）

金井篤子　2000　セクシュアル・ハラスメントに関わる女と男のシャドウ・ワーク　土肥伊都子・藤田達雄（編）　女と男のシャドウ・ワーク　ナカニシヤ出版　115-135
上瀬由美子　1997　対人行動　堀野緑・川瀬良美・森和代・上瀬由美子　よくわかる心理学28講——女性の視点から　福村出版　162-167
柏木恵子・高橋恵子（編）　2003　心理学とジェンダー　有斐閣
川瀬良美　1997　心理学に女性の視点を——男性と女性の相互理解のために　堀野緑・川瀬良美・森和代・上瀬由美子　よくわかる心理学28講——女性の視点から　福村出版　12-17
厚生労働省雇用均等・児童家庭局　2001　平成13年度版女性労働白書
Maccoby, E. E. & Jacklin, C.　1974　*The psychology of sex differences*. Stanford: Stanford University Press.
Macguire, W. J.　1985　Attitudes and attitude change. In G. Lindzey & E. Aronson (Eds.)　*Handbook of social psychology Vol.2 : Special fields and applications*. New York: Random House. 233-346
Mead, M.　1935　*Sex and temperament in three primitive societies*. New York: Morrow.
Megargee, E. I.　1969　Influence of sex role on the manifestation of leadership. *Journal of Applied Psychology*. **53**. 377-382.
Money, J. & Ehrhardt, A.　1972　*Man and woman, boy and girl*. Baltimore: Johns Hopkins University Press.
森永康子　2003　女と男——ジェンダーからみえてくるもの　森永康子・神戸女学院大学ジェンダー研究会（編）はじめてのジェンダー・スタディーズ　北大路書房　2-14
宗方比佐子　1996　社会心理学と女性　宗方比佐子・佐野幸子・金井篤子（編）女性が学ぶ社会心理学　福村出版　12-24
中村和彦　1996　他者の態度を変える試みとしての説得——態度と態度変容　宗方比佐子・佐野幸子・金井篤子（編）女性が学ぶ社会心理学　福村出版　82-94
日本心理学会　2003　日本心理学会第67回発表大会論文集
坂田桐子　1996　人が人を導くとき　宗方比佐子・佐野幸子・金井篤子（編）女性が学ぶ社会心理学　福村出版　110-122
坂田桐子・黒川正流　1993　地方自治体における職場のリーダーシップ機能の性差の研究——「上司の性別と部下の性別の組合せ」からの分析　産業・組織心理学研究　**7**　15-23
菅　千索　2001　心理学とは何か　菅佐和子（編）新しい教養のすすめ心理学　昭和堂　3-21
鈴木淳子　1997　性役割〈比較文化の視点から〉レクチャー「社会心理学」Ⅲ　垣内出版．
牛尾奈緒美　2001　日本型雇用システムの変革を導き出す－アファーマティブ・アクションとダイバシティ・マネジメント　佐野陽子・嶋根政充・志野澄人（編）ジェンダー・マネジメント　東洋経済新報社　93-114
若林満・宗方比佐子　1987　女性管理職とリーダーシップ　組織科学　**21**　19-31
湯川隆子　2002　大学生におけるジェンダー（性役割）特性語の認知　ここ20年の変化　三重大学教育学部紀要（人文・社会科学）**53**　73-86

（金井篤子）

5
文学とジェンダー

1. はじめに

 そもそも学問としての「文学」自体，ジェンダーとしては女性，つまり他の学問に対して周縁におかれていた。自然科学が「厳格で攻撃的であり，世に出て仕事をするから象徴的に男」であるのに対し，文学は「自己耽溺的，直感的，空想的」で，「深刻なことは何もしない。それゆえ象徴的に女なのだ」(Frye, 1957)。夏目漱石も「文芸は男子一生の事業とするに足らざるか」を論じて歯切れが悪かった。しかし，通俗であるからと女性にたとえられた文学は，芸術，人文科学として格が上がるにつれて，書き手としても読み手としても女性を排除していった。
 この章では次のような順序で文学とジェンダーについて考えてみたい。
 男性が作ってきた文学の体制における文学キャノン (canon)，すなわち偉大であり主流であると漠然と認められてきた作品や作家群，文学史に対してフェミニズム批評家がいかにして異議を唱え，女性文学キャノンを提示したか。その際，フェミニズム批評家たちはほとんど無意識のうちにゲイ・レズビアン文学，有色人種特に米国における黒人女性文学を除外してしまった。つまり，文学ジャンル間においてさらなるジェンダー化をもたらしてしまう。それらの文学ジャンルの異議申し立てを紹介し，最後に第三世界の文学に言及したい。
 女の次にクィア，有色人種，第三世界と序列めいた区切りには異論があろう

し,米国だけみてもユダヤ文学キャノン,華僑文学キャノンなどいくらでもあり得るし,黒人レズビアン,女として育ったゲイなど当然いるのだが,わかりやすさを優先し顕著な流れだけを取り上げる。

なお,全体的に近代以降の英,仏,アメリカにおける現象に偏ってまとめている。しかし,近代を経験した国々の文学には広く当てはまる部分が大きい。

2.「ペンとはペニスなのだろうか」——書く／批評する

(1) 書く——男女の歴史的役割

格調の高い文章を書くための教育を受けられるのは第一に男であり,男が書くものが規範となって文学史を形作ってきた。一般にものを書くことは女にとってふさわしくない行為とされた。創作活動において女は男のミューズであるか,励ます家政婦,あるいは秘書でなければならなかった。

一方,女たちにも許された文学スタイルがある。書簡,日記である。家庭教育で比較的高い教養を身につけた女たちは,しばしば優れた手紙,日記を残している。しかし彼女たちには,文学という男の領域を脅かす文才が自分にはあるなどという発想はなかった。書簡の名手ドロシー・オズボーン (D. Osborn) は,貴族の女性が著作を出版したことについて次のように書いている。「かわいそうに,この女性は間違いなく少し血迷っていらっしゃるわ。本を,しかも韻文で書くなんて,それほど愚かなことをなさることないでしょうに」(Woolf, 1966～1967)。身分の高い女が資力を盾として戯れに創作を発表するのは例外的に許されていた。

やがて,女は家族や親しい女友達を楽しませるために小説を書くようになるが,ベストセラーを生み出しても男性の文学より一段低いレベルのものとみなされた。女性作家に対する偏見を避けるため,ジョージ・エリオット (G. Eliot) やジョルジュ＝サンド (George Sand) は男性名で,ブロンテ (Brontë) 姉妹はカラー,エリス,アクトンという中性的なペンネームでデビューしている。女として小説を発表するには,男である編集者に気に入られるように書かなければならなかった。

成功した女性作家に対しても,大概の男は自分の前ではただの女になること

を要求するばかりだった。バルザック（H. de Balzac）はベッドからこっそり起き出して執筆にいそしむジョルジュ＝サンドを見出し，二人は破局にいたった。男性にその文才を搾取されたり，夫の圧力から筆を折ったり自殺した女性作家もまれではない。ヴァージニア・ウルフの夫など，援助者に回った男性パートナーもごくまれにいる。

「女性が小説なり詩なりを書こうとするなら，年に五百ポンドの収入とドアにカギのかかる部屋を持つ必要がある」（Woolf, 1929）というウルフの言葉は今なお新しい。芸術活動に必要なのは必ずしも男性に匹敵するような天分ではなく，「著作がしょっちゅう中断されたり，遅らされたり否定されたり，いずれにしても，家族に対する責任からそれが軽視されることがないように，暇と生活資力を保証してくれる賃金」（Minh-ha, 1989）と，精神的独立なのである。

ハリエット・B・ストウ（H. B. Stowe）には乳児を含む七人の子どもがおり，魚屋でタラを買い，リンゴ売りに応対し，チャウダーを作る合間に『アンクル・トムの小屋』を書き続けた。「それは風や潮流に逆らって漕ぐようなものです」（Moers, 1977）。独身であったオースティン（J. Austen）やブロンテ姉妹にも，家事と父親の世話があった。与謝野晶子は十一人もの子どもを産み育てている。C・ブロンテ，J・ウェブスター（J. Webster）など，作家として成功した矢先に出産で亡くなった女性作家も少なくない。

男は創作に限らず仕事に専念するものであり，妻あるいは女中が彼のために家事をするのが当然とされる。男が作家に転業したら，もとの仕事は他の男が引き継げばよい。しかし女は運良く作家として成功しても，娘・妻・母業には代わりがいない。例外はあるが大部分の女は，やりくりした細切れの時間に創作をしてきた。

物を書く女は，主婦であるならなおさら，そうでなくても「『女』であるにもかかわらず書いているという罪悪感」（Minh-ha, 1989）に疲れはてている。苦悩がたぐいまれな創作に結晶する場合があっても，一般に男たちより不利なのである。

(2) フェミニズム批評

　　私達自身，……社会に送り出されるときには，知らず知らずのうちに

「男として読む」ようにと訓練されてしまっているのではあるまいか？……男性的精神を追い払えと言われても，一体どこからそれを追い出せというのだろうか？（Felman, 1993）

　一般に文学史と呼ばれているものは，実は男によって取捨選択され，権威を与えられた文学の規範――キャノンの記録にすぎない。伝統的に女の作品は低俗で批評には値しないとし，まともに取り上げることは少なかった。女の作品がベストセラーになっても，男性的な頭脳に恵まれているのだとか，「神の啓示」を受けたなどと非理性的に片づけられてきた。女性批評家であっても伝統的な批評のキャノンを倣い，それに乗っ取って批評している分には男である。

　フェミニズム批評は，男性優位の文化のパラダイムを脱構築する，すなわち男が描いてきた女のステレオタイプがいかに女の実像から離れていたかを検証し，異議を申し立てることから始まった。男が描く女はごく簡単にいえば両極端に分けられる。一つは美しくしとやかで母性に満ちた「家庭の天使」（Woolf, 1979），一つは魔女あるいは娼婦といった父権制社会から逸脱した女である。これらは神秘化された女の表と裏であり，前者は男にとっての理想の女という幻想を表し，後者は女性の生殖能力に対する男性の恐れを意味する。こうした男性によって女性の「本性」とされたものを分析するほか，男性のテクストにも表れていながら男性批評家に黙殺されてきた女性の実体，主体性を読み取る動きがみられる。伝統的な批評は，テクストから男／女らしくない登場人物の行動や思想が読み取れても黙殺してきた。

　続いて，女性文学史を反キャノンとして再現しようという流れが現れた。女性自身の描く女性像を研究し，不当に低く評価されてきた女性作家を再評価する作業である。モアズ（Moers, 1977）は英仏米の白人女性文学について，その歴史と伝統，共通するテーマ，コードを打ち出し，文学上のフェミニズムともいうべき系譜を提示した。ショウォールター（Showalter, 1985）は，従来取り上げられてきた女性作家の背後にはものを書く女の厚い層があり，彼女たちによる伝統と影響があって初めて少数の女性作家が男性の作った文学史に名をとどめることができたのだと指摘した。ギルバート＆グーバー（Gilbert & Gubart, 1980）は，家父長制の抑圧がいかに英国の女性文学に影響を及ぼしているかを論じた。たとえば，女性作家自身に秘められた反社会的な面は，しば

フェミニズム批評による「白雪姫」分析

「白雪姫」のストーリーを思い返してみよう。それぞれの登場人物に対して，自分なりのイメージを形作ってみてほしい。では，フェミニズム批評による「白雪姫」分析を紹介しよう（Gilbert & Gubart, 1980）。

白雪姫が生まれると間もなく実母は亡くなり，継母が迎えられる。新しい王妃は魔法の鏡によって自分の姿を吟味することにとりつかれている。王は物語に直接は出てこないが鏡の声として存在し，王妃の自己評価を左右している。最初，王妃は鏡からこの世で一番美しい女と評価された。その後彼女が狡猾な策謀家であること，魔女の本性をあらわにするにつれて，一番美しい女の座は無垢で忠実な白雪姫に渡さなければならないと王は宣言する。白雪姫には自我がない。自我がないために称えられる女は王妃の自我を脅かすものであり，だからこそ王妃は白雪姫を憎む。王妃は白雪姫を殺すよう狩人に命じる。だがこの狩人は野獣を支配するという意味で王の代理であり，家父長制下に都合の良い女である白雪姫を殺すはずがない。王妃は猪の心臓を食べ，野獣のような怒りをつのらせる。白雪姫はこびとの家で奉仕する。これは家事に忙殺される女性がその自我をおしつぶされていることを象徴する。王妃は白雪姫を殺すため，男性の眼に魅力的に映るための女の道具を使う。コルセット，櫛。王妃の誘惑は白雪姫にひそんでいる欲望と合致する。白雪姫は虚栄心をくすぐられ，こびとの注意に逆らってそれらに手を出してしまう。ついに王妃が「自分だけの部屋」で作ったリンゴを食べて白雪姫は仮死状態となる。彼女は生きながらガラスの柩に入り，理想的な処女像，永遠に美しく自分では動かないオブジェと化す。王子は美しい「それ」を所望する。この時点で白雪姫は生き返り，王子と結婚して家父長制下における最高位の女にまつりあげられる。王妃は灼けた靴で死ぬまで踊り続ける。家父長制の声に逆らう者には死があるのみだ。では白雪姫は勝利者なのであろうか。否，白雪姫はガラスの柩から出て次のガラスの柩，すなわち王の支配する鏡の中に閉じ込められたのである。

王妃は自分の中の白雪姫を殺そうとし，白雪姫は自分の中の王妃に翻弄されるが，結果は白雪姫の勝利に終わる。つまり「白雪姫」は一人の女の物語，自我を殺し，家父長制下で望ましい女になった女の物語として読めるのである。

しば小説の中に良識的な女をおびやかす社会から逸脱した女——時に狂女——というダブル・キャラクターとして表れている。その他女性の欲望，母と娘の関係，娘からみた父と娘の関係など，フェミニズム批評は女性文学に新たな光を当ててきた。

ただしこのような反キャノンは，文学批評を女性と男性とに二分することにより，社会におけるジェンダーを再現してしまっているという批判もある。文学的テクストを本質主義的なジェンダーと直結させてしまえば，豊潤なテクストを紋切り型に処理し，父権的な批評に加担してしまうことになりかねない。

(3) エクリチュール・フェミニン

> 男の人って滑稽ですわね，女性に対して精いっぱいのお世辞をいう場合には，あなたは男のような頭脳を持っているなんて，無邪気な事をいうんですもの。偶然にも私の方にもあの方に決していってあげないお世辞がありますのよ。あなたはまるで女性のようにお察しがよくていらっしゃると正直にいえませんもの。(Webster, 1915)

女性の文章に対する最大の褒め言葉として「女とは思えない」「男のようだ」というものがある。「女らしい文章」とは，女性を下位文化にとどめおいた上での褒め言葉にすぎない。

D・オズボーンは手紙を書くには男性の文章は参考にはならないとはっきりと自覚し，平易な話し言葉で表現するように試みた。オースティンは男性作家の小説をよく読んではいたが，「その文章を眺めやって，にっこり笑い，自分が使うのにふさわしい，完全に自然な，つり合いのとれた文章を編み出し，そこからけっして逸脱することがありませんでした」(Woolf, 1929)。女たちは，男に磨き上げられてきた文章では表現しにくいと考えてきた。

フランスのフェミニストたちは，男性キャノンに異議を申し立てそれを乗り越えるテクストを生み出そうと提唱している。シクスー (Cixous, 1975, 1976) の提唱するエクリチュール・フェミニン（女性的エクリチュール）とは，彼女自身それは定義できないものであり続けるだろうと予想しているが，ともかく自らの女性性を抑圧しないエクリチュールである。男はしばしばペンをペニスにたとえ，だから女には書けないと暗示してきた。「ペンがペニスなのであれ

ば，女性はどの器官で作品を生み出すことになるのだろうか」(Gilbert & Gubart, 1980)。シクスーは女性の出産能力に，母乳の溢れるイメージにエクリチュール・フェミニンの源泉を見出す。アナイス・ニン (A. Nin) は書いた。「男の創作に似たものではない女の創作は，子どもをつくるのによく似ている。彼女の血から生まれ，彼女の子宮に包まれ，彼女の母乳によって育てられたもの」(Nin, 1974)。シクスーの主張では誰でも男性性と女性性を備えているから，男がエクリチュール・フェミニンで表現することもできる。ただ，それは男性的エクリチュールのように客観的，一般的なものを目指さず，書き手自身の物語を表すためのものである。

ただし，このように肉体的な差違に基づいて心性の特性と連関させる主張に対しては，男性中心という幻想を補強してしまっているという批判もある。

3. クィア／マイノリティ

(1) レズビアン／ゲイ文学

近代以前には女と女では肉欲が存在しないとされていたから，女性同士の愛情は結婚の前段階に精神的に高めあうとして容認され，奨励された。しかし時代が移り，高い教育を受けて就職し経済力と発言力を持つようになった女性同士が同棲するようになると，その連帯が男性社会の構造を揺るがしかねないため，性的倒錯としておとしめられ排斥されるようになった。レズビアン小説の嚆矢とみなされているのはウルフ『オーランドー』(Woolf, 1928)，ラドクリフ・ホール『孤独の泉』(Hall, 1928)，デューナ・バーンズ『夜の森』(Barnes, 1936) であるが，ウルフが幻想的・寓話的に表現し，バーンズが私家版で発表したのに対し，ホールは性愛をまともに描いて公刊したため裁判で発禁となってしまった。レズビアン作家たちは作品が生き残るためにすぐにはそれとさとれないよう虚偽の表現をしてきた。男性／中性的なペンネームを使ったり男性主人公を設定することによって仮面をかぶり，女へのエロティックな感情を表現する。あるいは実験的な文体を用いることによってコード化し，あいまいにする。そのため，実験的文体と形式を使う男性作家たちと表現の上で共通点があることも特徴として挙げられる。

早期にレズビアン小説の存在に気づいていたフェミニストたちには迷いがあった。レズビアンだと思われると自分の主張に偏見を持たれるのではないか。レズビアニズムは研究対象として教室で講じるにふさわしいだろうか。しかし1970年代，レズビアン・フェミニズム文学批評家がレズビアン小説を指し示し，レズビアンの視野から文学を読み直すことにより，文学研究の可能性は急速に広がった。

　レズビアン・フェミニズム批評家たちは，既成の文学批評にレズビアン差別があるばかりでなく，フェミニズム批評にもそれがみられることを暴露した。たとえばある女性作家の伝記的研究として，夫や男友達については細かく述べながら，彼女の人生と創作を支えたかけがえのない女性パートナーについては言及しないこと。短編集の編者が重要なレズビアン作家の作品を入れないこと。同性愛感情の表現に優れた作家の作品集に，異性愛的な作品のみを取り上げること。これら異性愛的性差別がフェミニズム批評の中にも見出された。

　レズビアン・フェミニズム批評家たちの最初の課題の一つは，「かつて存在しなかったもの」(Zimmerman, 1981)といわれたレズビアン文学を慎重に発掘し，レズビアン文学キャノンを確立することだった。ところで，どのような小説がレズビアン文学であると定義できるのだろうか。女性の肉体に対する欲望を表現した創作に限るべきなのだろうか。ではレズビアン作家とは，他の女性との肉体関係が証明できる女性にのみ限定すべきか。

　リッチ (Rich, 1979) は「女のエネルギーと強さを表現してくれる文学をもとめ，女と女のあいだの十全なつながりを言葉にし，把握せよと私たちを突き動かすのは，私たちの内なるレズビアン」とレズビアンを広義にとる。フェイダーマン (Faderman, 1981) は，レズビアンを「二人の女性の最も強い感情と愛情が互い同士に向けられる関係」とし，そこには性的接触の可能性があり，二人は人生の大部分を一緒に過ごす，とリッチより狭く定義している。レズビアンは時代，文化に応じて身の処し方，表現を変え，批評家たちはその解読に試行錯誤を続けているが，ともあれ予想をはるかに上回るレズビアン文学の存在が明らかになってきている。

　また，小説あるいは大衆文化にみられるレズビアンのイメージやステレオタイプや神話化の読み直しが始まった。レズビアンはポルノグラフィックな興味

本位からカルト的にもてはやされるか，倒錯的なものとして否定され嫌悪される。これら抑圧的で非人間的なレズビアン像の検証は，まだ進行中である。一方，レズビアン作家自身によるレズビアンは，伝統的な女性像を破壊する女として称揚されている。

　レズビアン・フェミニズム批評はフェミニズム批評よりさらに周縁性を帯びているためにラディカルで刺激的であり，人種差別などその他の抑圧に対しても敏感であろうとしている。

　なお，レズビアン作家とゲイ作家はしばしば同じ文学サロンに出入りするなど交流があり，ウルフ，ゲイとして知られるリットン・ストレイチー（L. Strachey），E・M・フォースター（E. M. Forster）らの集まったブルームズベリー・グループ，マッカラーズ（C. McCullers），ジェイン・ボウルズ（J. Bowles）とテネシー・ウィリアムズ（T. Williams）の交際などの例があちこちにみられる。ゲイ・キャノン編成の試みもレズビアン・キャノンと前後して起こっている。

　近代以降のマイノリティ・キャノンとしてのゲイ文学の見直しと，近代以前の主流文学キャノンにおけるゲイ文学の顕在化とは連動して行われている。ホメーロス（Homēros），古代ギリシア・ローマ詩人たちに始まり，シェイクスピア（W. Shakespeare），テニスン（A. T. Tennyson）などによる，主流文学の正典としてパッシング（passing; 同性愛者が社会に拡散する戦略）してきた作品が，ゲイ・キャノンの試みにより次々にゲイ・テクストとしてカミング・アウトさせられている。

　オスカー・ワイルド（O. Wild）の投獄に代表されるようにゲイであることやゲイ小説の発表が危険であった時代，レズビアン作家と同様に作者は作品をコード化した。たとえばホモセクシュアルな欲望をヘテロセクシュアルな欲望として徹底的に書き換えてしまう。また男と女が愛しあおうとして失敗し，狂気や死に至るというプロットがある。これは，異性を欲望しなければならないという強迫観念のために人を破滅に至らせてしまうヘテロセクシャリティの暴力を表現している。あるいは，キリスト教的な師弟愛，兄弟愛として読まれてきたものを同性愛感情として読み直す。キリスト教は男同士の肉欲を禁じてきたように思われてきたが，全裸に近くしばしば恍惚状態で表象されるキリスト

の礫刑図は，そもそも同性愛的欲望を喚起させる（Sedgwick, 1990）。

　ただし，レズビアン／ゲイ的要素がないものに悪趣味な読み込みをほどこすことは，レズビアン／ゲイ文学の抑圧と同じ過ちである。レズビアン／ゲイ・キャノンの確立に当たっては，「同性愛的欲望のあらわれの多様さ複雑さをみすえ，それが主体形成にあずかる力を見極めること」（大橋, 1999）が求められる。レズビアン／ゲイ文学批評あるいはレズビアン／ゲイ文学は，セクシュアリティや表現の抑圧を越え得る一つの視座である。

(2) 黒人女性文学／第三世界の文学

　白人のフェミニズム批評家たちは，白人男性学者が女性文学に対して犯したのと同じ排他的な仕業を，黒人女性作家に対して故意にか偶然にか犯してしまった。黒人女性作家は，黒人学者——その大部分は男性——によって，アメリカ黒人文学批評史にも取り上げられることは少なかった。1970年代後半には黒人フェミニズム批評家から，またアリス・ウォーカー（A. Walker）など黒人女性作家自身から抗議の声が上がり，黒人フェミニズム批評というジャンルが発見された。

　黒人女性作家の作品には，人種や階級の政治学と性の政治学とが密接に絡みあっている。では，黒人フェミニズム批評とは，白人フェミニズム批評家とは別の手段によって，白人女性作家とは隔絶した黒人女性キャノンを確立しなければならないのだろうか。結局のところ黒人フェミニズム批評は，おおむね白人フェミニズム批評にならって黒人女性キャノンを目指している。まず黒人男性作家による創作を徹底的に調べ，黒人女性の否定的イメージに関して議論を進めた。次に，従来注目されなかった黒人女性作家たちを取り上げて理解を深めるとともに，共通する独自のテーマ——挫折する女性芸術家，犠牲者から覚醒へいたる個人的・心理的な旅のモチーフ，女の共同体——を考察し，黒人女性文学に伝統を与えようとしてきた。また文体的・言語的な独自の特徴も指摘されている。

　女性の間には意味深い差異がある一方，たとえば黒人フェミニストが白人フェミニストと訣別すれば，男の視線のもと対立する女たちを再現してしまい，男性に利することとなる。黒人フェミニズム批評が分離主義にとどまるかどう

かについては議論がなされている。

　女性の書きものには，階級，人種，国籍，歴史など各々独自の背景，さらに時空を越えて共通する体験を形成している部分がある。

　しかし，第三世界の書きものをその外にいる批評家が見直そうとする時，批評家があらかじめ定めた枠の中でしかその作品は扱われない場合が多い。第三世界の小説には珍しさ，エキゾチシズム，信じがたい犠牲と不平等が見出されることが期待されている。批評家は小説そのものを理解するのではなくその中に期待するものを一生懸命に探す。その結果，その小説には第三世界のジェンダーが興味深く描かれているが，まだ表現的に成熟しておらずリアリズムの段階にとどまっている，とステレオタイプの評価を下してしまうことになる。それは白人批評家による第三世界の称揚ではなく抑圧であることに，白人フェミニストたちは気づき始めている。

　ミンハ（Minh-ha, 1989）はフェミニスト全体に通じるジレンマを指摘している。フェミニストは一方では女の代表として「平等な機会を得る権利を声高に主張し」，その一方で男性が「抑圧を永続化する手助けをし」ている。つまり，どこかで自分は大勢の女の上に立って男と交渉し得る特別な女であり続けたいと願っている。カースト的階級社会のフェミニストは自国において殊に突出したエリートであるために，この特権意識と罪悪感とを殊に強く感じている。第三世界の小説には，男性中心主義者によるジェンダーが描かれているだけでなく，エリートの女性による労働者階級の女の権利の侵害をも読み取れる。第三世界でものを書く女たちは，「女なのに書いている」という罪悪感とともに，「書くことはいつも他の女の労働の犠牲の上に成り立つ」ことからくる罪悪感，フラストレーションを抱えている。

4. 結　び

　既成の主流文学キャノンに対し，抑圧されてきたジャンルの新・反キャノンを構築することは，主流キャノンの正統性に異議を申し立て，それが実はある一つのキャノンにすぎないことの指摘となる。ただしその過程で，新キャノンが特殊なミニ・キャノンとして改めて周縁化されてしまう恐れがある。一方，

従来のキャノンを読み直すことにより，抑圧されたジャンルの文学であったことを発見し，キャノンを解体して多元的キャノンとする可能性も出てくる。

ともかく，私たちは絵本を与えられる段階から既に女性性，男性性を刷り込まれ，女／男にふさわしいとされる本を選んで読み，女／男にふさわしい文章を書く訓練を経てきた。ジェンダーに敏感になって文学を再読することは，書き手および従来の批評がいかにジェンダーに縛られていたか，ひいては読み手自身が自分をどのような存在と思い描かされ，それに閉じ込められてきたか，こうした問題が解放されていく知的行為となり得る。それは，熟知していると

KEYWORDS

キャノン（canon） 　文学の文脈でキャノンといえば規範，正典とされてきた文学創作群。特定の誰かが規定したものではなく，評論家，文学史，高等教育のテキストなどにより繰り返し取り上げられることにより権威づけられてきた文学作品。

クィア（queer） 　本来形容詞で「奇妙な」，転じてホモセクシャルの男性を指したが，近年では非異性愛者，複数の性的アイデンティティを持つ人を総称することも多い。もとは蔑称であるが，圧迫の歴史を忘れない意味で当事者本人たちがあえてこの呼称を用いる傾向がある。

エクリチュール・フェミニン 　女性的書きもの。歴史的に女性は男性の文章を規範として表現することに困難を感じてきたが，1970年代になって仏フェミニストにより初めて明確に，女性的書きものの必要性が唱えられ，実践の模索が続いている。たとえば，それは人に内在する女性性に基づいて書かれているものであるから，書き手は女性に限らない。男性性が他者を排し，客観性を重視するのに対し，女性性とは他者を受け入れ，自分の肉体を通じて表現するとされる。

思っていた文学，また未知の文学作品との衝撃的な出合いとなるだろう。

【引用文献】

Barnes, D. 　1936　2000　*Nightwood*. Randam House（野島秀勝訳　1989　夜の森　国書刊行会）

Cixous, H. 　1975, 1976　*Le Rire de la Méduse, Le Sexe ou la Tête?, La Jeune Née.*（松本伊瑳子・国領苑子・藤倉恵子訳　1993　メデューサの笑い　紀伊國屋書店）

Drake, R. 　1988　*The Gay Canon: Great Books Every Gay Man Should Read*. Bantam Doubleday Dell

Pub.
Faderman, L. 1981 *Surpassing the Love of Men; Romantic Friendship and Love Between Women from the Renaissance to the Present.* New York : William Morrow.
Felman, S. 1993 *What does a Woman Want?* The Johns Hopkine University Press.（下河辺美知子訳 1998 女が読むとき女が書くとき 自伝的新フェミニズム批評 勁草書房）
Frye, N. 1957 Expanding Eyes. *Critical Inquiery.* **2**. 201-202.
Gilbert, S. M. & Gubart, S. 1980 *The Madwoman in the Attic-The Woman Writer and the Nineteenth-Century Literary Imagination.* Yale University Press.（山田晴子・薗田美和子訳 1986 屋根裏の狂女 ブロンテと共に 朝日出版社）
Hall, R. 1928 *The Well of Loneliness.* New York: Archor.
Minh-ha, T. T. 1989 *Woman, Nation, Other: Writing Postcoloniality and Feminism.* Indiana University Press.（竹村和子訳 1995 女性・ネイティヴ・他者 ポストコロニアリズムとフェミニズム 岩波書店）
Moers, E. 1977 *Literary Woman.* Ancor Press.（青山誠子訳 1978 女性と文学 研究社）
Nin, A. 1974 *By a Woman Writt/Literature from 16th Centuries by and about Woman.* J. Goulianos (ed.) Boltimore: Penguin Books.
大橋洋一監訳・解説 1999 ゲイ短編小説集 平凡社
Rich, A 1979 *On Lies, Secrets, and Silence-Selected Prose 1966-1978.* New York: W. W. Norton.（大島かおり訳 1989 嘘、秘密、沈黙 晶文社）
Sedgwick, E. K. 1990 *Epistemology of the Closet.* The Regents of the University of California（外岡尚美訳 1999 クローゼットの認識論 セクシュアリティの20世紀 青土社）
Showalter, E. 1985 *A Literature of Their Own; British Women Novelists from Bronte to Lessing.* New York: Pantheon Books, a division of Random House.（川本静子・岡村直美・鷲見八重子・窪田憲子訳 1993 女性自身の文学 みすず書房）
Showalter, E. (ed.) 1986 *The New Feminist Criticism: Esssays on Women, Literature, and Theory.* London : Virgo Press.（青山誠子訳 1999 新フェミニズム批評 岩波書店）
利根川真紀編訳・解説 1998 女たちの時間 レズビアン短篇小説集 平凡社
Webster, J. 1915 *Dear Enemy.* New York: Century（松本恵子訳 1961 続あしながおじさん 新潮社）
Woolf, V. 1928 *Orlando: A Biography.* Wordsworth Editions.（杉山洋子訳 1992 オーランドー 国書刊行会）
Woolf, V. 1929 *A Room of One's Own.* London: Hogarth Press.（川本静子訳 1988 自分だけの部屋 みすず書房）
Woolf, V. 1966-1967 *Collected Essays, edited by Leonard Woolf, 4 vols.* London: The Hogarth Press.（出淵敬子，川本静子監訳 1994 女性にとっての職業 みすず書房）
Woolf, V. 1979 *Woman and Writing.* Michele, B. (eds.). London: The Women's Press.（出淵敬子・川本静子監訳 1994 女性にとっての職業 みすず書房）
Zimmerman, B. 1981 What Has Never Been: An Overview of Lesbian Feminist Criticism. *Feminist Studies.* **7**. 451-475.（青山誠子訳 1999 新フェミニズム批評 岩波書店）

（星野幸代）

6

芸術とジェンダー

1. ジェンダーはいかに作られるのか

　女と男は確かに解剖学的に異なる肉体構造を持って生まれるが、それとは別に社会が作り出す性差、すなわちジェンダーが、自分が女であり男であるという自覚、またそのふるまいや行動様式を全般にわたって規定しているという考え方は、今日では広く認められるようになってきている。ただ、芸術と文化の場から女性というイメージが生成される過程を探る上においては、ジェンダーに関する一般認識からはみえてこない、いくつかの疑問点を問題にせざるを得なくなる。

　第一の疑問は、ジェンダーを規定しているのが文化だとして、それでは「女は女らしく」「男は男らしく」し向ける文化的エネルギーを受け止め内面化するプロセスは、男と女の間では同じなのだろうか、というものである。ここで必要となるのは、フロイト（Freud, 1924）に代表される解剖学的決定論とも、すべての性的差異の発生源を社会に見出そうとするジェンダー至上主義とも異なる、いわばその中間領域へ目を向ける視点である。

　そこからは、女性というジェンダーが形成される過程において、外からの視線が命令するイメージが女の中で自分の姿として内面化される仕組みが浮上する。その際興味を引かれる点は、

　①女が内面化する視線の出所と

②その視線が持つメカニズム

である。これが第二に解決すべき疑問点となる。

　こうした女性のイメージが誕生する過程を解明した後に浮上する第三の疑問は，支配文化として西洋が持つ特性とその影響力に関係している。支配文化が生み出す女性のイメージは，はたして従来から考えられてきたジェンダーの概念と一致するものなのだろうか。つまり，そもそも「女は女らしく」「男は男らしく」という，社会的な男女のあるべき姿を規定し強制しているのがジェンダーだとすれば，今や西洋という支配文化が創造し，さまざまなメディアによってグローバルな規範として広められつつある女性の生き方や美の規範は，依然として女と男の社会的役割を差異化する方向で作用しているのだろうか。もしかしたらそれは，まったく逆にジェンダーを消滅させ均一化した人間像を世界中に強制する方向で働いているのではないだろうか。本章においては，これら三つの疑問点を考察する。

2．外からの視線を内面化する女性

　イギリスの美術批評家バージャー（Burger, 1972）は，フロイトの「解剖学は宿命である」とする立場とは異なる角度から，これまた男女の本来的な違いと社会的な作用の接点に位置するかにみえる微妙な性格を抽出している。女性というイメージが生まれる過程を探る上で，バージャーの主張が関心を引くのは，彼のいう女の「社会的存在（the social presence）」というものが，男とはまったく逆方向のエネルギーを持つものとして提示されている点においてである。この「社会的存在」には，確かにフロイトの男根言説にみられるような生物学的根拠はなく，たとえば「女に生まれることは，男に保有され保護され扶養されるよう割り当てられ封じ込められた空間のなかに生まれることであった」とする規定によっても示されるように，古来より付与されてきた男女の社会的役割の違いの中に，「社会的存在」の起因を見出している点で，ジェンダーの範疇に組み入れてしまえそうでもある。しかしそれはまた同時に，「女の社会的存在はきわめて本来的で内在的であるため，男たちはそれを，ある種の熱気や匂い，あるいはオーラに似た体からの発散物であるかのごとく受けとめる」

と説明されるように，時代や地域，あるいはそこに暮らす集団に条件づけられた社会的慣習がジェンダーを強制する以前の，いわば原初的段階における心的刷り込みらしきものを問題にしている点で，一般のジェンダー認識からは漏れる可能性も出てくる。

　バージャーによれば，男の社会的存在は，男が外部に示し得る自己の能力の有望性に依存している。つまり，その能力が道徳的，肉体的，感情的，経済的，性的といったいかなる性格のものであれ，とにかくその能力が大きく確かなものであれば，それだけ男の存在は目立つものとなり，逆に弱く不確かであれば，その存在感は薄いとされてしまう。要するに男の場合，その社会的存在は，常に外部にあるものに対し，または外部にあるもののために，自分が何をなし得るかを通してのみ確立されることになる。

　これに対し女の社会的存在は自分自身を観察評価する視線によって規定されている，というのがバージャーの見方である。男の社会的存在が，外の世界に及ぼし得る作用によって規定されるのに対し，女の社会的存在は，自分に対し何がなされ得るか，あるいはなされ得ないかを，自分の内面に意識化する過程を通して形作られるというのである。したがってバージャーは，「女はつねに自分を注視していなければならない。女はほとんどいつの場合でも，彼女自身のイメージにつきまとわれている。部屋を横切っているあいだも，父親の死に際して涙しているあいだも，女は歩いている自分，泣いている自分を観察者の目で直視しないではいられない」と述べ，女にとってこれが自身だという感覚は，幼児期の極めて早い段階から他人が評価するイメージに取って代わられてしまっている，としている。これは女が，一方では世の中を見る存在でありながら，同時に他方では絶えず他者の視線を内面化し自分自身を観察している，つまり自我が常に二つに分裂していることを意味する。その際，外から視線を送っている主体が男性であることは，バージャーの指摘を待つまでもなく明白であろう。では，このように女に女性的イメージを強制する男性的視線はどのようなもので，それはいかに機能しているのか，という二つの点を次に考えてみたい。

3. 去勢とフェティシズムから誕生する男性的視線

　フロイト（Freud, 1927）は，あらゆるフェティシズムの対象は「ペニスの代理物（Penisersatz）」だとした。しかしそこで代理されるペニスは任意の男に備わるペニスではない。それは「幼児期に重要な意味をもっていたが，その後失われた特定のペニス，特別な意味をもつペニス」のこと，つまり具体的には，「母親のペニス」のことなのである。ここには，西洋文化において女の性的な魅力とは何かを命令し，そのイメージを作り出してきた男の視線を操る空想や妄想の核心に，去勢を前提とするがゆえに存在するはずのない女性のペニスを探し求めるという，明らかに矛盾した衝動が決定要因として作用していることが示されている。

　だが，そもそも女に備わっているはずのないペニスを追い求めるフェティシズムという衝動が，女を性的な対象とみなすエロティシズムの発生源となっているというのは，どういうことなのか。まず前提として把握しておかねばならない点は，そもそも女を視線で捉える際に性的欲望を誘引するメカニズムが，ヒトの場合すでに成長の初期の段階において，動物にみられる生殖のみを目的とした本能的性欲からは完全に逸脱したものであることである。こうしたフロイトの去勢とフェティシズムをめぐる考え方が，はたして文化を越えた普遍性を主張し得るものであるか否かは，極めて重大な問題である。しかしここでは，その複雑な問題を掘り下げることはとりあえず避け，それを少なくとも支配文化である西洋において通用する規範として考えることにする。

　子どもは，母親にはペニスがない（去勢されている）ことを目の当たりにしても，その事実を受け入れたくない願望から，去勢の事実の確認とその拒絶というコンプレックス（＝心理的複合体）を生み出す。こうして人は，最初からないことはわかっていながら母親にもペニスがあるはずだという願望をあきらめ切れず，それが決定的に失われるのを防ぐために，次々にフェティシズムの対象を見出し，それに長く執着するのである。フェティシズムの対象についてフロイトは，「足や靴が（あるいはその一部が）フェティシズムの対象として選ばれることが多いのは，少年の好奇心が，下から，つまり足の方から女性の

性器の方を窺うからである。以前から考えられているように，毛皮やビロードは，性器の場所を覆っている陰毛を見た時の印象を定着させるのである。そこには，少年が見たいと願っていた女性のペニスが生えているはずだった。またフェティシズムの対象として選ばれることの多い下着類は，脱衣の瞬間，すなわちまだ女性にペニスがあると信じていられた最後の瞬間を固定するものである」と説明している。

ボードリヤール（Baudrillard, 1993）はこの視点をさらに進め，太ももをしめつけるストッキングの線にみられるような女の肉体を区切る下着類や装身具の境界線が生み出すエロティシズムは，それが単に女の性器に近いことからくるのではなく，そうした線で区切られた肉体が，男が抱く女性性器に対する得体の知れない不安＝去勢恐怖を新たな去勢の演出によって無害化し忘れさせる機能を果たしているからだ，と説明する。「ぽっかりと口を開けた穴の強迫観念が，逆に男根の魅力に変質する。否定され，線で区切られたこの神秘あふれる虚無の裂け目からは，ありとあらゆるフェティッシュなものがとびだしてくるのだ」。

男が作り出すフェティッシュなイメージで覆われた女の肉体は，もはや去勢恐怖がもたらす欠如や不可解なもの，深淵や不吉な兆しといった女性が本来的に持つ不安要素を消し去られ，男が安心して鑑賞し操作できる断片化された肉体，すなわち「セックスの男根的な記号表現にまで昇格させられた部分」と化し，男の性的充足に奉仕する度合いに応じ区分けされ，さまざまな象徴的価値を付与され商品化されることで資本主義経済のヒエラルキーに組み込まれていくことになる。

4．投射する視線が命じる女のあるべき姿

以上から西洋的な男たちは，もはや一義的に自己や種の保存を目的として女に対し性欲を覚えるのではないことが判明した。母親にペニスがないことの確認とその事実の拒絶という，そもそも生殖とは関係のない相反する二つの心的状況，つまりまさに「矛盾したものを分裂したままで結びつける」がゆえに長い持続性を持つとフロイト（Freud, 1927）が述べる，決して満されることの

ジェンダー・スタディーズの現在地──ナウイのかダサイのか

　90年代後半からにわかに高まった70年代のフェミニズム・アートを回顧する動きには，注目すべきものがある。キャロリー・シュニーマン，ジョーン・ジョナス，シンディー・シャーマン，レベッカ・ホルン，マリーナ・アブラノヴィッチ，そして草間彌生など，数多くの女性アーティストの回顧展が世界の著名な美術館で催され，作品集が今世紀に入ってからも出版され続けている。しかしこうした女性の身体アートを歴史的に再評価しようとする機運の高まりに反比例するかのごとく，ジェンダー・スタディーズへの学問的な関心が薄れつつあるといわれる。これはどうしたことなのか。

　結論からいえば，一見相反するこれらの動きは，美術史的にみても文化学的にみても，必ずしも喜ばしいものとはいえない。双方に共通しているのは，そもそも社会変革への強固な意志から生まれた動きが〈学問化〉される際に陥りがちな〈毒ぬき〉の過程だとひとまずいっておこう。

　70年代を中心に活躍した女性アーティストの多くが回顧され，それらの作品集が入手可能となることは，研究者にとって喜ばしいことではある。しかしそれらに付随して下される評価は，概して古典的規範の枠に当てはめた芸術的価値の賞賛に終始し，彼女たちの行動が，男性的視線，いや西洋的価値観そのものへのアンチ・テーゼであったことが，いわば意図的に隠蔽されようとしている。70年代フェミニズムに関与したことが，いわば「若気のいたり」だといわんばかりの高慢な学者的態度は，彼女たちが心に突き刺さる形で暴いてみせ，次の世代に残した，男性的西洋世界の真実をさらに掘り下げる作業を困難ならしめるものだといわざるを得ない。

　ジェンダー・スタディーズの〈不景気〉も実は，行動の理論化が，男性的ロゴスの世界への再吸収を宿命づけられることにその最大の原因がある。「ジェンダーなんてもうダサイ」と軽口をたたく不勉強な学生から，バトラーを突破口にクィア・スタディーズに分け入った研究者たちに共通してみられる倦怠現象は，70年代から80年代へのフランクフルト学派から脱構築への思想的転換と平行して，女たちが街頭運動から理論構築へと活動の基盤を移し始めた時点からすでに用意されていたものだといえる。フェミニズム研究のジェンダー・スタディーズへの統合は，一見アカデミックな領域への参入を容易ならしめるかにみえる。しかしそもそも理論化

と制度化が，女性アーティスト再評価の場合と同様，男性的規範への規格化を意味することを思えば，その地味な作業が退屈感を呼び覚ますことではなく，むしろその結果として，フェミニズムが持っていた西洋世界そのものに匕首を突きつける威力が忘れ去られる危険性こそが問題にされるべきだろう。

ない欲望こそが，女性的なイメージを創造し，それを女にあるべき姿としての内面化を強いる根元的な力として作用しているのである。

それではこのようにして生まれる男性的視線とは，どのように機能するのだろうか。美術批評家ジョーンズ（Jones, 1997）は，女にフェティッシュなイメージを押しつける男の視線を，「投射する視線（the projective eye）」といい表し，次のように説明している。「投射する視線は，暴力的で強い浸透力を持つものと理解される。その投射は意図的に行われ，視線は獲物を万力でつかむように捕獲する。情け容赦のない権力陣営に自由を奪われ，せいぜい哀れな斑点としかみなされないペニスを持たない性に対し，それは単純でしかも効果的な武器として作用する」。

ここでいわれる「投射する視線」とは，ちょうど映写機が実際とはまったく別の像をある人物に重ねて投射するのに似た形で，男が空想や妄想の中で創造した女性像，すなわち去勢された母の〈ペニスの代用物〉であるフェティッシュなイメージを，〈ペニスを持たない性〉である女の自我に焼きつける働きをする男根的視線のことである。

確かにわれわれは，男の想像力によって言説化された女のイメージだけが，象徴としての交換価値を認められる資本主義経済の中で生きている。したがって「女性的なるものは，男という主体が考案したモデルと法秩序の中においてのみ出現し得る。このことは，性は本当のところ二つあるのではなく，一つしかないことを意味している」といい切るイリガライ（Irigaray, 1985）の言葉に示されるように，男によって言説化されたイメージ以外の女性は，少なくとも西洋文化内においてはどこにも存在しないのが現状である。いや，真の女性の前には，いわば幾重にもわたるカーテンが下りており，それをスクリーンに，ありとあらゆる男が作り出すフェティッシュなイメージ＝女のあるべき姿が投

射され，それがあどけない可愛らしさであったり，男に負けず颯爽と働くキャリア・ウーマンであったり，あるいは肉感的なセックスアピールであったりと，さまざまな姿をとる中で価値体系に組み込まれ，誰もがそれを〈女らしさ〉だと錯覚してしまっているのが現実だともいい得よう。

5. 模倣がもたらす権力の無効化──シンディ・シャーマン

　シンディ・シャーマン（Cindy Sherman）の『無題のスチル写真』と題された一連の作品は，見る者に女性の美しさの規範とその出所を深く考えさせる。おそらくその問いかけこそが，閉ざされた空間の中でセルフポートレートを黙々と撮影し続けるこの希有なアメリカ人アーティストが作品に込めた意図であったのだろう。1977〜80年にかけて発表されたこれらシャーマン初期の作品群は，どれも50年代のハリウッド映画のスチル写真を思わせる手法で，自らを被写体として撮った写真作品である。ただそれらは，一見実在する映画の一コマを思わせるかに仕上げられていながら，同時にどれも具体的な映画の場面を再現したものではない。そこには，観るものにまずは〈どこかで見たことがある〉というデジャヴュ感覚を呼び覚ましておきながら，次の瞬間にはその映像が未知のものであることをわからせることで鑑賞者を不安な宙づり状態にするという，巧妙な戦略が仕組まれている。

　では，女が押しつけられる規範を忠実に再現してみせることに，いかほどの意味があるのか。先に指摘したように，〈どこかで見たことがある〉ように思えながら〈そのどれでもない〉感覚をもたらすシャーマンの作品は，まず観るものを宙づり状態にした後で，それがある種の規範を忠実に模倣した演技，すなわち〈虚像〉であることを強く印象づける。ちょうどこちらの要求どおり動くものと思い込んでいた人形が，まだ何も命令しない前から勝手に要求を先取りして動き始めたのに似たこうした模倣の戦略は，必然的に鑑賞するものの感覚を逆なでする苛立たしさを呼び覚ます。では，この〈苛立たしい〉感覚は，観るものに何を認識させるのか。それは，女のふるまいから服装，表情からしゃべり方，要するにその存在の隅々にいたるすべてが，男性的視線が命名し命令するものによって成り立っているという，歴然とした事実である。

「女は，まず自分自身を楽しみ，自分自身に満足し，自らの姿以外の欲望も，超越性ももたない存在となることを受け入れないかぎり，決して完全に自分自身にはなれないし，したがって魅力的にもなれない」といい切るボードリヤール（Baudrillard, 1993）の言葉によっても示されるように，そもそも女たちには，男性的視線を自ら内面化し，それを自分のものと思い込む性格が幼少の頃から備わっているため，女の側から行われる自我の形成もまた，スクリーンに映し出される女性像，つまり男性的視線が強要するイメージを通してしか可能ではないことを，シャーマン自身も十分に意識していたであろう。このことは，福（1996）とのインタビューに答える次の言葉からもうかがえる。

「わたしは，自分の作品にフェミニストの立場を代弁させようとしたり，そこに政治的な意見を込めようとしたことは一度もありません。でも，作品のなかにあるものすべてが，わたしがこの文化のなかで女として見てきたものから生まれていることも確かです。そういったものの一部は，愛憎一体の関係にあります。たとえばお化粧や自分を魅惑的に着飾ることに夢中になりながらも，同時にそれを憎むというような心理。それは，好ましいお嬢様のように振る舞おうすること，あるいはできるかぎりセクシーに自分をみせたり，最高に美しく装おうとしながら，同時に自分を，そうしたことを強いる構造の囚人のように感じるといった経験からきています」

こうしたやっかいな愛憎一体の関係への突破口を切り開く手段として，シャーマンが編み出した手法，すなわち男性的視線が投射する女の規範を忠実になぞり再現してみせるセルフポートレートは，バトラー（Butler, 1990）がフェミニズム思想の立場から提唱する系譜学的方法論とみごとに一致していることがわかる。独自の視線を奪われ，もはや自分の肉体に焼きつけられた男根的イメージを再確認することでしか自己認識のできない女たちは，どうすればその真の姿にたどり着けるのかという問い掛けに対し，バトラーは「できることは，権力がみずからの正当化をどのようにやってきたかを，系譜学的に，批判的にたどることだけである」と述べ，権力の流れる回路を注意深く逆にたどることで，〈女〉を意図的に産出すると同時に，真に女性的なるものを隠蔽している男性的メカニズムを探り出す作業こそが，「女というカテゴリーを歴史的に検証するフェミニズムの系譜学の役割である」という戦略を示している。そもそ

6 芸術とジェンダー　*181*

写真 6-1　"Untitled Film Still #15"（Cindy Sherman, 1978）

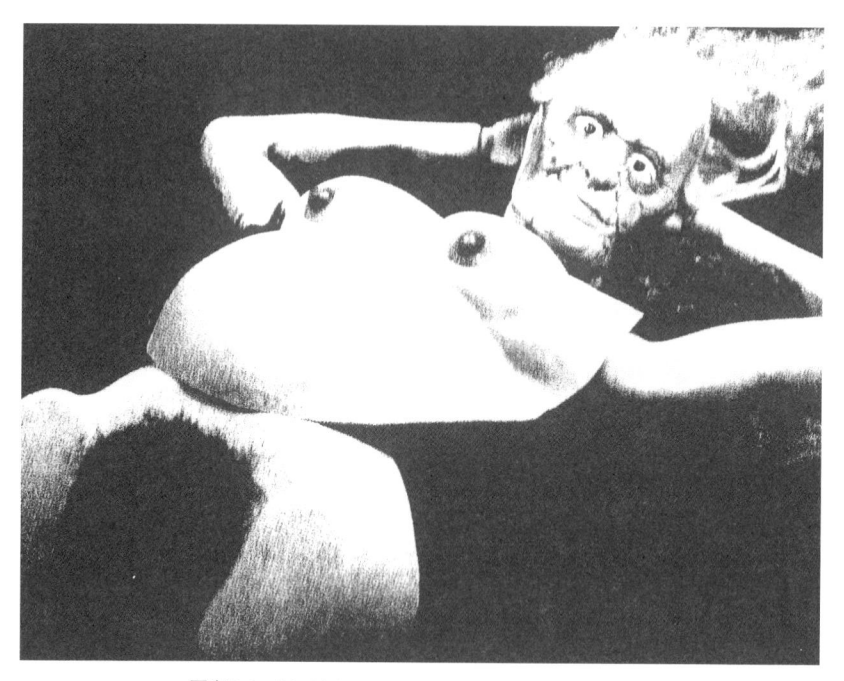

写真 6-2 "Untitled Film Still #250" (Cindy Sherman, 1992)

もはフーコー（Foucault, 1978）の系譜学的立場を色濃く継承したものといえるこうしたフェミニズム思想を，芸術の場で男性的視線の模倣という具体的戦略に置き換え実践してみせたのがシャーマンだといえるだろう。

6．模倣の奥から出現する不在なる女性

　男性的視線と女としての自己の間にある関係を暴き出し，さらにはその視線に匕首を突きつける武器として，男性的視線の触覚として機能してきた写真という近代テクノロジーを選択したことは，シャーマンにもう一つの利益をもたらしている。ここでは，バルト（Barthes, 1981）がいい当てた写真が持つ特性である透過性，すなわち写真を鑑賞する視線は写真自体を突き抜け，常に被写体そのものへ到達してしまうという性格が，シャーマンが被写体となる自己に

課した使命，すなわち男が刻印したフェティッシュなイメージを忠実になぞることでそれを無効化＝透明化していく意図と重なりながら，新たな効果を生んでいるのである。

　自らの透明化により観察者の視線を直接被写体に結びつける写真技術を駆使するシャーマンの作品は，被写体として印画紙の上に具現化している女の姿が，実は男の視線との関連においてのみ読み取り得る記号でしかないことを訴えることで，今度は観察者に可視なる被写体の無効化を迫ることになる。この虚構性の認知からくる対象の無効化は，目の前にある女の〈あるべき姿〉とは別のもの，つまりイリガライ風にいえば〈不在なもの〉，すなわちこの世から排除され尽くした真の女性的なものへと視線を吸引する効果を持つのである。

　シャーマンの作品は，可視なる女の虚構性を過剰に見せつけることで，その無効化→透明化を通しその奥に潜む真の女性性を意識させる「スチル写真」や「リヤ・スクリーン」「センターフォールド」「ファッション」シリーズなどから，やがて，「おとぎ話」「歴史肖像画」から「セックス・モンスター」シリーズにみられるような，男性的視線が無害な存在へ転換することで具現化した女のイメージの奥に潜む恐怖や無，死といった女性的な〈おぞましさ＝abject〉を，医学用人体模型などを用いて視覚化していく方向へと向かう。

　こうして西洋の男性的視線が築き上げた父権的秩序が押しつけるルールを模倣し，それに巧すぎるほど従ってプレイしてみせることが，権力の側に苛立ちを生み，これまで〈普遍的に正しい〉と教え込まれてきた視線の政治学を反転＝転覆し得る威力を持つことが判明する中で，シャーマンの演じる〈女らしさ〉は，そのままグローバルなふるまいという，非西洋に対しても押しつけられる〈あるべき姿〉とも重なってくる。では，われわれ非西洋人がいわば着ることを強制されているモビルスーツは何なのか，その奥には何が潜んでいるのか。シャーマンが本当に問いかけているのは，男性的視線を背後で操る現代資本主義のメカニズムそのものなのかもしれない。

7．ジェンダーの消滅した均一社会

　男性的視線が生み出すフェティッシュなイメージでおおい尽くされた今日の

男性ヒステリーが産出する女性像

　19世紀西洋に起きたジェンダー・ロールの二大パラダイム転換は，ドン・ファン的男性像の価値の急落と，メリメとビゼーの『カルメン』に代表される魔女的女性の価値の急騰であったとされる。少なくとも18世紀末までは，女といえば制御しがたい肉欲の充満した存在だとされてきた。しかし，最後の魔女処刑が記録されたわずか半世紀あまり後には，性的本能に従う気分屋で，天真爛漫でありながら残酷なカルメンが，社会的にむしろ肯定されるべき女性像として定着していくのである。

　こうしたファム・ファタール的女性の価値の高まりに反比例するかのごとく，勇猛な制圧者の象徴であったドン・ファン伝説は，モーツアルトとダ・ポンテによる『ドン・ジョヴァンニ』をピークに人気は下降の一途をたどり，19世紀から20世紀にかけては，もはや滑稽なイメージの方が一般化する。その後マッチョな男性像に代わって登場するのは，脱肉体化し，精神化し，女性化した繊細で病弱な男のイメージである。

　19世紀西洋にはまた，女には性衝動がないという考え方も定着した。ドイツの神経科医クラフト＝エビングによって浸透し，ダーウィン派からフロイトへと受け継がれる女の不感症を正常視する見方は，19世紀西欧にしかみられない特異な現象である。では，一方で性に奔放なカルメンをもてはやしながら，淑女は性衝動など抱かないという倫理観を女たちに押しつける中，女々しい男性像が流行するというジェンダー・ロールの混淆は，どう理解すべきなのだろう。

　一見矛盾だらけのこの現象は，男性ヒステリーをキーワードに解明への糸口が開ける。そもそも子宮を意味するヒステリーを当てはめるのは不適切なため，当初はヒポコンドリア（心気症）と名づけられたが，やがて男性ヒステリーは，知識人，芸術家，文学者らが多いに好む表現となり，やがて20世紀の大衆ヒステリー現象などへと意味の進化を遂げる。

　男性ヒステリーは，19世紀西洋が，女性的なるもの，すなわち予測制御しがたい他者を排除しつくし，男性秩序に基づく社会が完成した証として現れたとされる。カルメンの登場が，魔女裁判に終止符が打たれた時期からさほどたっていない事実は偶然ではない。男性的秩序の脅威となる女性性を追い払った結果，男は自己の中に眠る女性性を呼び覚ます余裕を持つようになったのである。したがってカルメン神話を，19世紀後半期の婦人

> 解放運動と重ね合わせ，新しく自由な女性の生き方の象徴だなどと論じるのは滑稽である。要は，ファム・ファタールも，不感症の女も，すべて男性的視線が創出したイメージなのであり，病弱なドン・ファンは，脱肉体化した女性を自らに取り込み両性具有化することで，より高次な境地に至ろうとする男性的戦略でしかないのである。

西洋世界を考える上で最後に問題となるのは，近代以降一貫してグローバルな覇権を主張し続けてきた支配文化が内包する男性的視線によって，非西洋に位置するわれわれの文化ははたしてどこまで貫かれているのか，という点である。この問いに答えることは，そう簡単ではない。しかし，イリガライの指摘にもみられたように，支配文化においては「性は本当のところ二つあるのではなく，一つしかない」ことが明白である以上，西洋においてはすでに消されてしまった女の側の性が，非西洋に位置するわれわれの文化の中で，どうなっているのかを探ることは一つの糸口になるように思える。

　今日ある男女のイメージはセックスに還元されてしまっており，それは本来あったはずのジェンダーとはまったく無縁のものと化している，という論を展開したのはイリイチ（Illich, 1982）であった。彼の代表作『ジェンダー』は，とかく反フェミニズム的論調に終始しているということで批判のやり玉に挙げられがちだが，その主張を貫く，西洋近代を特徴づける個人主義とエゴの平等主義に支えられた資本主義経済こそがジェンダーの喪失を促し，まさにセックスへと矮小化され還元されてしまったことこそが，現代を他のいかなる時代とも明白に区別する特徴なのだ，と位置づけた点は傾聴に値する。

　イリイチのこうした洞察は，欲望が最大に満たされる女性的（＝母性的）快楽への退路を自らの手で断った西洋の男たちが，それによってエロティックな美への渇望を放棄したわけでは決してなく，エロティックな本質の復活を封じながらも同時にそのフェティッシュな代用物を，男根的な精神が構築する秩序と共存し得る新たな女性の魅力として経済の価値体系に組み入れてきた過程を，ジェンダーの喪失過程としていい換えたものだといえる。イリイチのこうした観点はまた，制御しがたいものであるがゆえに，近代的な社会秩序を構築

する上で恐れ忌み嫌うべき脅威とみなされた女性のセクシュアリティを，過度に封じ込めようとしたことが，かえって人々の間に性的な想念をかき立てることになり，さらには医学を先頭とする性の特権的な担い手により性をめぐる言説の爆発を引き起こすことになったとする，フーコーが描き出す〈快楽の装置〉が，実は経済を媒介とするセックスの体制の出現を意味していたことをいい当てたものともいえよう。

　イリイチの主張が持つさらなる威力は，われわれの中に基本的価値観としていわば当然のごとく刷り込まれてきた平等主義を問題視している点にある。とりわけ画期的なのは，フェミニストが目指すジェンダーの強制からの解放も，人類は誰もが平等であるという考えも，あるいはどのような職業に就いている者も平等に尊敬に値するはずだという教えも，実は抑圧構造から平等へ向けての歴史として記述されるべきものではなく，それは，ジェンダーを消滅させ，男女の区別なしに均一化された労働力として吸収することを構造的な宿命として最初から内包していた西洋近代の資本主義経済システムが，その体制を構築し維持していくために，人々に信じ込ませねばならなかった幻想であることを暴いてみせたことにある。

　女でなければできない，男でなければできない仕事はますます姿を消し，それが当然で良いことであるとする流れに異論を差し挟む余地がないまま，すべてを男性的価値観に基づいた交換経済に組み込む均一化のプロセスは，今やグローバルなスケールで浸透しつつある。最大の問題は，これが決して男女の平等化とは呼べないものであることであろう。なぜなら，こうした世界を生み出しているのが，あくまでも一方の性であって，もう一つの性は，押しつけられるイメージを自分と思い込む中で，自己のジェンダーを捨てることを前提に社会に参加させてもらっているのが現状だからである。

KEYWORDS

男根言説　勃起する男性性器を最高の権力の象徴と見立て，その前提のもと人間界を説明しようとする考え方。フロイトの説はその代表的なもの。この場合男根（ファルス）は，男の生殖器を表すペニスとは区別して用いられることが多い。

クィア・スタディーズ　異性愛を頂点にすえたヒエラルキーによって成り立つ社会，またそれを自明の前提とする旧来の学問領域を批判し，その立場からフェミニズム的学究をさらに発展させることを目指す学問。詳しくは第Ⅰ部第5章を参照のこと。

ドン・ファン　1613年にスペインの修道士によって初めて描かれ，モーツアルトとダ・ポンテによる歌劇『ドン・ジョヴァンニ』によってその頂点を迎える架空の精力絶倫な男性像。西洋にはドン・ファンを描いた文学作品が3000以上もある。

ファム・ファタール　1940年代アメリカの「フィルム・ノワール」映画に登場する女性に初めて用いられた。男を破滅や死に導く女性像を一般に指す。過剰にエロティックな魅力，知性と感情を兼ね備えた自由奔放さ，女性的欲望や権力志向などが特徴。

【引用文献】

Barthes, R. 1981 *Camera Lucida - Reflections on Photography.* New York: Hill and Wang.（花輪光訳　1985　明るい部屋——写真についての覚書　みすず書房）

Baudrillard, J. 1993 *Symbolic Exchange and Death.* London : Sage Publications.（今村仁司・塚原史訳　1992　象徴交換と死　筑摩書房）

Burger, J. 1972 *Ways of Seeing.* London: Penguin Books.（伊藤俊治訳　1986　イメージ——視覚とメディア　PARCO出版）

Butler, J. 1990 *Gender Trouble–Feminism and the Subversion of Identity.* New York/London: Routledge.（竹村和子訳　1999　ジェンダー・トラブル——フェミニズムとアイデンティティの攪乱　青土社）

Foucault, M. 1978 *The History of Sexuality Volume I: An Introduction.* New York: Random House.（渡辺守章訳　1986　性の歴史Ⅰ　知への意志　新潮社）

Freud, S. 1924 Der Untergang des Ödipuskomplexes. In: *Sigmund Freud Studienausgabe Bd.V.* Frankfurt am Main: S.Fischer Verlag.（中山元編訳　1997　エロス論集　ちくま学芸文庫）

Freud, S. 1927 Fetischismus. In: *Sigmund Freud Studienausgabe Bd.III.* Frankfurt am Main: S. Fischer Verlag.（中山元編訳　1997　エロス論集　ちくま学芸文庫）

Fuku, N. 1996 Interview with Cindy Sherman. In : *Cindy Sherman, Exhibition Catalogue.* Shiga,

Japan: Museum of Modern Art.
Illich, I.　1982　*Gender*. Berkeley: Heyday Books.（玉野井芳郎訳　1998　ジェンダー　岩波書店）
Irigaray, L.　1985　Cosi Fan Tutti. In *This Sex Which Is Not One*. New York: Cornell University Press.
Jones, A.　1997　Tracing the Subject with Cindy Sherman. In *Cindy Sherman - Retrospective*. Chicago/Los Angeles: Museum of Contemporary Art.

※本章の写真は下記より転載させていただきました。
　Cindy Sherman-Retrospective
　Museum of Contemporary Art Chicago / The Museum of Contemporary Art Los Angels, Thames & Hudson 1997

（越智和弘）

7
教育とジェンダー

　本章では，教育，特に学校教育におけるジェンダーの問題と課題を取り上げる。またそれを通して，教育研究のための問題と課題にふれる。

1. ジェンダーとカリキュラム改革の事例——高等学校「家庭科」の男女共修化

　ジェンダーをめぐる過去の比較的大きな取り組みは，高等学校「家庭科」の男女共修化であろう。

　高校「家庭科」は，戦後の1947年に新設された教科であるが，女子が履修するものとされ，男子は履修しなかった。それに対して，男女の固定的役割分担に反対する立場からの運動が立ち上がり，1974年には市川房枝・樋口恵子・半田たつ子を発起人として「家庭科の男女共修を進める会」が発足した。それはちょうど1975年の国際婦人年の1年前であった。しかしこれらの運動からの要求に対して文部省は，男女にはそれぞれ「特性」がある（いわゆる「特性論」）という理由で応じなかった（堀内, 2003）。そして1978年公布（施行は1982年）の高等学校学習指導要領においても，この問題は解決されなかった。

　しかし1979年に国連総会で「女子に対するあらゆる形態の差別の撤廃に関する条約（女子差別撤廃条約）」が採択される。その10条の(c)には，教育内

容について次のように規定されている。

> 十条　締約国は，教育の分野において，女子に対して男子と平等の権利を確保することを目的として，特に，男女の平等を基礎として次のことを確保することを目的として，女子に対する差別を撤廃するためのすべての適当な措置をとる。
>
> (c) すべての段階及びあらゆる形態の教育における男女の役割についての定型化された概念の撤廃を，この目的の達成を助長する男女共学その他の種類の教育を奨励することにより，また，特に，教材用図書及び指導計画を改訂すること並びに指導方法を調整することにより行うこと。（外務省訳　傍線引用者）

つまり，文部省の主張してきた男女の「特性」は，「あらゆる形態の教育における男女の役割についての定型化された概念」として否定されることになったのである。これを根拠とした国際的批判，条約の批准のための外務省からの要求，超党派の署名や陳情，従来からの運動の盛り上がりなどを背景に，文部省は，翌年の同条約批准を控えた1984年に，急遽「家庭科教育に関する検討会議」を発足させて共習の方向で検討し，12月には報告（文部省，1984）を出す（村田，1998）。そして日本は，翌1985年に女子差別撤廃条約を批准する。

その2年後の1987年の教育課程審議会答申「幼稚園，小学校，中学校及び高等学校の教育課程の基準の改善について」では，男女同一内容の家庭科必修が答申され，それを受けて1989年公布の高等学校学習指導要領（施行は1994年）では，「家庭のうち『家庭基礎』，『家庭総合』及び『生活技術』のうちから1科目」を全員必修とするとされたのである。

また，それまでの中学校技術・家庭科は，17の領域を「技術系列」と「家庭系列」に分けており，男子は技術系列から5領域と家庭系列から1領域，女子は家庭系列から5領域と技術系列から1領域を履修するとされており，男女が相互乗り入れになってはいたが，明確に男女別の履修になっていた。しかし1989年に公布された中学校学習指導要領技術・家庭科（施行は1993年）では，この男女別履修枠が撤廃され，新領域を含んで新たに編成された11の領域のうちから7以上の領域を履修させるとし，「A 木材加工」「B 電気」「G 家庭生活」および「H 食物」の4領域を全員必修とした。なお，これらを受け，「家

庭科の男女共修を進める会」は1996年に発展的に解消した。

　以上の，ジェンダーの視点からのカリキュラムの改革の動きは，固定化されてきた男女別役割分担を学校の中で制度化しないための改革であって，教育におけるジェンダーの問題にとってはエポックメイキングな出来事であり，その意義が十分に理解され，長く記憶されるべきであろう。特に，この改革によって，女性にとってだけではなく，男性にとっても奪われていた学習機会が回復されたと考えることが重要であり，この改革の，男女にとっての対称性の側面を理解すべきである。

2．ジェンダーと隠れたカリキュラム

　ところで，学校の教育内容におけるジェンダーの問題は，このように明示的なカリキュラムだけに存在するのではない。以下では，それについて述べる。

　「隠れたカリキュラム」(hidden curriculum) あるいは「潜在的カリキュラム」(latent curriculum) とは，先述の学習指導要領などの公的で明示的な正規のカリキュラムに対して，潜在的で暗黙的なカリキュラム（教育内容）である。たとえば，教科書やその他の教材に登場する男女の描かれ方，その頻度，男女児童・生徒に割り当てられる色や楽器や委員などの役割，教師による児童・生徒の呼び方，しかり方，誉め方，励まし方，教師から子どもに向けられる期待など，学校で経験するすべてのことから，子どもは価値や規範を吸収している。したがってそこにジェンダー・バイアスがあれば，それを児童・生徒が獲得する可能性が十分にある。

　学校におけるそのような問題の代表例として早くから取り上げられたのは，男女別（かつ男女順）名簿であり，現在では多くの都道府県や市町村で混合名簿が実現されている。しかし名簿は，「モノ」として扱い改善することができる。いい換えれば対象化しやすい。それに対して，多くの問題は，これよりかなり扱いにくく，それ以前に，そもそも極めてみえにくいものであると考えなければならない。

　たとえば木村（1999）は，小学校6年国語の詩の時間に「素朴でコミカル」な詩を作った男子児童と「リリカル」な詩を作った男子児童に対して，他の男

子児童たちから，前者には「熱烈な賞賛」が，後者には「猛烈な攻撃」が与えられることを，授業の観察を通して見出した。その上で，ジェンダー秩序の形成には子どもも無意図的に参加し，そこでは子どもは，セクシズム・イデオロギーを注入される客体であるだけでなく，それを注入する主体でもあると述べる。したがって教育実践においては，学校におけるあらゆる出来事を，ジェンダーの観点から注意深く検討しながら進める必要があるし，教育研究においては，このような出来事を可視化し言語化していくいっそうの作業が必要であろう。

3.「近代の装置」としての学校のジェンダー化の機能

しかし，より深い問題は，「学校」自体の本質的な文化的機能である。これを把握しておくことなしに，学校においてジェンダーの問題への取り組みを行うことは無意味である。いくら表面的な要素を整えても，学校自体が強力なジェンダー化の機能を有していれば，そのような取り組みが無化される恐れがあるからである。

学校は，工場や病院と並んで「近代の装置」(桜井, 1984) と呼ばれる。あるいは「近代の特許的プラント」(橋本, 1996) とさえ呼ばれる。それは，学校が，「子どもを教育する」という目に見える限定的な機能を越えて，実に幅広くかつ巧妙に，近代を支える強力な「しかけ」として機能してきたということにほかならない。

たとえば橋本 (1996) は，近代資本主義社会は，近代教育システムを必然的に必要としたのだと述べる。それは，「生産と再生産の三重の分離」のためである。ここで生産とは，工場などでモノや何らかの価値を生み出すことであり，再生産とは，労働力である人間を生み，育てることである。そしてその三重の分離とは，(1) 空間の分離，(2) 時間の分離，(3) 担い手の分離である。

空間の分離とは，生産手段を所有する資本家の有する企業の工場やオフィスと家族・家庭との分離であり，ここに「生産を担う企業と再生産を担う家族とが経済的な交換関係によって結びつくという，近代資本主義社会の骨格が成立」する。時間の分離とは，労働時間と非労働時間，労働期と非労働期の分離であ

> ### 「総合的な学習の時間」とジェンダー
>
> 　ある小学校の高学年の「総合的な学習の時間」の授業を観察した。それは地域の祭りを調べて紹介するものだった。ある班が調べたのは、夜に縄のついた比較的大きなわら束に火を付けて、男の子たちがぐるぐる回すお祭りだった。発表の後、他の班の女子児童から質問が出た。「どうしてそれは男の子しかできないんですか？」それに対する発表者（女子）の答えは次のようだった。「火を回すのは力がいるので、男の子しかできないんです」。質問した子も納得していたし、教師も何も言わなかった。
>
> 　しかし小学校高学年だと、男の子よりも明らかに大きくて力の強い女の子がいる。したがってそれは合理的な説明とはいえない。むしろこの祭りでこれが男の子の役目とされているのは、宗教的（それゆえ前近代的）な役割分担によるものであると考えられる。宗教的行事には、男の子にだけ、あるいは女の子にだけ、ある役割をさせるものが多い。それに対して、こういう不合理な説明が一見科学的な姿をとってなされ、それが疑われることがないとすれば問題である。「総合的な学習の時間」で、今後いっそう地域の伝統行事や宗教行事などを対象とした調べ学習が活発になると考えられるが、その際に同様なジェンダー化された解釈や説明が、素朴かつまことしやかになされないよう、常に注意する必要があると考えられる。

り、これにより、「子ども期」が誕生したとする。担い手の分離とは、生産を担う男性と再生産を担う女性の役割の分離であり、つまりここに「男は仕事、女は家事・育児」という役割分担が始まる。結果的にこうした要求に応えたのが近代教育システムであり、学校は、この家庭と企業との間に立って、誕生した「子ども期」を吸収し、男性を「近代資本主義社会に特殊な行動様式を身につけた労働力」として生産の場である企業に引き渡すとともに、女性を、再生産を担う人材として家庭へ送り出す。

　このように考えると学校は、その近代の装置としての本質において、男女の固定的役割分担と不可分な文化的特質を有すると考えざるを得ない。そればかりか学校は、ジェンダー化のための制度化された装置でさえあるとみざるを得ない。したがって、学校におけるジェンダーの問題への取り組みは、一種の自

己矛盾，自己欺瞞に陥る危険性を常にはらんでいる。このことを自覚しなければ，学校におけるジェンダーの取り組みは無意味なものになる可能性がある。また，学校のジェンダー化の機能はこのように本質的で根深いものであるため，その取り組みが，取り扱いやすい表面的なモノや言動のレベルにとどまってはならない。それは，学校の本質的で潜在的な文化的特質を明るみに引き出す作業を通して，場合によっては，学校を文化的に解体し再構成する，脱構築の営みとして，社会との対話において展開される必要がある。

4．ジェンダー化の社会装置としてのマスメディアとメディア・リテラシー教育

ところで，木村（1999）も，このようなジェンダー化のための装置としての学校について述べている。しかし木村はその際，「近代社会は，自らにふさわしいジェンダー秩序を編成し普及させるための社会装置を整備した。そうした装置の代表的なものが，近代の学校教育システムであり，マスメディア産業である。学校教育およびマスメディアの登場と発展の歴史は，近代的なジェンダー秩序の登場と発展の歴史でもある。学校とマスメディアは，近代がもとめる家族や性分業をかってない規模とエネルギーで構築していったのである」としている。つまり，学校とならんで，マスメディアをジェンダー化の社会装置とみなしている。

確かに人が学校でジェンダー化されるのは，一生のうちの限られた子ども期であるし，一日のうちの限られた時間である。したがって近代資本主義社会は，いっそう広範かつ強力にジェンダー化する装置を必要とする。それがマスメディアであると考えることは，マスメディアが資本によって所有されていることからも妥当である。つまり，学校でいくらジェンダーを検討しても，子どもが学校にいない時はマスメディアから常にジェンダー化するメッセージをシャワーのように浴びせられているのである。

このような現状把握に立てば，メディアをジェンダーの観点から批判的に読み解く能力を育成する教育の必要性が出てくる。それはメディア・リテラシー教育（鈴木, 1997；菅谷, 2000）の一部として実現される。したがって，学校に

おけるジェンダーについての取り組みは，メディア・リテラシー教育と密接にかかわって進められる必要がある。

メディア・リテラシー教育については，ここでは詳述しないが，一つだけ指摘しておきたい。それは，木村が述べるように学校とマスメディアがともにジェンダー化の社会装置であるとするなら，学校におけるマスメディアの批判的読み解きとしてのメディア・リテラシー教育は，同じ問題を有する学校からのメッセージにも向けられなければならないという点である。学校とマスメディアは，ジェンダー化を運ぶ車の両輪であり，一方だけ舵をきることも，一方にだけブレーキをかけることも無意味である。学校が，自らが同じ問題を有することを棚上げして，学校の外なるマスメディアだけを批判的に取り扱うということは，自己矛盾でさえある。比喩的かつやや揶揄的な表現を用いることが許されるならば，それは，「泥棒を捕らえる縄を共犯者である自分が綯う」ことにほかならないのである。

ジェンダーを考える時，メディア・リテラシー教育は，現状のように，ジェンダー化のメッセージを発するマスメディアを対象とするだけでなく，ジェンダー化のメッセージを発する「学校というメディア」をも対象としていく必要がある。

5. パターナリズムと自己決定

上述のことはジェンダーに関する取り組みと学校の文化的特性とのコンフリクト（衝突，対立，矛盾）の問題として位置づけられるが，ジェンダーをめぐっては，もう一つ，「自己決定」と学校の文化的な特性とのコンフリクトという観点が必要である。

(1) 学校のパターナリスティックな文化的機能

ジェンダーの教育においては，従来からの「男らしい」「女らしい」という固定的な役割観や達成目標から解放され，「自分らしい」あり方，生き方を「自分で」選択する必要性が強調される。またジェンダー概念は，第Ⅰ部第1章で述べられているようにフェミニズムから提出されたが，フェミニズムは自

己決定（self-determination）を重視しており，その阻害因となる家父長制（patriarchy）とパターナリズム（paternalism；父権的干渉・温情）を批判する（藤田，1999）。しかし学校は，構成員である児童・生徒，学生に，自己決定させ自己責任をとらせることをせず，彼らが男子であると女子であるとを問わず，パターナリスティックな介入や禁止をしてきた。それは，彼らが未発達であることから，保護の必要があるためだと説明されてきたが，むしろ，「教育」という営みが，本質的に「介入」という特性を有していると考えるべきであろう。その意味では，「禁止」ばかりでなく，「指導」も，また「カリキュラム」さえも「介入」であると考えることができる。しかしそのようなパターナリスティックな介入は既存の価値観や権力性からなされ，自分が担いたい性役割を自己決定する機会と権利を奪うことになる場合がある。

　この問題の解決のための一つの方向は，ジェンダーに限らず，アメリカの一部にみられるように，パターナリスティックな介入を少しずつ制限していくことである（佐藤，1991）。ただしその際には，制限してもなお学校やその他の制度が本質的に保持すべきパターナリスティックな介入とはどのようなものであるかを，深く検討する必要がある。また，介入を減じても問題が生じないような自己決定能力を獲得させる教育へと，徐々に教育を変えていくことも必要である。

　しかし，これとは異なる方向性もある。たとえば，構成員の年齢にかかわらずあくまで自己決定と自己責任を原則とした，学習のための民主的な共同体としてのフリースクールが存在する。そのような例として，アメリカ，マサチューセッツ州の「サドベリーバレー・スクール（Sudbury Valley School）」（Greenberg, 1991）を挙げることができるが，そこでは，カリキュラムも教科もなく，児童・生徒はいっさい勉強を強制されない。つまり，「何歳までに何をどこまで勉強する」という決まりがまったくない。そもそも，いつまでに算数や読み書きを勉強しておきなさいというのは，「これはあなたの将来のためですから」というパターナリスティックな介入である。この学校はそれを廃している。しかしながら，この学校の子どもたちは大変によく学ぶのである（大谷，2000）。ここでは紙幅の関係から，その背景や要因について詳述することはできないが，パターナリスティックな介入を廃した学校が存在し得ることだけ

紹介しておきたい。このような，近代教育システムの学校とは異なる学校を参考に，われわれの学校の脱構築の可能性を検討することも有意義であり，必要であろう。

(2)「ジェンダー・フリー」教育と自己決定をめぐって

ところで，固定されたジェンダーの押しつけからの解放に教育的な価値をおく「ジェンダー・フリー」教育（亀田・舘, 2000）への反発が，今日時々みられる。東京都国立市議会には「ジェンダー・フリー教育を取りやめ男女混合名簿の廃止」を求める陳情が提出され，採決に至ったが不採択になった。しかし鹿児島県議会は 2000 年 7 月に「県内の幼稚園，小，中学，高校でジェンダー・フリー教育を行わないよう求める陳情」を採択した（毎日新聞, 2003a）。また 2003 年 4 月には新潟県のある小学校で，それまで混合だった名簿を校長の裁量で男女別に戻したことが，6 月になって明らかになり報道された（毎日新聞, 2003b）。

このようなことの背景には，国や地方の機関が，国民，市民に十分な学習の機会を整えないまま，急いで男女共同参画を推進しようとしているという問題が指摘できよう。そのために，ジェンダー意識の改革のための印刷物などが一方的に制作されていて，それを見た人々が，従来の価値観から，「行き過ぎている」と感じるという事態がしばしば生じている。

また，ジェンダー・フリーの教育実践側の問題もあろう。急速に展開した実践は，いくつかの混乱を含んでいるし，周囲の理解を得ながら進められていないきらいがある。ジェンダーは学校だけの問題ではないため，当然，社会との対話の上に進められるべきである。筆者には，日本の学校の閉鎖性が，ここでも問題の背景となっているように感じられる。

しかしそれと同時に，批判者がジェンダー・フリー教育を正しく理解していない点もあろう。たとえば，ジェンダー・フリー教育は，「男は男らしく，女は女らしくしなければならない」を否定するが，「男は男らしく，女は女らしくしてはいけない」も否定するものである。つまり，従来の固定的な役割観や価値観からいったん解放された上で，それでもあえて伝統的なジェンダーを主体的に選び取る人を，否定したり差別したりするものではない。どのような役

割を担うかは，自己決定すべきだと考えるからである。しかし批判者の一部は，ジェンダー・フリー教育は，「男らしく」したい男や「女らしく」したい女を一律に否定するものだと誤解しているように思われる。

　そのような誤解の背景は多様に考えられようが，筆者は，それは彼らがジェンダーを理解できないためではなく，むしろ彼らが，「自己決定を基盤になされる教育」，より明確にいえば，「自己決定によってなされる学習を中核とした教育」というものを想像できないためではないかと考える。つまり，ジェンダー・フリー教育の推進者と批判者の間で一致していないのは，ジェンダーに対する考え方であるというより，教育が自己決定を基盤とし得るかどうかという考え方であるということはできないだろうか。

　しかしこの点，つまりジェンダー・フリーな学校を作るためには自己決定が最大限に尊重されなければならないという点は，ジェンダー・フリー教育の推進者の間でも本当の意味で十分に理解されているとはいえない場合があるのではないか。その点が，批判者に誤解される一因を形成しており，その点では，批判者も推進者も共通の問題を有しているといえないか。そしてそれは，彼らが共通の背景を有していることによるのであり，それはつまり，その両者とも，自己決定を基盤とした教育を受けてこなかったことであると考えられないか。

　極めて乱暴に，かつ誤解を恐れずにいえば，ジェンダー・フリーを学ぶことはさほど難しいことではない。むしろ本当に難しいのは，既存のさまざまな社会的束縛や価値観から自由になって，自らの価値観と規範を確立し，それに従った自己決定，自己責任を基盤として生きることである。

　先述のサドベリーバレー・スクールの創立者の一人であるダニエル・グリーンバーグ氏は，筆者にこう語ったことがある。「旧約聖書には，奴隷を6年使ったら，7年目には自由にしなくてはならないが，本人が奴隷の身分にとどまりたいと言ったら，一生奴隷とすることができると書いてある（筆者注：この箇所は旧約聖書の申命記15章12節-18節（奴隷の解放）。なお旧約聖書の出エジプト紀21章1節-11節（奴隷について）にも同様の記述があるが，解放の条件が少し異なっている）。子どもの時，6年の奴隷生活の後にさらに奴隷の身分を続けたい者がいるとはどうしても思えず，旧約聖書学者だった父にくってかかるように質問した記憶がある。しかし今，このことの意味がじつによくわかる。世の中を

見れば，ほとんどの人が，自ら，既存の教育制度をはじめさまざまな制度に拘束されることを選んで暮らしているではないか」。

この言葉は，教育を考える時に，筆者の頭から離れることはない。従来からの教育は常に，子どもたちを既存の価値観にフィットさせていく強い側面を有しているからである。自己決定と自己責任を基盤に生きていくことを教えることは，従来のあり方を基盤とする学校にとっては，一種のパラドクシカルな状況を生み出す。学校がそのようなパラドクスを越えていくための方略は，筆者にはまだ明確にみえていないからである。

なお，自己決定を保証するなら，少なくともそれが保証されるための教育の多様化と学校の多様化，そして学校選択の自由が保証されなければならないことを指摘しておきたい。

6．教育におけるジェンダーの問題と課題

以上のような問題に加え，教育固有あるいは学校固有のジェンダーの問題を押さえておくことが有効であろう。教育におけるジェンダーの問題の固有性を語ることは極めて難しいが，以下にいくつかの観点を提示したい。

(1) 子どもたちが小学校入学以前にすでに強くジェンダー化されていること

新生児には，外性器以外の男女の特徴はほとんどみられない。その状態は，新生児に固有であるがゆえに，そこから脱することが脱新生児化，つまり成長であるとみられがちであり，親は新生児に，早く男の子あるいは女の子として成長してほしいと期待する。またそもそも，親は，この子を「男の子として」あるいは「女の子として」認識し，そう育てようと思うことによって，親としての意識を確立させる側面があり，親にとって新生児の性別は，その子との関係性の根幹をなすといっていいほどである。親が新生児にベイビー・ブルーかベイビー・ピンクのどちらかの産着を着せて，明確に性別を示そうとする背景には，このような無自覚な意識もあるのではないだろうか。

同様の理由で，年齢が小さいほど，少しでも早く男性化あるいは女性化することが，子どもの成長と同一視されることがある。男の子の「腕白」あるいは

女の子の「おませ」な様子は，周囲から成長と受け止められる。つまり，ジェンダー化と成長は，この時期の親によってほぼ同一視される傾向がある。それはその後も続き，小学校入学までの時点で，子どもに与えられる衣服，おもちゃ，絵本などの多くは明確にジェンダー化され，その子のジェンダー化を促進する。言い換えれば，子どもは成長の過程でジェンダー化されるとともに，ジェンダー化を目指して成長させられるのである。そのような背景を背負い，ジェンダーがかなり刷り込まれた状態で学校に入学することが，先述の，同級生への賞賛や攻撃の背景の一つとなっていると考えられる。学校におけるジェンダーの取り組みは，まず，このような困難を背負って開始されることを理解する必要がある。

(2) 学校の有する社会の価値観や規範の継承機能とのコンフリクト

学校は，文化を継承する機能を有している。しかしジェンダーに対する取り組みは，むしろ，「継承すべき内容を批判的に捉え直し，組み替える」営みである。そのことにより，学校の文化継承の機能とのコンフリクトが生じ，それは，家庭や地域や社会とのコンフリクトとなる。

またそこには階級的な問題もある。個人的とは別に，階級あるいは階層によっては，ジェンダー化されることを意図的あるいは無意図的に享受し，その上に自らの安定を望む人たちもいる。そういう状況でジェンダーを扱っていくことは，ジェンダーを自覚して自己決定をしていくことがメリットとなると感じている階級との間の，一種の階級対立の問題となる可能性がある。

これらのことから生じるコンフリクトを最小限にすることは，信頼を必要とする学校教育において重要なことであろう。「継承すべき内容を批判的に捉え直し，組み替える」プロセスを開示し，そこへ保護者を参加させるなどして，家庭や，学校以外の社会との対話を深めていくことが課題となろう。

(3) 性と身体性の問題

教育とは，極めて身体性の深い営みである。それにもかかわらず，学校教育は近年特に，身体性や身体意識を欠落させてきた傾向がある。それは一つには，受験競争社会になり，試験で計測しやすい知識面の能力だけが重視されるよう

になった結果であるかもしれない。もちろんそれ以外の多様な要因を含めた複合的な影響であると考えるべきであろうが，いずれにせよ，自傷行為や摂食障害など，精神と身体の乖離とも呼ぶことのできる現象が，中学生や高校生などを含む若者に増えている。教育におけるそのような欠落の最大のものが，性である。性（セックスとセクシュアリティ）に関する教育は，常に忌避され，あるいは周辺化されて，学校教育における中心的な論点になることがなかった。その背景には，学校における「性のタブー視」が存在する。

しかし，身体に関する教育は性の問題を抜きにしては行えない。それは，性が身体に属するものであるからではなく，性が人間にとって，精神と身体との結節点だからである。性を忌避する以上，身体と精神を統一的に扱うことができない。そしてその性こそは，いうまでもなく，ジェンダーと不可分な，人間存在とって一つの中核的な要素である。したがって，教育における身体性を重視するなら，セックスとジェンダーを扱わざるを得ず，ジェンダーを扱うことは，教育における精神的な領域だけでなく，身体的な領域へと踏み込み，その上で，その両者を統合していく営みとしなくてはならない。このようにジェンダーの教育を，従来の教育の一つの延長やバリエーションとみる限り，本当の意味でのジェンダーの教育は成立し得ないであろう。ジェンダーの教育は，精神に偏重した教育を，精神と身体を統合した教育へと変革していくことでもある。

(4) そのほかの問題

そのほかに，学校のジェンダーの問題が，教育の場としての子どもにとってのジェンダーと，教職員の職場としての大人にとってのジェンダーという二重構造をもっていて，しかもその両者が複雑に絡みあっている点も学校のジェンダーを複雑にしている。また学校教育が労働市場と密接な関連を持っていて，労働市場での女性の価値の相対的な低さが背景となり，教育投資や教育期待を男子に集中させ，その結果教育達成の男女差が生まれること（木村, 1999），つまり，労働市場におけるジェンダーと密接に関連していることも，問題を難しくしている。

さらに，ジェンダーの教育の中で，トランス・ジェンダー等の多様な性のあ

り方をどう扱うか，特に男女共同参画という言葉が，「男女」という限定性を有していることをどう克服していくか，等も今後の課題となるであろう。

7. おわりに

　以上，いくつかの観点から教育，特に学校を中心にジェンダーについて検討してきた。ここで取り上げていることがらは，教育とジェンダーをめぐって検討されるべき実に広範なことがらの，ほんの一部でしかない。ジェンダーの問題は教育のどこにでも潜んでいる。それらを，マクロな観点とミクロな視点の両者のバランスの中で，また学校の内と外との対話を深める中で，検討し続けていくことが必要である。

詳しく知りたい人のための参考図書

木村涼子　「女性キャラはなぜ一人──アニメやマンガにおけるジェンダー」天野正子・木村涼子（編）『ジェンダーで学ぶ教育』　世界思想社，2003年。

上野千鶴子　「フェミニスト教育学の困難」　藤田英典・黒崎勲・片桐芳雄・佐藤学（編）『教育学年報7　ジェンダーと教育』瀬織書房，1999年。

M・サドカー＆D・サドカー著，川合あさ子訳『「女の子」は学校でつくられる』時事通信社，1996年。

相良順子　「幼児・児童期のジェンダーの発達」　伊藤祐子（編）『ジェンダーの発達心理学』　ミネルヴァ書房，2000年。

江原由美子　『自己決定権とジェンダー』　岩波書店，2002年。

KEYWORD

生産と再生産　子を産み育てることを，モノを作るように「再『生産』」と呼ぶことに違和感を感じる読者もあると考えられるが，英語では，再生産も生殖も，同じreproductionである。

【引用文献】

藤田英典　1999　ジェンダー問題の構造と〈女性解放プロジェクト〉の課題　藤田英典・黒崎 勲・片桐芳雄・佐藤 学（編）　教育学年報7　ジェンダーと教育　頼織書房　5-68
外務省訳 http://www.mofa.go.jp/mofaj/gaiko/josi/ 2003.1.13 閲覧
Greenberg, D.　1991　*Free at Last : The Sudbury Valley School.*（大沼安史訳　これが21世紀の教育だ 「超」学校1　一光社　1996）
橋本健二　1996　教育改革の基礎としての〈近代教育システム〉批判 季刊フォーラム教育と文化　**3**　労働教育センター　6-12
堀内かおる　2003　6 家庭科は誰が学ぶもの？——〈ジェンダー再生産の象徴〉を超えて（天野正子・木村涼子編　2003　ジェンダーで学ぶ教育　世界思想社　104-118）
亀田温子・舘 かおる編著　2000　学校をジェンダー・フリーに　明石書店
木村涼子　1999　学校文化とジェンダー　勁草書房
毎日新聞記事　2003a　名簿：「男女混合はマルクス思想」と男女別に 新潟の小学校 6月27日
毎日新聞記事　2003b　ジェンダー・フリー教育推進の陳情不採択 鹿児島県議会 10月3日
文部省　1985　家庭科教育に関する検討会議報告
村田昭治　1998　技術科教育の歴史と展望(2) 日本産業技術教育学会誌　**40**(3)
大谷 尚　2000　あるフリースクールの学校文化の検討——サドベリーバレー・スクールでの観察と面接にもとづく分析　名古屋大学大学院教育発達科学研究科紀要（教育科学）　**47**(2) 2001 11-27
桜井哲夫　1984　近代の意味——制度としての学校・工場　日本放送出版協会
佐藤幸治　1991　未成年者と基本的人権　法学教室 **133**　39-40
菅谷明子　2000　メディア・リテラシー——世界の現場から　岩波書店
鈴木みどり編　1997　メディア・リテラシーを学ぶ人のために　世界思想社

（大谷 尚）

8

法学とジェンダー

　この章においては,「ジェンダー」に縛られない社会に向けて,これまで日本社会はどのような変遷を経てきたかをたどってみることにしよう。そして「法」がそれにどのようにかかわってきたかを振り返ってみよう。

1. 日本国憲法の制定と「法による女性差別」の克服

　1946年11月3日,日本国憲法が公布された。これにより,国民の基本的人権が「この国のかたち」の基本に据えられた（憲法11条）。憲法が「すべて国民は,個人として尊重される」（憲法13条）という時,「国民」には女性も含まれる。「すべて国民は,法の下に平等であって,人種,信条,性別,社会的身分又は門地により,政治的,経済的又は社会的関係において,差別されない」（憲法14条）とも規定された。女性と男性の関係については次の条文もおかれた。「婚姻は,両性の合意のみに基づいて成立し,夫婦が同等の権利を有することを基本として,相互の協力により,維持されなければならない」「配偶者の選択,財産権,相続,住居の選定,離婚並びに婚姻及び家族に関するその他の事項に関しては,法律は,個人の尊厳と両性の本質的平等に立脚して,制定されなければならない」（憲法24条）。

　戦後しばらくして,こんな歌が流行った。「君は憲法24条を知ってるかい？」○○家と◇◇家の合意ではなくて,親や親戚の意向によるのではなくて,君と

僕，あなたと私の二人の合意のみに基づいて婚姻が成立するという新ルールを噛みしめながら結婚を申し込む，という歌である。新しい憲法を国民がいかに歓迎したか，流行歌一つとっても目に浮かんでくるようである。

「法が平等をうたうのは当然ではないか」と多くの人は思うかもしれない。そうであってほしいが，しかし過去を振り返れば，それは当然ではなかった。むしろ戦前は，女性は法によってあからさまに差別されていた（高群, 1972）。

第一に，女性は参政権が認められていなかった。「女子は政事上の結社に加入することが許されない」ことも法律（治安警察法）がわざわざ定めていた。大正の末（1925年）に衆議院議員選挙法が改正されて普通選挙が日本においても実現し，議会制民主主義が強化されたが，しかし選挙できるようになったのは25歳以上の男子に限られていた。これではおかしいと考える女性たちが婦人参政権を目指して運動を起こしたが，それが実を結ぶより前に，日本は戦争に突入していった。日本で女性が参政権を獲得できたのは，1945年12月の衆議院議員選挙法改正による。1946年4月に総選挙が行われ，39人の女性国会議員が初誕生した。そして直後に日本国憲法が制定され，女性参政権に堅い基盤を提供していった。

「法による女性差別」は，戦前はさまざまな法分野に及んでいた。民法は人々の社会生活の最も基本的な関係を定める重要な法律である。明治政府が，近代日本社会の礎(いしずえ)にしようと取り組んだ民法典編纂(へんさん)事業は，難航の末，明治31年に現行民法典の制定までたどり着いた。そしてそれは，その後の日本社会経済の発展を支える基盤としてある程度成功を収めたからこそ，現在まで引き継がれてきている。しかし，大きな欠点があった。民法自身が女性を差別していたのである。そのため，日本国憲法の制定に伴って，大幅な改正が必要になった。とりわけ親族・相続関係を規律する第4編第5編は，全面的な書き換えが必要になった（その結果，民法はここだけが，昔風の片仮名文語体ではなくて，平仮名口語体となっている）。

戦前の民法は「家」制度を中心に据えていた。家は戸主(こしゅ)と家族からなる。家族は，戸主の親族（6親等内の血族，配偶者，3親等内の姻族）でその家にある者と，その配偶者からなる。家族は戸主の同意がなければ婚姻もできない。どこに住むかについても，戸主の意に反してはならない。戸主は家族を扶養す

る義務を負う代わり，家族が特に自分個人で得た財産以外は，家の財産はすべて戸主の財産とされた。他家の者が家族になるにも，家族が分家をするにも，戸主の同意が必要であった。このような家制度の下では，家族は戸主の機嫌を損じないように暮らさなければならない。そしてほとんどの場合，戸主は男性であった。戸主の地位は家督相続される。相続は男系優先であり，長子優先である。姉よりも弟が先であるのはもちろんのこと，庶子（父が認知した婚姻外の子。妻は夫が認知するのを拒めなかった）でも男であれば，嫡出子（婚姻関係にある夫妻の子）の姉よりも優先した。

　それに女性は，たとえ男兄弟がいないために女戸主になったとしても，婚姻すれば夫権に服さなければならなかった。戦前の民法による女性差別を最も露骨に示していたのは「妻の行為無能力」の制度である。民法は「行為能力」の制度を設けている。たとえば20歳に達していない「未成年者」は，判断能力が不十分で，当人にとって適切でない取引をする恐れがあるため，親権者などの同意を得ないで取引をすると，後からそれを取り消すことができる。戦前は，結婚した女性は，このような未成年者と同様に扱われた。20歳になると女も男も行為能力者となるが，成年女性が結婚すると再び未成年者と同様になり，就職するにも自分で商売をするにも夫の許可を得なければならないというのが，民法の定めるルールであった。また，夫妻どちらの財産かわからないものは夫の財産とされた。さらに，たとえ妻が自分個人で得た財産であっても，婚姻届出前に契約しておかなければ，夫は当然に妻の財産を管理するものとされた。

　もう一つの基本的な法である刑法においても，たとえば姦淫罪の扱いにおいて女性差別が露骨であった。妻が姦通すると，夫は告訴して，2年以下の懲役に処するよう求めることができた。妻の姦通の相手についても同様である。妻は夫のものであるから，それを犯した男も他人の所有権を侵害したのと同様に処罰されるというわけである。ところが妻は，夫の姦通を訴えることができなかった。夫の姦通の相手についても同様であった。夫は妻のものではないからである。

　配偶者の姦通を理由に裁判所に離婚を申し立て得るか否かについても，男女の扱いは不平等であった。妻が姦通すると，相手に妻がいようがいまいが，そ

れだけで離婚原因とされた。しかし夫が姦通しても，相手に夫がいなければ，妻はそれを理由に裁判所へ離婚を申し立てることができなかった。夫の姦通相手が人妻であって，その夫が告訴をして自分の夫が姦淫罪によって刑に処せられたときに，はじめて妻は離婚を申し立てることができたのである。

　自由と平等を重んじるはずの近代国家の法が，このように露骨な不平等を規定していることについて，当時の女性法律家たちは「これでは法の精神に反する」という声を上げなかったのであろうか。当時はそもそも女性法律家はいなかった。1883年に制定された弁護士法は，弁護士は男子でなければならないと定めていた。女性にはさまざまな専門職の資格や公職が始めから閉ざされていた。それに女性は，大学で高等教育を受ける機会からも，戦前はほとんど締め出されたままであった。

　弁護士法がようやく改正されたのは1933年である。それが1936年に施行された2年後に3名の女性が試験に合格し，初めて法曹への道を歩み始めたのであった。

2．戦後社会における性別役割分担の浸透と実態面における不平等

　戦前には家制度に縛られていた日本が，戦後日本国憲法を制定し，「法による不平等」を改めていったことは，女性の社会的地位の向上に大きな意味をもった。しかし男性優位の社会構造や考え方は，その後も根強く日本社会に生き残り続けた。

　戦後の日本社会では，家父長制的な家制度は法的支柱を失って，さすがに揺らぎ始めた。これに代わって発達を遂げ，新たな生活共同体を提供していったのが，会社や官庁などの職場組織である。戦後の高度成長期を通じて「職場と家庭の分離」が進むようになった。それとともに「男は仕事，女は家庭」の性別役割分担が社会に広く受け入れられていった。古い家制度の封建的な拘束から逃れて，都会で働く次男三男坊に嫁ぎ，嫁姑問題に煩わされることもない三食昼寝付きの生活ができる「専業主婦」になることは，多くの若い女性にとって，決して悪くはない人生の選択肢のように思えた。

　職場へ働きに出る側の男性たちにとって，戦後の荒廃した経済を復興し，世

界的市場競争の中で生きながらえようと努力するのは容易ではなかったというべきなのであろう。敗戦によって戦地から帰ってきた男性たちは，今度は職場を戦闘的戦士集団のように組織していった。男性たちは過労死寸前の長時間労働を当たり前とし，家庭や子育てを顧みる余裕を失っていく（浜田, 1994）。そうなると，自分がこんなに働いているからには，妻が自分に尽くすのは当然という気がしてくる。気に入らないことがあれば，二言目には「誰に食わせてもらってると思ってるんだ」という罵声が妻に浴びせかけられる。こんな光景が日本のあちこちの家庭で繰り広げられるようになった。

女の子は，どうせ結婚して家庭に入るだけなのだから高校へ行かなくてもよいとか，短大へ行くだけで十分だとかいわれた。大学へ進学するにしても，理工系は今ひとつとか，経済や法律もはたしてどうかといった感覚で学部の選択がなされたため，学部によって男女比率は大きく変わった。

そうであっても，学校を卒業後，結婚までの間は，女性もお茶やお花のお稽古だけというよりは，就職して働こうということになる。しかし職場では，お茶くみや掃除，コピー取りなど補助的な仕事が女性に割り当てられ，男性と女性の賃金差は大きくて当たり前とされた。結婚しても仕事を続けたいというと，周りの人々に嫌な顔をされる。結婚退職をわざわざ制度化している職場さえ少なくなかった。ましてや子どもを産んでも仕事を続けるとなると，いよいよ大きな壁が立ちはだかった。夫が子育てを顧みる余裕がない中で，保育所も不十分な中で，都会の核家族の中で孤軍奮闘せざるを得ない女性たちは，いったいどうしたら仕事と子育てを両立させ得るというのであろうか。それに，夫が辞令一本で遠い町へ転勤になった時，あるいは郷里の父母が年老いて倒れて介護が必要になった時，それまでかろうじて共働きを続けてきた妻も，泣く泣く仕事を断念して専業主婦になるのであった。

戦後の日本では露骨な男女不平等の法制度は改められていったから，結婚も子育てもあきらめて一生独身を貫けば，女性であっても一生を貫く仕事を持つことが（男にはない苦労を伴ったが）何とか可能になってきた。しかし女性が結婚したり子どもを産んだりすると，好むと好まざるとにかかわらず，運がよほど強いか，働き続ける意思がよほど強い女性でない限り，通常は専業主婦の人生コースに陥っていった。専業主婦は夫不在の核家族で，孤独で心細い思い

をしながら子育てをした。それが一段落した後、再び職探しを始めると、「中年女にはろくな仕事がない」現実に直面し、落胆のため息をついた。仕方なくパートでも良いからと働きにでても、それだけでは自立した生活は到底まかなえず、結局は夫の機嫌を損じないように気をつけながら毎日暮らしていくことになった。

3. 世界における女性解放運動の高まりと「国連女子差別撤廃条約」

　戦前の家制度が日本の際だった特色であったように、戦後の性別役割分担意識の強さと職場や家庭における男女の実質的な不平等も、世界の中で日本は際だっていた。とはいえ女性問題に関しては、多かれ少なかれ、同様の傾向が世界の諸国でみられた。

　フランス革命は「自由・平等・博愛」を掲げて多くの市民の魂を揺り動かし、近代市民社会の確立に向けて大きな潮流を引き起こした。しかし、その際の「市民」は、事実上は「家長」たちを意味していた。女性たちは市民から排除されていたのである。議会制民主主義が多くの国々に浸透していった19世紀にあっても、女性は参政権が認められないのが当たり前であった。妻の行為無能力もまた、多くの国で採用されていたルールであった（吉田、2003）。それゆえに女性解放運動が盛り上がってくると、そのような運動は国境を越えて互いに影響を与えあった。ちなみに、国政レベルで婦人参政権を実現したのは、最も早いニュージーランドは19世紀中であったが（1893年）、ドイツ、アメリカ、イギリス、ソ連などは20世紀前半であり、イタリア、フランスなどは日本と同様に第2次世界大戦後に持ち越した。スイスに至っては1971年と、世界の後塵を拝した。

　19世紀から20世紀前半にかけての女性解放運動によって、「法による女性差別」は多くの国々で次第に取り払われていった。ところがその後にまで女性差別が根強く残る現象が、これまた世界の各地でみられた。1960年代になると、アメリカの女性たちの間で第二波の女性解放運動、ウーマンリブ、フェミニズムの運動が起きた。当時アメリカでは、黒人たちの公民権運動が盛んとなり、女性解放運動もそれに連動する形で盛んになったのである。

このような運動の中で、「ジェンダー Gender」という言葉に積極的な意味が与えられるようになった。自然的生物的な性差である「セックス Sex」に対して、社会的文化的な性差は「ジェンダー」と定義され、ジェンダーの視点からさまざまな問題を捉え直す試みが世界の各地で進められるようになった。

このような国際的な努力が実を結んだものの一つに、国連が1979年に採択して1981年に発効した「女子差別撤廃条約」がある。この条約もまた私たちにとって、日本国憲法と同様に、噛みしめながら読んでみる価値がある。

この条約の前文は、たとえば次のように語っている。国際連合憲章、世界人権宣言、人権に関する国際規約等、種々の文書において人間の尊厳と男女の権利の平等は繰り返し確認されてきているにもかかわらず、「女子に対する差別は依然として広範に存在している」。「女子に対する差別は、権利の平等の原則及び人間の尊厳の尊重の原則に反するものであり、女子が男子と平等の条件で自国の政治的、社会的、経済的及び文化的活動に参加する上で障害となるものであり、社会及び家族の繁栄の増進を阻害するものであり、また、女子の潜在能力を自国及び人類に役立てるために完全に開発することを一層困難にするものである」。

前文はまた、次のようにもいっている。「国の完全な発展、世界の福祉及び理想とする平和は、あらゆる分野において女子が男子と平等の条件で最大限に参加することを必要としている」。「家族の福祉及び社会の発展に対する従来完全には認められていなかつた女子の大きな貢献、母性の社会的重要性並びに家庭及び子の養育における両親の役割」に留意しなければならない。「出産における女子の役割は差別の根拠となるべきでは」ない。「子の養育には男女及び社会全体が共に責任を負うことが必要である」。「社会及び家庭における男子の伝統的役割を女子の役割とともに変更することが男女の完全な平等の達成に必要である」。

条約は以上のように指摘した後、「女子に対する差別の撤廃に関する宣言に掲げられている諸原則を実施すること及びこのために女子に対するあらゆる形態の差別を撤廃するための必要な措置をとることを決意した」といって前文を結び、30条の条文を協定した。

4. 男女共同参画社会の実現に向けて

「女性は結婚すれば退職する」という職場のルールは，戦後の日本社会においてはたして許されてよいものなのであろうか。結婚によって退職を迫られた女性が初めてこの問題を裁判に訴えたのが，住友セメント事件であった。これに対し東京地裁は1966年12月20日に，このような結婚退職制は無効であるという判決を下した（『判例時報』267号, p.26）。原告の女性がこれによって職場復帰を果たしたことは，働く女性にとって実に画期的なことであった（中島, 2003）。

判決は次のようにいう。「性別を理由とする合理性なき差別待遇を禁止することは，法の根本原理である。憲法14条は国家と国民との関係において，民法1条ノ2（筆者注:「本法は個人の尊厳と両性の本質的平等とを旨として解釈すべき」ことを定めている）は国民相互の関係においてこれを直接明示する」。「したがって，性別を理由とする合理性を欠く差別待遇を定める労働協約，就業規則，労働契約は，いずれも民法90条（筆者注:「公序良俗違反の法律行為は無効」と定めている）に違反して無効である。判決はまた，結婚の自由は憲法13条等に基づく基本的人権であり，結婚退職制はこれを制限するという点でも民法90条に違反すると指摘した。

この後1980年代の初めにかけて，定年・退職・解雇に関する事件で原告女性が勝訴する判決がいくつか続いた。とりわけ最高裁1981年3月24日判決（『最高裁判所民事判例集』35巻2号, p.300）は，日産自動車の女子若年定年制を違法とし，それまでの下級審判例の流れを確実にした。

しかし，これらの判例にもかかわらず，職場における男女平等は実質的にはなかなか進まなかった。当時の4年生大学の女子学生は，就職活動をしようにも民間会社への門は閉ざされたも同然で，公務員か教員でも目指すほかなかった。

このような状況に変化の風を運んできたのが「国連女子差別撤廃条約」である。1985年に日本もこれを批准することとなり，これに合わせて同年に「男女雇用機会均等法」が，勤労婦人福祉法の大改正という形で制定された。この

法律は「雇用の分野における男女の均等な機会及び待遇の確保」を目的としており（同法1条），定年・退職・解雇に関する差別を禁止した。しかし，教育訓練や福利厚生における差別は，一部禁止にとどまった。募集・採用や配置・昇進の差別を無くすのは，事業主の努力義務とされただけであった。大企業はこの均等法への対策として，総合職と一般職のコース別雇用管理を導入し，実質的には男女別雇用管理を続けた。

　これらの制約はあったものの，均等法を契機として，1980年代の後半には日本の大企業の中枢部分に，初めて相当数の総合職女性社員が就職していった。当時日本経済は好調であったから，就職希望の男子学生は大企業の就職担当者に豪華な食事に誘われたりしながら「ぜひウチに就職するように」と強く勧誘されていた。これに対し総合職希望の女子学生は，就職訪問をしてもコーヒーをごちそうになる程度であったが，これまでとは異なってまともな就職面接を受けることができた。そして，従来は男性のみとされていた職場へ就職していくことができた。

　バブルが崩壊して日本経済が長期不況に陥ると，均等法の威力は色あせ始めた。若者の就職難は，女性にはとりわけ厳しく降りかかってきた。この時期には，「均等法世代」ともてはやされた総合職の女性たちも結婚出産期を迎え，職場や家庭でさまざまな壁にぶつかっていた。

　この困難な時期に，日本でも女性たちが初めて声を上げるようになったのが「セクシュアル・ハラスメント」である。「セクシュアル・ハラスメント」は，1970年代のアメリカにおいて判例上認められるようになった新しい言葉であった。「職場や学校において女性に対して執拗に行われる，望まない性的発言や言動」がセクシュアル・ハラスメントであるといわれた時，多くの女性は，確かに自分にもそのような嫌な経験があると思い当たった。日本では1989年6月にある女性雑誌が「もう許せない！　実態セクシュアル・ハラスメント」という特集を組んだのをきっかけに，「セクシュアル・ハラスメント」という言葉が急に大きくマスコミで取り上げられるようになった。1989年10月に第二東京弁護士会がこれについて電話相談を行うと，一日で138件もの相談がよせられた。これに驚いてさまざまな団体や雑誌がさらに調査を行うと，さらに多くの声がよせられた。これにより女性たちは，忘れたくなるような嫌な経験は，

自分一人の個人的な問題ではなかったことに気づいた。こうして「セクハラ」問題が「発見」され，一気に社会問題になった（石田，1994）。

1990年代に入ると，セクハラの被害者は，加害者や加害者の使用者に対して裁判を起こすようになり，原告勝訴の判決が続々と出された（福岡地裁判決1992年4月16日，『判例時報』1426号，p.49など）。このような職場における動きに伴って，高等教育機関である大学においても，セクハラ事件が多く生じていることが明るみに出るようになった。大学を舞台とするセクハラ事件についても，原告女性が被告の男性教授に勝訴した判決がいくつも下されている（仙台地裁判決1999年5月24日，『判例時報』1705号，p.135など）（松本，2003）。

こうして1990年代の後半には，日本においてジェンダーによる差別を克服するには今一段の努力が必要であることが，多くの人々に認識されるようになってきた。そこで，再びさまざまな取り組みが開始された。

その一つが「男女雇用機会均等法」の1997年改正である（1999年4月1日施行）。これまで事業主の努力義務となっていた募集・採用，配置・昇進について，女性に対する差別が禁止された。また，教育訓練についても，差別禁止の対象範囲が限定されないようになった。これにより，募集・採用から定年・退職・解雇に至る雇用管理において，事業主が女性を差別することが禁止されるようになった。この改正はまた，セクシュアル・ハラスメントについても，事業主が配慮義務を負うことを定めた。これを受けて人事院は，セクシュアル・ハラスメント防止のために新たな人事院規則を設けた。文部省もまた，国立大学の長に対して，セクシュアル・ハラスメント防止のための意識啓発，必要な研修の実施や苦情相談体制を整備すべきことを通知した。このことが国立大学にとどまらず私立大学にも波及して，キャンパス・セクハラの防止体制が全国的に整えられるようになった。

もう一つ特記すべきなのは「男女共同参画社会基本法」である（1999年6月23日公布・施行）。この法律は，「男女が，互いにその人権を尊重しつつ責任も分かち合い，性別にかかわりなく，その個性と能力を十分に発揮することができる男女共同参画社会の実現」は「21世紀の我が国社会を決定する最重要課題」であると位置づけた。そして，国・地方公共団体・国民がそのための施

策の実施等の責務を負うことを明らかにした（辻村, 2003）。

「配偶者からの暴力の防止及び被害者の保護に関する法律」，いわゆるドメスティック・バイオレンス法が制定されたのも（2001年4月成立，10月の一部施行を経て2002年4月に全面施行），この基本法後の成果ということができよう。これにより，従来「夫婦げんかは犬も食わぬ」とばかりに放置されてきた問題は，国や地方自治体が警察等の公権力による積極的介入を通じてでも被害者を救済すべき「暴力」であると位置づけられた。「女性差別の社会を背景に，私的領域における親密な関係で起きる女性に対する暴力」を「女性の人権侵害」と認識する方向へ一歩踏み出したという点で，大きな意義が認められる。もっとも，被害者の保護を実効性あるものにしていくために改善すべき点はまだ多いことが指摘されている（戒能, 2003）。

現在も，たとえば民法の分野においては，次のような法改正が議論されている。①婚姻最低年齢が，男は18歳，女は16歳とされているのを（民法731条），男女とも18歳と平等にする。②女についてだけ6ヵ月という長期の再婚禁止期間を定めているのを（民法733条），100日とする。これらの提案は，形式的な不平等を改めようとするものであるから，大方の賛成が得られている。これに対し，賛否分かれて大問題になっているのが，③選択制夫婦別姓制度の導入である。現行の民法750条は，夫婦は同姓とすべきことを定めている。本来はどちらの姓を選んでもよいはずであるが，実際には98％を超える夫婦が夫の姓を選んでいる。女性は結婚によって，改姓を望まない場合にも，事実上改姓を迫られている。とりわけ深刻なのは，自らの職業を持つ女性が，改姓によって社会的実績や信用をつなげなくなる不便を強いられている点である。また，結婚・離婚・再婚などのプライバシーをいちいち公にしなければならない苦痛も，女性たちは耐え忍んでいる。そこで，夫婦は希望すれば別姓を選択できるように民法を改正することが提案された。しかし，これに対しては，それでは伝統的な家族制度が崩壊するといって反対する勢力も強い。そのため，今なお攻防が激しく繰り広げられており，すぐには決着がつきそうにない。④非嫡出子の法定相続分は嫡出子の半分とされているのを（民法900条4号但書き），平等扱いに改正しようという提案も，まだ実現していない（吉田, 2003）。

刑法の分野では，性犯罪の処罰が軽すぎることが問題となっている。性暴力

によって被害者は大きな恐怖を味わい，心身を深く傷つけられる。それにもかかわらず，加害者は十分に処罰されていない。被害者が意を決して被害を訴えても，警察，検察や裁判の場では「女性側にも落ち度があったのでは」とか「ほんとは合意していたのでは」といった疑いの目で見られがちである（宮地，2003）。その上性犯罪の法定刑は，他の犯罪とのバランスをそもそも失している。「暴行または脅迫を用いて他人の財物を強取した者」は，強盗の罪で，「5年以上の有期懲役」に処せられる（刑法236条）。これに対し，「暴行または脅迫を用いてわいせつな行為をした者」は，強姦の罪で，「2年以上の有期懲役」に処せられる（刑法167条）。これでは，「女性の性的自由」が「財物」よりも軽く扱われていることになる。このような批判がなされていたところへ，早大生たちによる集団女性暴行事件が生じた。そこで法務省も，強姦罪の法定刑の引上げや集団強姦罪の創設など，性犯罪の罰則強化のための刑法改正に乗り出す方針を固めたことが，2003年12月に報道された。

　以上にみてきたところから明らかなように，ジェンダーに縛られない社会の実現を夢に描いて，これまでに実に多くの人々が，実に大きな力を尽くしてきた。半世紀余り前に母や祖母たちがおかれていた境遇と比べれば，ここまで来ただけでも，信じがたいほどの改善が図られてきたと喜ぶことができるであろう。しかし，真に男女が共同して参画できる社会を実現するために，なすべきことはまだ多く残されている。

【引用文献】
石田眞　1994　セクシャル・ハラスメントと法　加藤雅信（編）　現代日本の法と政治　三省堂　204-214
戒能民江　2003　ドメスティック・バイオレンス　ジュリスト**1237**　146-155
高群逸枝　1972　女性の歴史（下）　講談社
辻村みよ子　2003　男女共同参画社会基本法後の動向と課題　ジュリスト**1237**　2-10
中島通子　2003　「雇用における性差別」　ジュリスト**1237**　89-98
浜田道代　1994　国家・企業・家族　加藤雅信（編）　現代日本の法と政治　三省堂　147-149
松本克美　2003　セクシャル・ハラスメント　ジュリスト**1237**　137-145
宮地尚子　2003　性暴力とPTSD　ジュリスト**1237**　156-173
吉田克己　2003　家族法改正問題とジェンダー　ジュリスト**1237**　126-136

（浜田道代）

9 政治学とジェンダー

1. 政治学におけるジェンダー

(1) 政治学はジェンダーを考慮してきたか？

残念ながら，とりわけ日本の政治学におけるジェンダーへの関心は，決して高いとはいえない。御巫由美子によれば，そもそも日本では，女性の政治学研究者の数自体が大変少ない上に，ジェンダーを研究テーマに取り上げている者となると，ごくわずかである。さらに，政治学の教科書においてもジェンダーの取り扱いは不十分であり，「総体として，ジェンダーの視点が，政治学の研究者に浸透していない」（御巫, 1999）。

(2)「政治学とジェンダー」への接近方法

どうすれば，政治学はジェンダーの視点を十分にふまえた学問となるのだろうか。「政治学とジェンダー」への接近方法の一つは，一般に「政治」の領域とみなされている諸制度・諸アクター——議会における政策決定過程，選挙・投票，行政，政党など——においてジェンダーがどのように作用し，かかわっているかを説明することである。たとえば，後述する「女性の政治的過少代表」の分析，ジェンダーの視点からの政策分析（横山, 2002），政治過程分析（岩本, 1997；堀江, 2001）などが考えられる。

しかしながら，本章では，より根本的な問題として，「政治とは何か」につ

いて，ジェンダーの視点をふまえて考え直してみたい。それには，以下に挙げる二つの理由がある。最終的には，この問いに対して，「政治とは公的営みである」という回答が与えられることになるだろう。

第一に，政治学における「ジェンダー主流化」を実現するには，政治学の個別の研究領域だけではなく，すべての研究領域の基礎となる，あるいはそれらに共通する問題にジェンダーの視点を取り入れることが不可欠である。「政治とは何か」という問題は，まさに政治学の基礎的かつ根本的問題である。

第二に，「政治とは何か」は，フェミニズム，とりわけ1960年代以降のラディカル・フェミニズムにおける中心的問題の一つであった。後述するように，ラディカル・フェミニズムは，「政治とは権力である」と考えることによって，政治の存在する領域を大幅に拡大した。本章は，ラディカル・フェミニズムによるこの政治概念の拡大は「政治学にとっても肯定的な意義を持つ」（岩本，2001, p.34）と考える。ただし，その上で，ラディカル・フェミニズムの政治概念には，修正されるべき点も存在していると考える。

2.「政治」を考え直す

(1) 政治学における「政治」の一般的定義

政治学における，政治の定義は，大まかにいって，次の二つのどちらか（あるいはこれらの混合）に分類できる（佐々木, 1999）。

第一の定義は，政治を「公的意思決定過程にかかわる人間や集団の行為や相互関係」と捉えるものである。この定義で「公的」という場合には，私たちが日頃ごく常識的に「政治」とみなしている諸制度・アクターなどが念頭におかれている。具体的には，議会，選挙，行政官僚制，政党，利益集団などである。政治学は，これらの制度・アクターを研究する学問ということになる。

第二の定義は，政治を「権力」と捉えるものである。「政治＝権力」という政治観を最も強力に打ち出したのは，多元主義論で有名なダール（R. A. Dahl）である。彼の政治定義は，「コントロール，影響力，権力，あるいは権威を相当程度伴う，人間関係の何らかの持続的なパターン」（Dahl, 1991, p.4）というものである。ダールの定義のポイントは，私的クラブ，企業，労働組合，宗教

団体，家族など，「ほとんどの人がふつうは『政治的』とみなさない団体」にも政治が存在していることを指摘したところにある (Dahl, 1991, p.4)。

(2) ジェンダーの視点からの「政治」の捉え方

ジェンダーの視点からは，先に述べた従来の政治学における二つの「政治」の概念は，いずれも批判の対象となる。

第一に，「政治＝公的意思決定」という政治定義に対して，ジェンダーの視点は，この定義が前提としている，公 (public) と私 (private) の区別を問題にする。この定義では，「公的な」意思決定が行われるのは，議会という「公的な」場――しかも，究極的には国家レベルの議会（国会）――である。このような政治理解に対して，フェミニストたちは異を唱えた。いわゆるラディカル・フェミニズムの「個人的なことは政治的である (personal is political)」というスローガンは，その象徴である。ジェンダーの視点からみれば，政治は「公的な」意思決定の領域に限定されるべきではない。むしろ，政治学が「私的」「個人的」とみなす男女関係や家族関係といった領域にも――そのような「私的な」領域にこそ――政治は存在するのである。

フェミニズムによる，このような政治学批判の基礎には，「政治＝権力」という政治観が存在する。たとえば，今やラディカル・フェミニズムの古典となった，ミレット『性の政治学』では，性行為において，いかに男性が権力を持って女性を支配・征服しているかが描き出されている。男性の権力行使による女性の支配，これこそミレットが性行為という，一見極めて「私的な」行為の中に政治を見出す理由なのである (Millet, 1970；岡野, 2000)。

しかし，第二に，同時にフェミニズムは，政治学における「政治＝権力」という政治像に対しても批判を行う。フェミニズムからみれば，政治学における「政治＝権力」という政治像は，その不徹底性が問題となるのである。もしも「政治＝権力」ならば，政治はあらゆる領域に存在するはずである。しかし，実際には，この政治定義を採用するダール本人を含め，政治学者たちが家族や男女関係を政治現象として分析することは，ほとんどなかった。結局，政治学の分析対象が国家を典型とする「公的意思決定」の領域であることは，ほとんどの政治学者にとって自明のことがらだったのである。

フェミニズムが批判するのは、このような政治学者の態度である。これまで「私的」とみなされてきた領域にも、男性による女性の支配という形で権力作用が認められるのであれば、「政治＝権力」の「論理的帰結」(Pateman, 1983)として、社会のあらゆる局面における政治の存在を認めなければならないはずだからである。

(3) 批判への応答

　ラディカル・フェミニズムによる「政治＝権力」という政治像に対しては、ジェンダー研究者の中からも批判が提起されている。たとえば、御巫 (1999) は、フェミニズムの提起する政治概念では「政治現象」と「他の社会現象」との区別がほとんどなく、「すべての人間関係を政治現象として捉える傾向」がある、と述べる。その結果、政治学者たちは、「家庭における男女間の力関係といった問題に、研究対象としての正統性を付与したがらなかった」。それゆえ、彼女は、通常の政治学と同様の「政府の諸機関で行われる集合的決定とその実行」という政治定義——本章でいう「政治＝公的意思決定」という定義——を採用し、その領域における政治とジェンダーとの関係を分析対象とする。

　もちろん、公的意思決定の領域におけるジェンダーの作用を分析することは大切である。しかし、同時に、政治学の分析対象を「政治＝公的意思決定」の領域に限定することの問題性も問われるべきである。その理由を二つ挙げておこう。

　第一に、「政治＝公的意思決定」という政治像の問い直しは、ジェンダー以外の論点においても始まっている。とりわけ、重要なのは、1970年代以降に欧米諸国で噴出した「新しい社会運動 (new social movement)」である。この中には、フェミニズム運動、性的マイノリティの運動、環境保護運動、原子力発電や核兵器に反対する運動、人種・民族差別に反対する運動などが含まれる。これらの運動は、国家および大政党が新しい社会の要求に十分に応えていないことを批判し、議会などの「公的意思決定」の制度を経由しないで、これまでの生活形態や社会通念を改革しようとする点で、共通性を持っていた。この意味で、それは、「社会の政治化」を目指す「非制度的政治」の実践ともいわれる。「新しい社会運動」のインパクト・独自性を真剣に受け止めるならば、政

治学はその分析対象を「公的意思決定」の過程のみに限定するべきではないと思われる（丸山, 2000）。

　第二に，ジェンダーの問題を考え始めると，考察対象を「公的意思決定」の領域に限定することは困難となる。この点は，次節の「女性の政治的過少代表」問題の検討によって明らかになるだろう。

　以上のように，本章は，ラディカル・フェミニズムの問題提起を受け，政治を狭く「公的意思決定」の領域に限定すべきではないと考える。第3節では，「市民権」の問題をジェンダーの視点から考察することによって，政治を「公的意思決定」よりも広く捉えることについて，さらに考察を深める。

　しかし，他方で，本章は，「政治＝権力」という政治像にも異を唱える。公／私区分（本章第4節）および民主主義の問題（本章第5節）を考えることを通じて，ジェンダーの視点をふまえた政治像を「政治＝権力」ではなく，「政治＝公的な営み」という方向へと転換することを試みてみたい。

3．市民権──政治への参加資格の問題

(1) リベラル・フェミニズムと参政権としての市民権

　ここでは，政治をひとまず「公的意思決定」にかかわるものと想定して考察を始めよう。「公的意思決定」限定で考え始めても，ジェンダーの視点を取り入れると話はそこで終わらない，という方向で議論を進めていきたい。扱う問題は，「誰が決定に参加できるのか？」，すなわち決定への参加資格の問題である。この決定への参加資格のことを「（政治的）市民権（citizenship）」と呼ぶ。なお，市民権には，この「政治的権利」という以外に，個人的自由（身体の自由，思想・信条の自由など）の擁護としての「市民的権利」と，最低限の文化的生活を営む権利（社会福祉の権利など）としての「社会的権利」という2つの要素がある（Marshall & Bottomore, 1992）。

　ジェンダーの視点からの市民権論は，初期には女性の財産権および参政権の主張として展開した。政治と経済という「公的領域」での男女の自由と平等を唱えるこの考え方は，「リベラル・フェミニズム」と呼ばれる。とりわけ，女性の参政権の獲得は，女性に敵対的な社会の変革のための梃子となると考えら

れた（細谷, 1997）。

1960年代以降になると，このようなリベラル・フェミニズムの主張は，ラディカル・フェミニズムによる批判を浴びることになった。なぜなら，遅くとも第二次世界大戦終了後には，ほとんどの先進諸国で女性の参政権が認められたにもかかわらず，実際には男女の不平等は解消されてこなかったからである。ここから，公的領域における市民権の獲得だけでは限界があり，私的領域における性差別の構造——男女の権力関係——を問い直さなければならない，と主張されることになるのである。

(2) 女性の政治的過少代表

とはいえ，「公的領域」における女性の市民権獲得という，リベラル・フェミニズムの課題は，現在においても，主に「女性の政治的過少代表」の問題として論じられている。

女性の政治的過少代表とは，女性議員の議会における割合が人口あるいは有権者に占める女性の割合を大幅に下回っている状態を指す。女性議員の割合は，国・地域によって大きく異なる。スウェーデン，デンマーク，ノルウェーなどの北欧諸国では，おおむね女性議員の割合は高く，平均で39.7％を占めている。それ以外では，地域別でみると，どの地域も20％以下となり，最も低いアラブ地域では6.0％となっている。ちなみに日本は7.3％で，世界第98位となっている（IPU, 2003）。日本でも，1990年代における女性議員の増大傾向は，それなりに認められる。しかし，世界的にみれば，依然として十分ではないのである。

それでは，どうして女性議員の数はこのように少ないのであろうか。御巫（1999, 2000）は，女性の過少代表の理由として考えられるものとして，①有権者の女性に対する差別意識，②選挙制度や政党内の候補者選定ルールなどの制度的要因，③ジェンダーに基づく性別役割分業規範を挙げている。この中で差別意識については，女性議員数との間に因果関係を見出すことはできない，とされている。また，制度的要因については，たとえば，男性と一人の候補者ポストを争う小選挙区制よりも，比例代表制の方が女性議員の進出に有利とされている。以下では，三点目の性別役割分業規範について詳しく述べておこう。

性別役割分業規範とは,「男は仕事,女は家庭」という社会的に共有されたジェンダーに基づく意識のことをいう。たとえば,女性が政治的話題に「口出し」すると「なまいき」とか「女らしくない」ということになる。また,日本は典型的だが,たいていの女性は,男性よりも重い家事・育児・介護などの家庭責任を負っている。そのため,女性は,選挙に立候補することが男性よりも困難であるし,実際に立候補しても,家庭責任がある分,男性対立候補よりも大きなハンディを負うことになりがちなのである(御巫, 1999, 2000)。

女性の政治的過少代表の解決策として,各国で多く採用されている方法は,クオータ制である。一定の議席数そのものを女性に割り振る場合もあるが,批判を受けやすく,実施国はタンザニアなど,ごく少数である。多くの国では,候補者に占める女性の割合を,法または政党の自発性によって決めるやり方を採用している。法律によるものとしては,フランスのパリテ法(国レベル(小選挙区制)では男女候補者数に2%以上の開きがあると政党への公的助成金を減額,地方レベル(比例代表制)では候補者名簿を男女交互とするなどして女性候補をほぼ半数とする),アルゼンチン(候補者の30%を女性),ベルギー(30%),韓国(30%)などがある。また,政党による自発的クオータ制の例は,北欧・西欧諸国の社会民主主義政党やエコロジー政党に多く存在する。その多くは,比例代表制の候補者名簿の女性比率を40%前後とするものである(辻村, 2003; 糖塚, 2003)

(3) 市民権と差異

ところで,そもそも,なぜクオータ制は導入されるべきなのだろうか。もちろん,それは女性の市民権を保障するためである。しかし,このような政策を「逆差別」と感じる(とりわけ男性の)人々は多い。そもそも市民権は男女平等に保障されているのだから,女性政治家の数が少なくてもそれは候補者の能力・魅力の問題ではないか,というわけである。

ヤング(Young, 1995)の「集団代表制」の議論は,「逆差別」問題への一つの応答である。彼女によれば,市民権は男女の差異を超越した一般的・普遍的なものではなく,「特殊男性的な経験に由来する」ものである。自立・一般性・理性などが男性的なものとして市民権の資格要件となる一方で,情念・感

情・身体的ニーズなどは女性的なものとして家族内部に割り振られた。このようにして成立した市民権は、普遍性・一般性の名の下に女性その他の諸集団を排除してきたのである。したがって、女性の利益が意思決定の場に公正に反映されるためには、非抑圧集団としての女性に集団代表の権利を認める必要がある。この権利は、男性には適用されない。なぜなら、男性は「特権的集団」としてすでに代表されているからである。その意味で、「集団代表制」は「差異化された市民権」である。こうして集団間の差異に配慮することによって、意思決定過程に公正な結果をもたらすことができるのである（Young, 1995）。

ヤングの議論は、一見普遍的にみえる市民権が有するバイアスを教えてくれる。女性議員が少ないのは、政治家としての活動という市民権の内容が実際には極めて特殊男性的なものであるために、女性が資格要件を満たしにくいためである。つまり、「差異化された市民権」としてのクオータ制を導入することは、「逆差別」ではなく、もともとバイアスのかかった「普遍的な市民権」の下で生じる差別を是正するための正当な手段なのだ。本当に男女平等な市民権を達成するには、まず現状における男女の「差異」を真剣に考慮することが必要なのである。

政治意識についての多くの調査・研究は、ヤングが指摘するような男女の差異を明らかにしている。御巫の整理によれば、女性は男性よりも軍備増強を嫌い、人種やジェンダーに基づく差別に対して敏感である。また、女性議員は、男性議員よりも男女平等、保育、育児・出産、セクシュアル・ハラスメントなどの「女性の問題」を積極的に取り上げる傾向がある（御巫, 1999）。したがって、女性の政治的過少代表の解消によって、それまでとは異なる争点が提示され、政策課題化される可能性が高まることになるだろう。このように、「差異化された市民権」は、「女性の特性」を視野に入れた政治・政治学の必要性をアピールするにとどまらず、従来の政治・政治学が特殊男性中心的であったことをも明らかにするのである。

(4)「公的領域」を越える市民権——性別役割分業批判

女性の政治的過少代表という状態が解消することは、「公的意思決定」の領域における女性の市民権獲得を意味する。ところが、話はここで終わらない。

なぜなら，女性が十分に市民権を享受するためには，最終的には公と私の両方の領域にかかわる性別役割分業規範の解体が必要だからである。

女性議員の数が少ない原因は，選挙制度などの公的領域の制度だけにあるのではない。御巫（2000）も指摘するように，公的領域で制度的にクオータ制が採用されても，性別役割分業規範のもとで女性に重い家庭責任が負わされたままでは，多くの女性が実際に政界進出することは困難なのである。

このことが意味しているのは，女性の市民権獲得問題の解決を真剣に考えるならば，問題を「公的領域」に限定して考えることは不適切，ということである。そのためには，女性のみが家族という「私的領域」における役割を割り振られていること——性別役割分業——を問題視しなければならない。オーキン（Okin, 1989）は，私たちの社会生活において，家族内の局面と非家族的局面との相互結合は「根深く，広く浸透している」と述べている。家族内での男女の不平等は，家族の外のさまざまな社会生活・政治生活における不平等と密接に関係している。すなわち，家族内での不平等が家族外の「政治」にまで波及し，「政治」における不平等が今度は家族内に波及するという「循環プロセス」が存在するのである。

こうして，女性の市民権という問題が教えてくれるのは，ジェンダーの視点をふまえた政治学は，その考察対象を「私的領域」にも拡大せざるを得ない，ということなのである。そこで次に，公的領域と私的領域との関係という問題を取り上げていくことにしよう。

4．公／私区分の見直し

(1) ジェンダーの視点からの公／私区分批判

政治学にとって，公／私区分の問題は他の学問よりも重要な問題である。なぜなら，そもそも政治学という学問を他の学問と分ける境界線は，公／私区分によって設定されてきたからである（Sapiro, 1998）。「公的領域」とは，端的に国家（または政府）を指し，「私的領域」とは，経済（市場）を指す。

しかし，ジェンダーの視点からみると異なる公／私区分が現れる。フィリップス（Phillips, 1998）がまとめているように，実際には，政治学者たちは二種

類の公／私区分を採用してきたのである。公／私区分は，国家と経済との間にのみ存在するのではない。この両者を公的領域とみなし，そこから「家族」の領域を区分するという，もう一つの公／私区分が存在しているのである。公／私の境界線を，国家と経済との間に（のみ）見出すことは，公的領域＝国家＋経済，私的領域＝家族という，より重要な区分を曖昧化してしまうのである。

　フェミニストたちは，ジェンダーの視点から，この曖昧化されてきた公／私区分の存在を掘り起こしてきた。ペイトマンは，社会契約論者として有名なロック（J. Locke）に，公的領域＝国家＋経済・市民社会，私的領域＝家族とする公／私区分の原型を見出した（Pateman, 1983）。彼女は，この区分は単なる形式的なものではなく，男女の平等にとって大きな問題点を有していることを明らかにしている。というのも，ロックにおいてこのような公／私区分は，男女の不平等な区分に対応しているからである。彼は『市民政府論』で，国家という公的領域は自由で平等な男性による社会契約によって形成されると主張した。しかし，同時に彼は，家族という私的領域においては，男性による女性支配を肯定したのである（Pateman, 1983）。

　政治学における公／私区分に対して，根本的な批判を提起したのは，ラディカル・フェミニズムの「個人的なことは政治的である」というスローガンである。その内容は本章第2節(2)で述べたので，ここでは，そのポイントとして，次の二点を確認しておこう。第一に，「私的領域」とされてきた家族の中にも政治は存在し，したがって政治学の公／私区分は無効だということである。第二に，公私の二つの領域に遍在する「政治」を捉えるために，「政治＝権力」という政治概念を採用すべきということである。

(2) 公／私区分は否定されるべきなのか？

　ラディカル・フェミニズムによる公／私区分批判の後で，政治学は公／私区分を否定するべきであろうか。従来の公／私区分に問題が多いことは確かである。しかし，だからといって，公／私区分を完全に否定するべきではない。それは，新しく構想し直されるべきなのである。なぜなら，ジェンダーの視点からみて，公と私には，それぞれ擁護されるべき理由が存在するからである。

　① 「私」の擁護　　近年のフェミニズムは，「私（プライバシー）」の意義を

再評価しつつある。他者との親密な関係を発展させたり，一時的に自らに帰せられた役割から離脱したり，精神や創造性の発達のための時間を確保したりするために，女性にとってもプライバシーは重要なのである（Okin, 1991）。

注意すべきことは，このような「私の復権」は，家族単位としてではなく，あくまで個人単位で考えられるべきだという点である（野崎, 2003）。「私の復権」は，家族を個人にとっての慣れ親しみのある「親密な領域（親密圏）」としてアプリオリに措定することとはまったく異なる（齋藤（編）, 2003）。ヤングが主張するように，家族ではなく，あくまでも個人にとってプライバシーは価値があると主張することが，家族内での男性による女性支配（家父長制権力）の（不当な）正統化に対する最も重要な防御となるのである（Young, 1997）。

②「公」の擁護　しかし，「私の復権」だけではなく，「私」と区別された「公」の重要性も改めて主張されるべきである。もちろん，政治（における公的意思決定）を，各自の私的な利害を持ち寄り，調整する行動と捉えることは不可能ではない（利益配分の政治）。この場合，各自は，もっぱら自らの利益の実現を求めて政治にかかわることになる。しかし，そこで展開される政治とは，要するに，予算配分での優遇や巨大プロジェクト・公共事業の誘致などをもとめる人々による利権の分捕りあいである。一方で，影響力の大きな人々・集団はより多くの利権を獲得する。しかし，他方で，そうでない人々・集団は利権を得られないだけでなく，政治からの疎外感や嫌悪感すら抱くであろう。要するに，政治を私的なものに還元することは，政治という営みの価値を低減させてしまうのである。ムフ（Mouffe, 1993）によれば，これは，政治が倫理的な構成要素を剥ぎ取られてしまった状態である。

③「公的営み」としての政治　政治と倫理との結びつきを取り戻すためには，政治を自分の私的利害の実現ではなく，「公的な営み」として捉えることが必要となってくる。このような政治像として有名なのは，アレントの提示した政治像である（Arendt, 1998；川崎, 1998）。古代ギリシャのポリス（都市国家）を念頭におきながら，彼女は，異なる人々が異なるままで現れながら，発話を行うことによって共通の事柄への関心を示し続けることとして，政治を考えた。現代人である私たちのイメージに反して，人々の自由は，このように理解された政治においてこそ確保される。

福祉国家とジェンダー

　福祉国家とは，社会保障政策や雇用政策によって所得の再配分を行い，国民からの支持を獲得しようとする国家のことをいう。先進諸国では，戦前にその基礎が形成され，戦後になって本格的に発展・確立した。

　政治学における福祉国家研究は，1970～80年代に飛躍的に発展した。そこでは，福祉国家の形成・発展の要因として，労働運動および社会民主主義政党の影響力の強さ・政治戦略が注目された。これらのアクターの影響力が強い国（北欧諸国）では，より平等主義的な福祉国家が発展し，弱い国（アングロサクソン諸国）では，より選別主義的な福祉国家が形成される。ここから，福祉国家の多様性が明らかとなり，その分類についての議論も盛んになった。

　これに対して，フェミニストは，福祉国家がむしろ性差別を構造化していると批判した。どのような福祉国家でも，男性が働いて収入を得る一方で，女性は家事・育児・介護を行うというジェンダー・モデルが想定されているのである。これを，「男性稼ぎ手モデル（male breadwinner model）」と呼ぶ。「男は仕事，女は家庭」という性別役割分業意識は，平等を目指すはずの福祉国家によって再生産されているのである。現在ではジェンダーを無視した福祉国家研究は困難になりつつある。

　そこで次の問題は，「男性稼ぎ手モデル」を越える新たなジェンダー・モデルは何か，ということである。その際，フレイザー（Fraser, 1997）の挙げる，①普遍的稼ぎ手モデル（universal breadwinner model），②ケア提供者等価モデル（caregiver parity model），③普遍的ケア提供者モデル（universal caregiver model），という三つのモデルが参考になる。モデル①は，女性も男性並みに働き，家事・育児・介護（ケア）については，国家によるサービスを充実させるものである。モデル②は，女性がケアを担うことを前提に，ケアに対する特別手当を支給するものである。モデル③は，男性もケアを女性と共有し，女性の現在の生活スタイルを万人にとっての規範とするものである。「女は家庭」を脱するには，一見，モデル①が望ましいようにみえる。近年の欧米諸国における，福祉と就業との関連を強める福祉改革（ワークフェア化）も，モデル①の方向を目指しているといえる。しかし，フレイザーによれば，モデル①の問題点は，男性の変化を要求しない点にある。彼女は，普遍的ケア提供者モデルこそが，男性の変

化を可能にし，性別役割分業規範の脱構築に貢献するというのである。
　経済のグローバル化の中で，福祉国家のあり方は大きな見直しを求められている。その中で，「福祉国家のジェンダー化」をどのような形で実現するのかという問題は，今後，ますます重要なテーマとなるだろう。

　フェミニストの中には，以前から「政治＝公的営み」という政治像を支持する人々も存在していた。1983年の時点でペイトマンは，「政治＝権力」への「代替的な政治的なるものの構想」に依拠し，「個人的でないことは公的であり，公的なことは政治的である」と主張する理論潮流の存在を指摘している。しかし，この時点ではこの構想は，なお十分に展開されないままに止まっていた（Pateman, 1983）。アレントの議論がフェミニストにとってはむしろ批判の対象であったことも（Dietz, 1995），この点の傍証となるだろう。フェミニストが「公的営みとしての政治」について本格的に議論し始めたのは（そしてアレントを肯定的に読解し始めたのは），むしろ最近のことである。
　「政治＝公的営み」という捉え方は，「政治＝権力」とも「政治＝公的意思決定」とも異なる。まず，「政治＝権力」という政治概念およびそれに依拠したラディカル・フェミニズムと「政治＝公的営み」とは，主に次の二点において異なる。第一に，「政治＝公的営み」は，公と私との区別を維持する。ボーリング（Boling, 1996）は，公／私の区別の解消によって，家族や男女関係その他の「親密な関係」に存在するさまざまな争点や視座がどのようにして政治的に認識され交渉される争点や視座へと変換されるのか，という重要な問題に取り組むことが妨げられることになる，と主張している。家族内での虐待にせよ，男女間での暴力にせよ，「私的な領域」で起こったことが直ちに他の人々に認知され，共通の事柄として「公的に」議論されるわけではない。「政治＝権力」という理解では，問題を「私」から「公」へと変換するプロセスや方法について考えることができないのである。
　第二に，「政治＝公的営み」は，政治を権力と同一視しない。アレントがそうであるように，そこでは対話・コミュニケーション・討論といった行為が重視される。権力は否定されるわけではない。ただし，それは，政治の「一つの局面にすぎない」（Pateman, 1983）と捉えられるか，あるいは支配－従属関係

ではなく——アレント自身のように——対話の中から共同で何ごとかを生み出す能力として捉え直されることになる。

しかし，そうだとすれば，「政治＝公的営み」は「政治＝公的意思決定」とどこが異なるのだろうか。二つの相違点を挙げることができる。第一に，「政治＝公的営み」は，対話・コミュニケーション・討論を重視することによって，「決定」が下される以前のプロセスの重要性に光を当てる。意思が「決定」される前には，多様な人々の中から意思が「形成」される必要があるのだ。この点は，次節で述べる，民主主義の捉え直しとも関係している。

第二に，「政治＝公的営み」は，政治を「公的領域」に限定しない。政治学の「政治＝公的意思決定」では，政治は国家という「公的領域」と結びつけられている。つまり，公／私区分は，領域的・空間的な区分として理解されている。この点については，実はアレントも同様である（田村, 2003）。しかし，ラディカル・フェミニズムが鋭く批判したように，公／私の空間的な区分は，「私的領域」における「プライベートな」出来事が政治から排除されることを帰結し得る。したがって，ジェンダーの視点をふまえつつ，政治を「公的営み」として考え直すためには，公／私区分を空間的に考える発想からいったん脱却することが必要となる。問題は，公／私区分そのものではなく，その境界線を空間的に引くことなのである。

そのためには，公／私の区分を，「同じ」事柄に対する「異なる」思考様式あるいは行動パターンとして考えることが有効である（Boling, 1996 ; Steinberger, 1999 ; 田村, 2003）。人々は，同じ問題について，「私的に」自分の利害を最優先して行動することもできるが，「公的に」他者との関係や公正かどうかなどを考慮して行動することもできるのである。後者の思考様式・行動パターンが出現する時に，公的営みとしての政治が現れる。また，政治においてこそ，「公的な」思考様式・行動パターンも現れる。

5. 民主主義

(1) 民主主義のリニューアル

「公的領域」への限定が解除されたとしても，政治が最終的に「意思決定」

を伴う営みであることに変わりはない。民主主義はその意思決定のための方法の一つである。民主主義を考えることは，決め方を考えることである。

現代の政治学では，民主主義を私的利益に由来する個人的要求・好み（選好）をまとめ上げる（集計する）方法として捉える傾向が強い（Mansbridge, 1998）。この民主主義観を，「民主主義の集計モデル」（Young, 2000）と呼ぼう。この民主主義観において，民主主義の核心は，多数決および投票による人々の選好の集計に求められる。

しかし，近年では，民主主義の集計モデルは批判の対象となっている。この民主主義観では，人々は自分の私的利益の追求と異なる，人々に共通する集合的な問題に取り組むことを求められない。その結果として，政治は「私化」され，「公的な営み」としての側面は見失われてしまうのである。

そこで近年注目されているのが，「熟議民主主義（deliberative democracy）」という考え方である（Dryzek, 2000；Young, 2000；田村, 2000-2001）。これは，民主主義の核心を多数決ではなく，平等な人々の間での熟議，すなわち理性的な対話と討論，に求める考え方である。決定への参加者達は，熟議を通じて他者の意見を考慮しながら，自分の当初の要求・考え方を変容させていく（選好の変容）。その過程で，人々の関心は共通の事柄に向けられるようになり，「公的な営みとしての政治」が実現することが期待される。このように，民主主義の集計モデルが多数決による意思「決定」を重視するのに対して，熟議民主主義は意思「決定」に先行する意思「形成」のプロセスを重視するのである。

(2) 熟議民主主義とジェンダー

熟議民主主義に対するフェミニストたちのスタンスはさまざまである。熟議民主主義を徹底的に拒否するのは，ムフ（Mouffe, 2000）である。彼女によれば，熟議民主主義は人々の合意形成を目指すが，そのような合意の達成は望ましくないと同時に不可能である。不可能というのは，政治という営みの本質は異質な者たちの敵対関係にあり，いくら合意形成を目指してもそのような敵対関係を消去することはできないからである。望ましくないというのは，それでも強引に合意を形成しようとするならば，そこから排除された人々は原理主義や極右勢力などに引きつけられることになり，かえって健全な民主主義の運営

を妨げることになるからである。彼女は，敵対関係が健全に表現されることこそ望ましい民主主義のあり方と考え，それを「闘技民主主義（agonistic democracy）」と呼ぶ。

これに対して，他の人々は熟議民主主義の基本的な考え方を支持した上で，ジェンダーの視点から修正を試みている。まずフレイザー（Fraser, 1997）は，熟議が人々の共通の関心事項を熟議に値する「公的な事柄」とみなすことで，家族など私的領域における出来事を「私的な事柄」として熟議対象から排除してしまう危険性を問題にする。そうではなく，熟議は「何が公的な事柄か？」をめぐって行われるべきである。そのような熟議によって，ドメスティック・バイオレンスなどの問題も人々の共通の関心事項となるのである。

次にヤング（Young, 1996, 2000）は，熟議民主主義における「理性」の重視が女性を排除する危険性を指摘する。ジェンダー化された社会では，（白人中間階級）男性の発話文化は冷静で理性的であり，女性の発話文化は感情的で非理性的とみなされる傾向がある。このような社会的なジェンダー不平等の下では，「理性的な」対話・討論を重視する熟議民主主義は，「感情的な」女性の発言の排除をもたらす。したがって，ジェンダー平等な熟議のためには，理性的な討論だけではなく，「挨拶」「レトリック」「語り」などのコミュニケーション様式の正当性を認め，熟議民主主義の「幅を拡大する」必要があるのである。

このようにジェンダーの視点からは，熟議民主主義に対するいくつかの重要な批判が提起されている。しかし，それらの批判は民主主義の集計モデルを克服しようとする熟議民主主義の狙いそのものは共有している。そして，熟議民主主義を拒否するムフもまた，民主主義の集計モデルへの批判という点では，フレイザーやヤングなどの広義の熟議民主主義論者と一致している。こうして，フェミニスト政治学者たちによる民主主義論は，「公的な営みとしての政治」の実現という課題へと収斂しつつあるといえるだろう。

(3) 民主主義的政治によるジェンダーの脱構築

民主主義の集計モデルを批判する現代の民主主義論は，既存のジェンダーそのものを無効化し新しく作り直す（脱構築する）可能性を持っている。たとえば，熟議民主主義では，熟議の意思「形成」プロセスの中で，人々は他者の意

見に耳を傾けながら自らの視点・考えを変容させていくと考えられていた。このことは，民主主義的な政治は，既存のジェンダーの下で作られた「女性の特性」をそのまま政治に反映することとは異なる，ということを意味する。既存のジェンダーの下で作られた「女性」と「男性」が対等に扱われることが政治の目的ではない。そうではなく，既存の社会的な「女性」「男性」というカテゴリーを無効化し，新しい人々の関係性を作り上げていくことにこそ，私的なものではなく「公的営みとしての政治」の意義は求められるのである。ここに，既存のジェンダーを逆手にとりながら攪乱していくことで，既存システムの動揺を図るバトラーの戦略と共鳴する方向性を見出すこともできるだろう（Butler, 1990）。

このように考えると，本章第3節(3)で取り上げたヤングの「差異化された市民権」に対しても疑問が生じる。ムフ（Mouffe, 1993）によれば，ヤングの提案は彼女が批判しようとしている利益集団への利益配分の政治と大差はない。なぜなら，彼女の「差異化された市民権」は，あらかじめ確定された集団（「女性」「少数民族」など）に集団としての権利を認めることによって，政治を，すでに作り上げられた利害やアイデンティティを扱うものとして捉えているからである。そうではなく，政治を通じて新しい利害やアイデンティティが作られていく，と考えるべきであり，民主主義の可能性もまたその点に求められるのである。

ムフの批判をどのように受け止めるかは，なかなか難しい問題である。一方で，抑圧された集団が，自分たちの被抑圧性をアピールするために，「あえて」自分たちを「○○集団」として固定的・不変的に規定することはあり得るし，戦略としても有効である。しかし，他方で，「私たち女性」として一括できるほど女性は「同じ」ではないともいえる。同性愛女性と異性愛女性，黒人女性と白人女性，アイヌ出身の女性と「日本人」女性，これらの人々を，「私たち女性」という集団で一括することは可能だろうか。これらの人々を平等に扱うためには，「女性」以外の新たな関係性を作り上げる必要があるのではないか。はたして，差異は維持されるべきなのか，それとも脱構築されるべきなのか。

とはいえ，「差異の扱い方の差異」を過度に強調することにも慎重でありたい。一方のヤングは，異質な他者と出会うことで，熟議民主主義が重視する

人々の選好の変容も可能になるという。差異は，維持されるものではなく，新たな政治的意思形成のための「資源」なのである（Young, 1996）。他方のムフも，「差異化された市民権」が少なくとも「第一段階」としては有効性を持つことを認めている（Mouffe, 1993）。両者の違いは，見かけほど大きくないかもしれないのだ。ただし，ムフは熟議民主主義の根本的批判者である点において，やはりヤングと袂を分かつのではあるが（Squires, 1999）。

6. おわりに

本章では，政治学における「ジェンダー主流化」を目指し，「政治＝公的意思決定」（政治学）と「政治＝権力」（ラディカル・フェミニズム）という二つの政治概念を批判し，「政治＝公的営み」という考え方を提示した。その政治は，公的・私的の両領域を横断して存在する。

このような領域横断的な政治概念の捉え直しは，公／私の領域的区分を問題視することによって，（ラディカル）フェミニズムによる性別役割分業規範に対する批判とも共鳴する。オーキン（Okin, 1989）が指摘した公的領域と私的領域とにまたがるジェンダー不平等の「循環サイクル」は，私的領域にも「公的な営みとしての政治」を持ち込むことで断ち切られるだろう。それはまた，リニューアルした民主主義によって，「男は仕事，女は家事（と仕事）」という性別役割分業規範を脱構築することにもつながるだろう。その先に生まれる新しい関係性が「普遍的ケア担い手モデル」（Fraser, 1997）となるのかどうかは，あらかじめ決まっているわけではない。それは，「公的な営みとしての政治」を実践する私たち一人ひとりにかかっているのである。

詳しく知りたい人のための参考図書
大沢真理　『男女共同参画社会をつくる』　ＮＨＫブックス，2002年。
岡野八代　『シティズンシップの政治学――国民・国家主義批判』　白澤社，2003年。
齋藤純一　『公共性』　岩波書店，2000年。
日本政治学会（編）『日本政治学会年報2003年「性」と政治』　岩波書店，2003

年。

水田珠江『女性解放思想の歩み』岩波新書，1974年。

【引用文献】
Arendt, H. 1998 *The human condition*. Second edition. The University of Chicago Press.（志水速雄訳 1994 人間の条件 筑摩書房）
Boling, P. 1996 *Privacy and the politics of intimate life*. Cornell University Press.
Butler, J. 1990 *Gender trouble : Feminism and the subversion of identity*. Routledge.（竹村和子訳 1999 ジェンダー・トラブル――フェミニズムとアイデンティティの攪乱 青土社）
Dahl, R. A. 1991 *Modern political analysis*. Fifth edition. Prentice-Hall.（高畠通敏訳 1999 現代政治分析 岩波書店）
Dietz, M. G. 1995 Feminist receptions of Hannah Arendt. In B. Honig (Ed.) *Feminist interpretations of Hannah Arendt*. The Pennsylvania State University Press. 17-50.（岡野八代・志水紀代子訳 2001 ハンナ・アーレントとフェミニズム――フェミニストはアーレントをどう理解したか 未來社 27-78）
Dryzek, J. S. 2000 *Deliberative democracy and beyond: Liberals, critics, contestations*. Oxford University Press.
Fraser, N. 1997 *Justice interruptus: Critical reflections on the "postsocialist" condition*. Routledge.（仲正昌樹監訳 2003 中断された正義――「ポスト社会主義的」条件をめぐる批判的省察 御茶の水書房）
堀江孝司 2001 政策の複合的効果――女性の就労をめぐる体系性の欠如 レヴァイアサン **28** 97-115
細谷実 1997 リベラル・フェミニズム 江原由美子・金井淑子（編）フェミニズム 新曜社 37-60
IPU (Inter Parliamentary Union) 2003 *Women in National Parliaments*. http://ipu.org/
岩本美砂子 1997 女のいない政治過程――日本の55年体制における政策決定を中心に 女性学 **5** 8-39
岩本美砂子 2001 日本におけるフェミニズムと「政治」――『資料ウーマンリブ史（全3巻）』を中心に 立命館大学人文科学研究所紀要 **78** 31-54
川崎修 1998 アレント 講談社
Mansbridge, J. 1998 Feminism and democracy. In A. Phillips (Ed.) *Feminism and politics*. Oxford University Press. 142-158.
Marshall, T. H. & Bottomore, T. 1992 *Citizenship and Social Class*. Pluto Press.（岩崎信彦・中村健吾訳 1993 シティズンシップと社会階級――近現代を総括するマニフェスト 法律文化社）
丸山仁 2000 「新しい政治」の挑戦 賀来健輔・丸山仁（編）ニュー・ポリティクスの政治学 ミネルヴァ書房 9-45
御巫由美子 1999 女性と政治 新評論
御巫由美子 2000 ジェンダーの政治学 賀来健輔・丸山仁（編）ニュー・ポリティクスの政治学 ミネルヴァ書房 95-115
Millet, K. 1970 *Sexual politics*. Doubleday.（藤枝澪子・加地永都子・滝沢海南子・横山貞子訳 1985 性の政治学 ドメス出版）
Mouffe, C. 1993 *The return of the political*. Verso.（千葉眞・土井美徳・田中智彦・山田竜作訳 1998 政治的なるものの再興 日本経済評論社）

Mouffe, C. 2000 *The democratic paradox*. Verso.
野崎綾子 2003 正義・家族・法の構造変換——リベラル・フェミニズムの再定位 勁草書房
糠塚康江 2003 政治参画とジェンダー——フランスのパリテ法を中心に ジュリスト **1237** 59-67.
岡野八代 2000 フェミニズム 有賀 誠・伊藤恭彦・松井 暁（編）ポスト・リベラリズム——社会的規範理論への招待 ナカニシヤ出版 199-218
Okin, S. M. 1989 *Justice, gender, and the family*. Basic Books.
Okin, S. M. 1991 Gender, the public and the private. In D. Held (Ed.), *Political theory today*. Stanford University Press. 67-90.
Pateman, C. 1983 Feminist critiques of the public/private dichotomy. In S. I. Benn & G. F. Gaus (Ed.) *Public and private in social life*. Croom Helm. 281-303.
Phillips, A. 1998 Introduction. In A. Phillips (Ed.) *Feminism and politics*. Oxford University Press 1-20.
齋藤純一（編）2003 親密圏のポリティクス ナカニシヤ出版
Sapiro, V. 1998 Feminist studies and political science: And vice versa. In A. Phillips (Ed.) *Feminism and politics*. Oxford University Press. 67-89.
佐々木毅 1999 政治学講義 東京大学出版会
Squiers, J. 1999 *Gender in political theory*. Polity Press.
Steinberger, P. J. 1999 Public and private. *Political Studies*. **47**(2). 292-313.
田村哲樹 2000-2001 現代民主主義理論における分岐とその後——制御概念のアクチュアリティ（1）（2）（3・完）法政論集 **185, 187, 188** 1-59, 131-174, 375-433.
田村哲樹 2003 現代政治理論と公／私区分——境界線の領域横断化 法政論集 **195** 1-56
辻村みよ子 2003 ポジティブ・アクションをめぐる日本の課題と諸外国の取組 http://www.gender.go.jp/positive/siryo/po01-5.html
横山文野 2002 戦後日本の女性政策 勁草書房
Young, I. M. 1995 Polity and group difference: A critique of the ideal of universal citizenship. In R. Beiner (Ed.), *Theorizing citizenship*. State University of New York Press. 175-207.（施光恒訳 1996 政治体と集団の差異——普遍的シティズンシップの理念に対する批判 思想 **867** 97-128）
Young, I. M. 1996 Communication and the other: Beyond deliberative democracy. In S. Benhabib (Ed.) *Democracy and difference: Contesting the boundaries of the political*. Princeton University Press. 120-135.
Young, I. M. 1997 *Intersecting voices: Dilemmas of gender, political philosophy, and policy*. Princeton University Press.
Young, I. M. 2000 *Inclusion and democracy*. Oxford University Press.

（田村哲樹）

10 経済学とジェンダー

「経済」とは，辞書に「社会生活を営むための，物の生産・売買・消費などの活動」とあるように，ごく簡単にいえば，われわれ生きている者すべてが，程度の差こそあれ毎日行っている諸活動のことを指している。そして，「経済学」とは，そのような諸活動について，さまざまな側面から検討していく学問領域であるといえよう。

さて，そうしたわれわれの日常生活ともいうべき経済のありようは，明らかなように，時代や地域ごとに非常な多様性を示している。たとえば，現代日本における生活様式と，アフリカの砂漠地帯に住む人々のそれとは大きく異なっているし，また同じ日本についても，今現在のわれわれの暮らしぶりは，100年前のものに比べて大きく様変わりしている。このように考えるならば，経済社会の中にみられるジェンダーも，時空を越えて一様というわけではないことが推察されよう。

そこで，本章では，まず，数あるジェンダーの一例として，現代日本のそれを概観し，その後，経済学においてジェンダーがどのように扱われているのかを紹介する。そして最後に，少子高齢社会・日本におけるジェンダー問題の重要性を指摘したい。

1. 現代日本社会におけるジェンダー

わが国のジェンダーを，いくつかの統計データとともにみていこう。

まず，年齢別労働力率曲線（図10-1）である。すぐに気づくように，わが国の男性，および他の先進諸国の男女双方のそれが台形を描くのに対し，日本女性の場合はM字型を形成している。これは，M字の谷に当たる部分の年齢層が25～34歳であることから察せられるように，少なからぬ数の女性が，（結婚）出産を機に「正社員」としての職（わが国においては，これを「フルタイム労働」と置き換えることもできよう）を辞するためである。他の先進諸国の女性の労働力率は，この年代で下がっていないのだから，ここに何らかのわが国特有の事情があるはずである。

第一に，わが国では正社員の実労働時間が他国に比べて長く，さらにとりわけ大都市圏では通勤にもかなりの時間を要する場合が多いので，正社員として働きながら家事・育児を行うことが大変難しいという理由が考えられる。そし

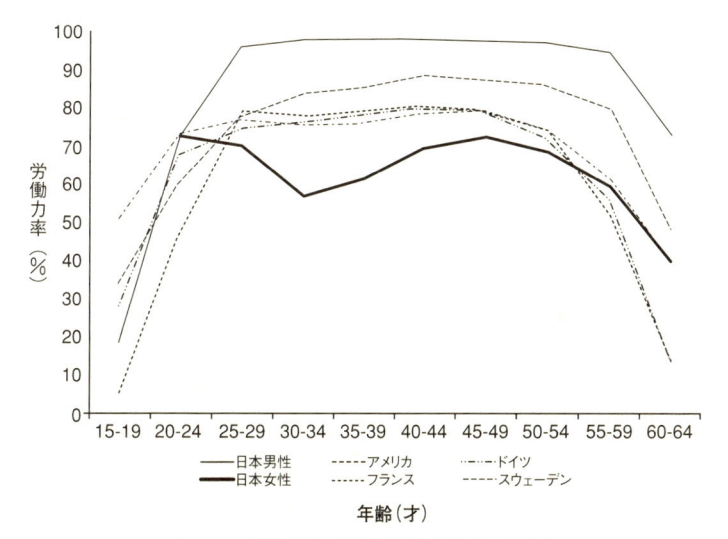

図10-1　各国女性の年齢別労働力率（2000年）

備考：アメリカ，スウェーデンについては，「15-19歳」の値が「16-19歳」のそれに該当する。
日本は総務省統計局『労働力調査』2001，その他はILO "Year Book of Labour Statistics 2001"より作成。

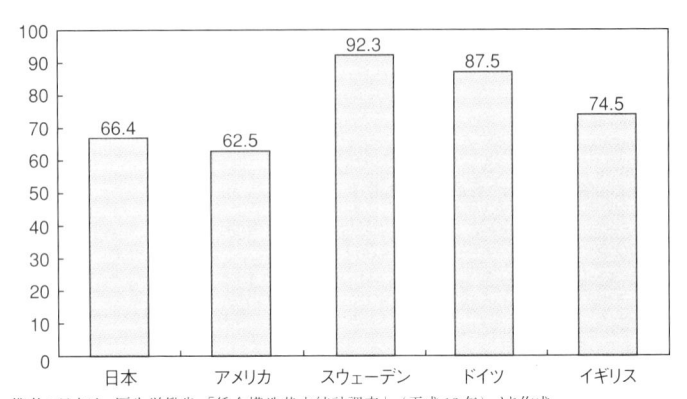

```
100
 90                    92.3
                              87.5
 80
 70  66.4                            74.5
        62.5
 60
 50
 40
 30
 20
 10
  0
     日本  アメリカ スウェーデン ドイツ イギリス
```

備考：日本は、厚生労働省「賃金構造基本統計調査」（平成13年）より作成。
　　　アメリカ、スウェーデン、ドイツは「OECD Employment Outlook」（1999年）より作成。
　　　イギリスは「New Earnig Survey 2000」より作成。
　　　日本は2001年、アメリカは1996年、スウェーデン、ドイツは1995年、イギリスは2000年。

図10-2　フルタイム労働者に対するパートタイム労働者の賃金水準（女性）
（平成15年度版『男女共同参画白書』p.28）

て第二に，育児に関する施設・サービスの不整備——子どもを預かってくれる施設の数および受容子ども数が不十分，サービス内容が硬直的，あるいはそうした施設・サービスの利用料が非常に高額，等——が指摘されている。

　女性たちが，家事・育児に専念したくて，自ら望んだ退職であればよいが，実際には，上記のような理由でそれまでのキャリアをやむなく断念する場合が少なくない。あるいは反対に，正社員として働く女性が（結婚）出産をあきらめたり，家事・育児との両立に苦しんでいることも，よく聞く話である。

　要するに，わが国では，正社員としてのキャリアを継続しつつ，家事・育児を行う場合，大きな困難を伴うことが多く，かつそれがすぐれて女性のみの問題——つまり，父親たる男性のキャリアには，家事・育児がほとんど影響しない——となっている。

　さらに，この「M字型曲線」は次のことも示している。

　わが国女性の労働力率は，25〜34歳層でいったん下がるものの，その後回復する。すなわち，家事・育児のために職を離れた女性の大部分が，子どもが就学年齢に達するなどしてそれほど手がかからなくなると，再び働き始める。そして，その場合多くの女性が，今度はパートタイマーとして復帰する。

パートタイム労働は，家事・育児，あるいはその他の理由により，フルタイマーとして働くことが不可能な人々にとっては，好ましい就労形態の一つといえよう。だが，わが国のパートタイム労働には，大きな問題点がある。すなわち，フルタイマー≒正社員との比較において，パートタイマーの労働条件が不当に劣悪な場合が多いのである。

　パートタイマーの本来の意味は，文字通り，フルタイム（full time）ではなく，その一部の時間（part time）のみ働く人，である。つまり，フルタイマーとパートタイマーとを分けるのは労働時間の違いだけのはずであり，それは，ILO（国際労働機関）条約第175条（1994年パートタイム労働条約）によって国際的に認められている。

　ところが，この条約を批准していないわが国では，一般に，パートタイム労働＝既婚女性が家計補助のために行うものという認識が浸透しており，図10-2にあるようなフルタイマーとの間の大きな賃金格差をはじめ，不況の際には真っ先に解雇の対象となるなど，その労働条件は大変に厳しいことで知られている。日本企業，特に大企業では，男女を問わず，正社員としての採用対象が新卒あるいはそれに近いごく若い年齢層に限られており，いったん退職してしまうと，たとえかつての職場であっても正社員として復職することはほとんど不可能となってしまう。そのため，家事・育児を理由に離職した女性（男性の場合でも同じであるが）の正社員への道はほぼ閉ざされており，彼女たちの大半は，好むと好まざるとにかかわらず，パートタイマーとして不当な労働条件にさらされることになる。

　このように，わが国では，フルタイマー≒正社員として働く際には，家事あるいは育児（最近では介護の問題も顕在化している）との両立が非常に難しく，またパートタイマーとして働く際には，仮に長時間従事しても経済的自立を実現するには至らないような低賃金をはじめ，劣悪な労働条件に甘んじることになる。それゆえ，男性が正社員として働くことで家計の主たる部分を稼ぐ役割に専心する一方，女性が育児および介護も含む，いわゆる家事全般（これらを「労働力の再生産労働」と称する。後に詳述）を担いつつ，パートタイマーとして家計を補助的に支えるという性別分業家族が広く一般化している。そして，そうした性別分業家族が，年金・税などの社会制度において「標準世帯」とし

て設定されている。労働力の女性化が進み，年齢別労働力率曲線にみられるM字の谷が徐々に浅くなってきてはいるものの，わが国には「男性は仕事，女性は家事」というジェンダーが根強く残っているといえよう。

では，こうしたジェンダーについて，経済学はいかなる分析をしているのだろうか。

2. 経済学とジェンダー

経済学は，18世紀後半に登場して以来，多くの学問的蓄積を重ねてきた。しかしながら，結論から先にいえば，それらの中にジェンダーに対する明確な問題意識を見出すことはできない。なぜか。経済学の大きな二つの流れである「近代経済学」および「マルクス経済学」に踏み込んで，その理由を検討しよう（本節は，久場（1987, 1999, 2002）を特に参考にした）。

まずはじめに，近代経済学（より厳密には，その中の代表的な学派である新古典派）であるが，その大きな特徴は，「方法論的個人主義」に立脚した市場分析を旨としている点にある。すなわち，そこでは，経済にかかわるさまざまな事象を分析する際に，ある架空の個人が設定され，その人物の経済行動を前提として，議論が組み立てられている。この架空の個人とは，自立し，自由で，常に自らの満足が最大となるように行動する「合理的経済人」である。

さて，この人物像の設定にこそ，近代経済学がジェンダーの問題を捉えられていない要因があると指摘されている。

第一に，この合理的経済人には性別がない。したがって，たとえば現実にみられる賃金をはじめとしたさまざまな男女間格差（図10-3, 10-4）は，近代経済学においては，労働者としての能力に関する男女差，もしくは合理的経済人たる男女が各々の満足を最大化すべく自由に行動した結果であると認識され，そこに何らかの問題が存在するとはみなされない。

第二に，合理的経済人は，モノ（経済学ではこれを「財」と呼ぶ）やサービスを取引する場である市場に，すでに「自立して」登場するとされている。だが，人が自立するためには，家庭や学校といった市場外の領域で，さまざまな人々から世話や教育を受けねばならない。また，自立した個人もやがて年をと

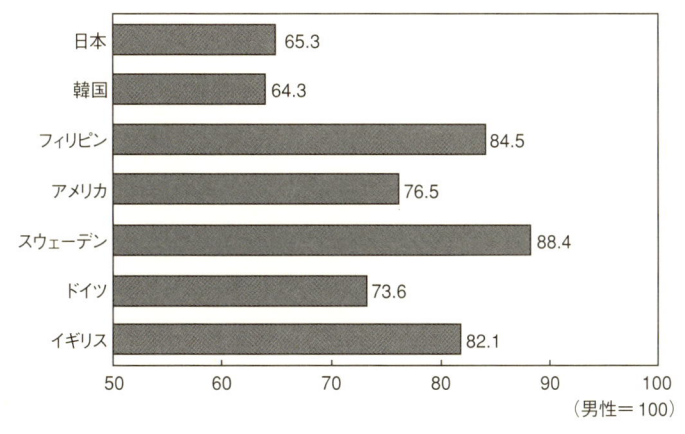

国	値
日本	65.3
韓国	64.3
フィリピン	84.5
アメリカ	76.5
スウェーデン	88.4
ドイツ	73.6
イギリス	82.1

(男性＝100)

備考：ILO「Yearbook of Labour Statistics」(2002年)，
アメリカ商務省「Statistical Abstract of the United States」より作成。
男女間賃金格差は，男性賃金を100とした場合の女性賃金の値。
賃金は常用一般労働者の決まって支給する現金給与額及び賞与額
(時間，日，週又は月当たりの比較)。
アメリカは1999年，その他の国は2001年のデータ。
労働者の範囲は，必ずしも統一されていない。

図10-3　男女間賃金格差（平成15年度版『男女共同参画白書』p.24）

り，あるいは病気や怪我をするなどして，いつかは自立できなくなるが，そのような場合にも，彼らを市場外の領域が受け入れなければならない。つまり，合理的経済人は市場のみならず，市場外の領域ともかかわっている。ところが，近代経済学は，その分析対象を市場のみにほぼ限定しており，市場外領域で行われていることについては看過しているようである。先にわが国の現状として述べたが，国・時代によって程度は異なるものの，一般に，女性は，家事，育児，介護といったいわゆる市場外の領域における活動に深く携わっており，この部分が捨象された分析では，ジェンダー問題の核心に迫ることは難しいだろう。

　このように近代経済学については，その枠組み自体がジェンダー視点を排除するものになっているといえよう。

　ただし，例外もある。すなわち，ベッカー (Becker, 1981) による一連の研究は，それまで経済学が「ブラックボックス」(久場, 2002) として開けずにいた「家族」を，企業などと同じように経済活動を行う一つの単位であると捉え，

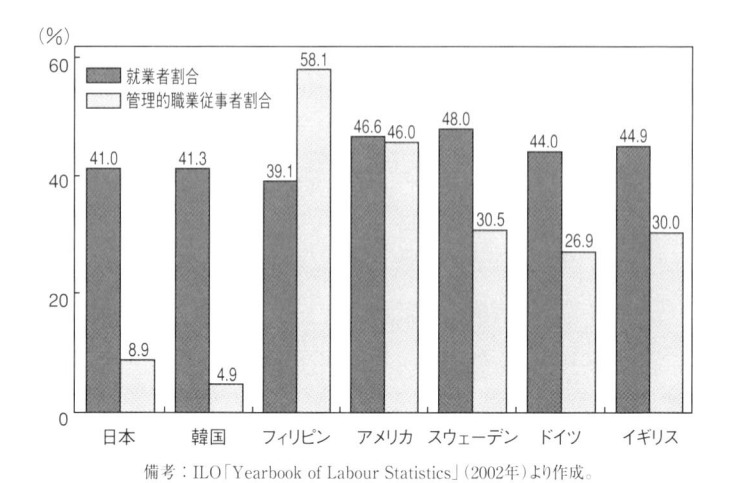

図10-4 女性の就業者割合と管理的職業従事者割合(平成15年度版『男女共同参画白書』p.25)

備考：ILO「Yearbook of Labour Statistics」(2002年)より作成。
韓国は2000年、その他の国は2001年のデータ。

国	就業者割合	管理的職業従事者割合
日本	41.0	8.9
韓国	41.3	4.9
フィリピン	39.1	58.1
アメリカ	46.6	46.0
スウェーデン	48.0	30.5
ドイツ	44.0	26.9
イギリス	44.9	30.0

その内部に迫ろうとした。

　彼によれば、たとえば家庭内性別分業は次のように説明される。一日が誰にとっても平等に24時間であり、かつ性別賃金格差が存在する下では、女性に比べて賃金の高い男性が賃労働を、女性が無報酬の家事を担うことが、その家族の所得を最も高くし、さらにその構成員の時間利用についても最も効率的である。そして、結婚前の女性は、こうした将来の性別分業における役割を予見し、自らへの教育投資を控えるのが合理的となり、その結果労働者としての能力に男女間で違いが生じて、性別賃金格差が発生する（ここでは、賃金は、労働者の能力に比例すると前提されている）。

　明らかなように、彼の説では、性別賃金格差がすでに「与件」とされており、その根本的な原因を解明するには至っていない。また、仮にこうした家庭内分業が家族としての所得を最大化するとしても、オーウェン（Owen, 1987）が指摘するように、はたして満足という点ではどうだろうか。家事よりも賃労働を好む女性、あるいはその反対に賃労働よりも家事を好む男性、あるいは家事と賃労働をそれぞれ分担しあいたいと考えるカップルにとって、硬直的な家庭内性別分業は必ずしも満足の最大化とはならない。このように考えると、ベッカ

ーの論説は，真に性別分業の根拠を示し得てはいないし，また一面的であるといえよう。

ところで上で，教育投資ならびに労働者としての能力と，賃金との関係について少しふれたが，それに類似した観点から（性別）賃金格差の要因を説明している理論がいくつかある。

一般に経済学では，モノ（財）を生産するのに必要な工場や土地，機械や原材料などを「資本」と称し，ヒトによってなされる「労働」と対置する。ところが前述のベッカーらは，ヒトが有する技能や知識を「人的資本」と捉え，労働力たるヒトにさまざまな教育や訓練を施せば，すなわち「人的資本」に「投資」すれば，生産性の上昇が得られると主張した。これを「人的資本理論」と呼ぶ。そして，この理論に企業行動のあり方を組み合わせて性別賃金格差の要因を説明したのが「統計的差別の理論」である。その内容は以下のように要約される。

企業が求める労働者とは，いうまでもなく，各企業ごとに必要とされる能力について，それが高い者である。したがって，企業は，新規採用の際，求職者の学歴や経歴に着目するのだが，人的資本理論の主張にあるように，労働者の生産性が教育や訓練によって増大するのであれば，求職者の予想勤続年数も重要となってくる。なぜなら，企業は，入社後の労働者にさまざまな教育・訓練を施して彼らの生産性を高める一方で，その教育・訓練に要したコストを，彼ら労働者がある程度の期間当該企業に勤続し，生産性上昇という「成果」を十分に発揮することによって回収せねばならないからである。ところが，すべての求職者について将来の勤続年数を知ることは，そもそも不可能に近い上に，莫大なコストがかかる。そこで，すでに働いている労働者について，彼らの属性――学歴や性，人種など――ごとに平均勤続年数を調べ，それが長い労働者群と同じ属性を有する求職者から採用していく。ここで，女性の勤続年数は男性に比べて短い傾向にあることから，企業は女性の雇用や彼女たちに訓練機会を与えることに消極的になってしまい，結果，男女間の労働生産性，ひいては賃金に格差が生じる――これが，「統計的差別の理論」による性別賃金格差の要因分析である。なお「二重労働市場論」でも，これと似た主張が展開されている。

(年)

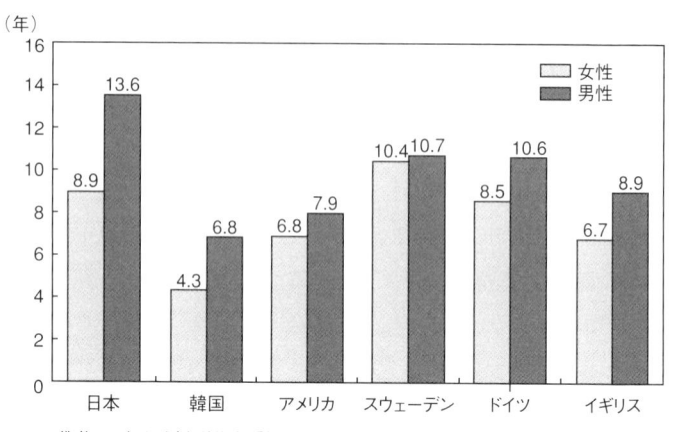

図の数値:
- 日本: 女性 8.9, 男性 13.6
- 韓国: 女性 4.3, 男性 6.8
- アメリカ: 女性 6.8, 男性 7.9
- スウェーデン: 女性 10.4, 男性 10.7
- ドイツ: 女性 8.5, 男性 10.6
- イギリス: 女性 6.7, 男性 8.9

備考：日本は，厚生労働省「賃金構造基本統計調査」（平成13年）より作成。
　　　韓国は，Korea Labour Instuitute 資料より作成。
　　　その他 OECD「Employment Outlook」（1997年）より作成。
　　　日本は2001年，韓国は1998年，アメリカは1996年，その他は1995年。

図10-5　勤続年数（平成15年度版『男女共同参画白書』p.26）

　図10-5にある通り，確かに女性の勤続年数は男性よりも短く，また企業の存立意義は利潤極大化にあるのだから，こうした理論の主張するところはあながち的外れではないといえよう。そうであるならば，次に，なぜ女性の勤続年数が男性に比べて短いのかという点が，性別賃金格差の根本的な要因として問われるべきである。しかしながら，この点については，女性の家事役割が彼女たちの勤続を妨げていると述べられるのみで，それ以上の言及はない。

　では，経済学のもう一つの潮流であるマルクス経済学はどうだろうか。

　マルクス経済学とは，その名が示す通り，マルクス（Karl Marx）の経済学およびその思想に立脚して構築された経済学のことであり，近代経済学とは対照的な分析枠組みを有している。すなわち，ごく単純化していうならば，近代経済学が，需要と供給のみに支配される市場と，そこに現れる合理的経済人の行動とに分析対象を限定しているのに対し，マルクス経済学は，市場だけにとどまらず，それを含めたより広い（資本主義）社会——そこには，資本家と労働者という二つの階級や，さまざまな制度が存在している——を捉えようとした。

　そして，このように，近代経済学よりも広い分析視野を持つマルクス経済学

は，経済社会における制度の一つともいうべき「家族」の重要性を認識し得ていた。このことは，エンゲルス（Engels, 1884）による「二種類の生産論」に明らかであり，後に，数あるフェミニズム理論のうちの一つ，ラディカル・フェミニズムからの着目を得るところとなる。やや長いが，「二種類の生産論」を引用しよう。

> 歴史における究極の規定的要因は，直接的生命の生産と再生産とである。しかしこれはそれ自体さらに二通りに分かれる。一方では生活資料の生産，すなわち衣食住の諸対象とそれに必要な道具の生産，他方では人間そのものの生産，すなわち種の繁殖がそれである。ある特定の歴史的時代および特定の人間の生活が営まれる社会的諸制度は，二種類の生産によって，すなわち一方では労働の，他方では家族の発展段階によって制約される。
> 　　　　　　　　　　　　　　　　　　　　　　　　（Engels, 1884）

つまり，家族は，労働とならんで，そのあり方が社会におけるさまざまな制度を制約するとして，その役割を重視されている。だがしかし，マルクスが，

> 労働者階級の不断の維持と再生産とは，依然として資本の再生産のための恒常的条件である。資本家はこの充足を安んじて労働者の自己保存本能と生殖本能とにまかせておくことができる。　　　　　　（Marx, 1962）

と述べているように，家族内部で行われている「労働力の再生産」——労働力たるヒト，すなわち労働者が自らを維持するために食事や睡眠をとったり，あるいは将来の労働力たる子どもを生み育てたりすること——については，不問に付されたままである。ここに，マルクス経済学もまた，ジェンダー問題の核心にまでは至り得ていないことの一因があるのではないだろうか。つまり，先にみた近代経済学と同様，女性が密接にかかわっている労働力の再生産への分析が欠落していては，ジェンダー問題の本質を捕捉し得ない。ただし，マルクス経済学は，その枠組みがフェミニズムの一部によって受け継がれ，マルクス主義フェミニズムなる理論が形成された（コラム「マルクス主義フェミニズム」参照）。

以上のように，従来の経済学——近代経済学ならびにマルクス経済学——については，そこにジェンダーへの問題意識が見受けられない，あるいはジェンダー問題へのアプローチが一面的なものにとどまっている，と小括できよう。

マルクス主義フェミニズム

　本文でふれたように，マルクス主義フェミニズム（以下，MFと略す）は，マルクス経済学の分析枠組みを受け継いで，資本主義社会における女性の劣位の要因を明らかにしようとした。MFの研究は，その主題の変化に伴い，一般に前期と後期に分けられる。

　まず，1960年代後半〜70年代にかけて展開された前期MFでは，女性の抑圧された地位は，女性が担う家事が無報酬であることに起因するとの認識から，その無償性の根拠を解明すべく，資本主義社会における家事の意義・役割が論究された。そして，それが，労働力たるヒトを再生産する——明日も，来月も，10年後も，さらには100年後も，連綿として途切れることなく，市場に労働力を送り込む——，資本制的生産様式に必要不可欠な「労働」であることを「発見」した。したがって，MFでは家事のことを，「家事労働」あるいは「労働力の再生産労働」と称する。そしてその上で，家事が労働である以上，賃金が支払われるべきであるとして，「家事労働に賃金を」（マリア・ローザ＝ダラ・コスタ，1986）という有名な結論に至る。だが，「家事」が「労働」であることは認められたものの，その有償性を正当化する決定的な理論的根拠は得られず，また仮にそれが実現し，「男性は賃労働，女性は家事労働」という性別分業がもたらす男女間の経済的格差が消滅したとしても，引き続き家事労働を女性が担うのであれば家庭内性別分業は解消どころかむしろ固定化され，女性の職業選択の自由を制約してしまうことになるとして，家事労働有償化の要求は沈静化し，前期MFも終焉を迎えた。

　続く後期MFでは，性別分業の根拠をめぐる議論が中心となった。それによれば，まず，資本主義社会における家族は，次の二種類の労働者を資本制が一挙に獲得するためのいわば装置として理解される。すなわち，一方で，わが国における正社員のように，企業にとって核となる労働者と，他方，そうした「核労働者」とは対照的に，労働条件をそれほど保証されぬまま，いうなれば企業にとっての調整弁たる縁辺労働者として働きつつ，家庭内での労働力の再生産労働も担うという二つの役割の兼業者——これら二種類の労働者である。両者はともに単独では，生計費獲得と労働力の再生産との両立が困難なので，対となって家族を形成し，家庭内分業を行わざるを得ない。このことを明らかにした上で，なぜ「核労働者」が男性で，

縁辺労働者かつ家事労働者が女性である場合が圧倒的なのかという，性別分業における固定的な性割り当ての根拠をめぐり，高度に抽象的な論争を繰り広げた（二元論 vs. 統一論論争）。

こうしたMFの議論は，資本主義社会における家事および家族の意義，ならびに性役割の根拠など，いささか具体性に欠く論点を追究しているせいか，資本制一般論にとどまっているとの感を否めない。しかしながら，経済学が分析対象外においた労働力の再生産過程を分析の切り口に据え，そこからジェンダーの問題に迫った点は，大いに多とすべきであろう。MFを源流の一つとする「フェミニスト経済学」（本文参照）の今後の発展に，その成果は生かされるはずである。

しかしながら，1990年代に入って，このような経済学の状況に変化の兆しがみられ始めた。すなわち，「フェミニスト経済学」の登場である。

これは，コラムで紹介したマルクス主義フェミニズムをはじめとするフェミニズム諸理論を萌芽とし，1992年の「フェミニスト国際学会」の設立を機に本格的に立ち上がった新しい分野である。現在の経済学において主流派の地位を占めている近代経済学にジェンダーの視点が欠落していることは先に述べたが，そのことを，近代経済学の牙城たるアメリカで，女性経済学者たちが疑問視し始めたのが事の起こりだった。同学会の趣旨「経済学にジェンダー視点の取り込みを」には，近代経済学はもとより，経済学におけるさまざまな学派，理論から，既に多くの賛同の声が寄せられている。こうした取り組みが実を結べば，私たちは，現実の経済社会をより的確に理解するのに有用な理論的枠組みを得られよう。

またこれとは別に，ここ数年来の注目すべき議論として，福祉国家のジェンダー研究が挙げられる。

福祉国家は，これまで，経済学や政治学などにおいて分析対象とされてきたが，近年，それをジェンダーの視点から新たに捉え直そうという動きが現れている。そこでは，旧来の福祉国家研究にジェンダー視点が欠落していることを批判した上で，各国の福祉政策に内在するジェンダーをさまざまな指標あるいは分類方法を用いて明らかにし，かつそれらを比較検討するという試みが行わ

れている。

　紙幅に限りがあるため，これ以上詳細に立ち入ることはできないが，こうした新しい学問動向に加え，女性労働に関する実証分析やケース・スタディ，あるいは開発や国際分業におけるジェンダー研究も着々と積み上げられてきている。ジェンダーに限らず，多様な視点から経済事象にアプローチしていくことは，経済学の学問的発展に必要不可欠であり，その意味で上記のような多彩な試みは経済学のより一層の豊富化に寄与するものと思われる。

　ところで，経済学に必須の実証的論拠となる統計データに関し，いくつかの難点があることを指摘しておきたい。

　ジェンダーの問題が，市場経済の範囲にとどまらず，市場外の領域ともかかわっているのならば，そのことを何らかの形で「視覚化」して示す必要があろう。より具体的には，市場外で，すなわち無償で行われている労働力の再生産労働がいかに多く女性によって担われているのかが明示されねばならない。では，労働力の再生産労働負担はどのように測定すればよいのだろうか。

　一つの方法として，時間を指標に用いての計測が考えられる。つまり，一日，あるいは一週間という区切りの中で，男女それぞれが有償および無償労働に費やした時間を調べ，そこからジェンダー・バイアス（偏り）を浮き彫りにするのである。こうした時間調査はすでに実施され始めており，世界の多くの地域で，有償労働についてはその主たる担い手が男性，無償労働についてはそれが女性であることが明らかにされている。ただし，時間調査では，労働内容の質（重度，難易度, etc.）を測定することは不可能であり，ジェンダー問題に限らず，これだけをもって何かを論ずることは難しいだろう。

　もう一つ，無償でなされている労働を，市場化されている財・サービスに置き換えて，貨幣換算する方法もあり得よう。だが，これについても，そもそも市場化されている財・サービスが正当な価格づけ，つまり評価をなされているかという問題がある。したがって，この方法によって算出された無償労働への貢献「金額」と，有償労働によって得られる賃金とをもって，両者の労働の「価値」とし，それを単純比較することには，注意が必要である。

　このように以上の点に関しても，今後何らかの工夫あるいは改善が求められる。

3. 少子高齢社会に向けて

　先にみたように，我が国は，先進国の中でもとりわけ性別分業が明確な社会であるが，近年急速に進みつつある少子高齢化は，そうした社会のあり方に変容を迫るものと思われる。

　少子高齢化の直接的要因ともいえる出生率の低下は，賃労働と，育児・介護を含めた家事，すなわち労働力の再生産労働との両立に不安を覚えた女性が，結婚そのものに消極的になったゆえの非婚化・晩婚化はもとより，フルタイマーのカップルが，賃労働に長時間拘束されることや，育児・介護に関する設備・サービスが不足していることを懸念して，また片働きのカップルでは子育て費用の重い負担のために，それぞれ子どもを持つことを躊躇あるいは断念していることが主因であるといわれている。つまり，「企業戦士」「会社人間」「過労死」という言葉が示すような，労働者に大きな疲弊をもたらす賃労働のあり方，ならびに家庭における（これは，わが国では「女性による」と置き換えても差し支えない）無償労働に大きく負った労働力の再生産のあり方――これら双方が，少子（高齢）化を招いていると考えられる。

　少子の是非については議論があろうが，昨今みられるような，若年層，とりわけ男性若年層での前例のない高失業率ならびにフリーター化，あるいは中高年（男性）層をターゲットにしたリストラの実施――これらによって男性の終身雇用が一般的でなくなれば，戦後わが国の社会基盤であり，標準世帯とされてきた性別分業家族も経済的に成り立ち得なくなってくる。

　こうした点を考えれば，今こそ，有償，無償双方の労働のあり方について見直す時であろう。それは，同時にこれまでのわが国のジェンダーを見直すことにもなる。

詳しく知りたい人のための参考図書

V・ビーチ著，高島道枝・安川悦子訳 『現代フェミニズムと労働』 中央大学出版部，1993年。

M・ウォーリング著，篠塚英子訳 『新フェミニスト経済学』 東洋経済新報社，

1994年。
熊沢 誠 『女性労働と企業社会』 岩波新書，2000年。
大沢真理 『企業中心社会を超えて』 時事通信社，1993年。
上野千鶴子 『家父長制と資本制』 岩波書店，1990年。

KEYWORDS

年齢別労働力率　　各年齢層における労働力人口／15歳以上人口。労働力人口＝15歳以上の就業者（自営業者，家族従業者，雇用者），休業者，完全失業者。非労働力人口＝15歳以上人口－労働力人口＝15歳以上で，家事，学業などに専念するため，あるいは健康上の理由により，就業していない者ならびに就業の意思のない者。

労働力の女性化　　労働者に占める女性の割合が増大すること。

女性の就業者割合と管理的職業従事者割合　　女性の就業者割合＝職業に就いている人全体に占める女性の割合。女性の管理的職業従事者割合＝就業者中の管理的職業従事者のうち，女性が占める割合。わが国では，就業者の4割が女性であるにもかかわらず，管理的職業従事者に占める女性の割合は1割にも満たないことから，男性に比べて女性の登用が少ないといえよう。

生産性　　財を生産する際の効率。

労働の貨幣換算　　たとえば，自ら無償で行った家の掃除について，それをもし業者等に代行してもらった場合，代金はいくらかというように，無償でなされた労働を金額で評価すること。その方法は，いくつかある。

少子高齢化　　現在の出生率低下の要因を，女性の労働市場進出ならびにそれに伴う性別分業家族の衰退に求め，出生率回復のために再び性別分業家族に立ち戻るべきだとする意見もある。しかしながら，スウェーデン，フランスなど，女性の労働力率ならびに出生率がともにわが国よりも高い国が存在することから，女性の労働力率と出生率とは単純なトレード・オフの関係にはないと考えられる。

【引用文献】

Becker,G.　1981　*A Treatise on the Family.* Harvard University Press.
M. ダラ＝コスタ（伊田久美子・伊藤公雄訳）　1986　家事労働に賃金を　インパクト出版
Engels,F.　1884　*Der Ursprung der Familie, des Privateigenthums und des States.*（村井康男・村田陽

一訳　1954　家族，私有財産および国家の起源　大月書店）
久場嬉子　1987　マルクス主義フェミニズムの課題——女性抑圧からの解放の理論と解放の戦略を
　　　めぐって　女性学研究会編　女の目で見る　第Ⅱ部第2章　勁草書房
久場嬉子　1999　経済学とジェンダー——フェミニスト経済学の新展開　女性学研究会（編）　女性
　　　学研究　**5**　162-182
久場嬉子　2002　ジェンダーと「経済学批判」——フェミニスト経済学の展開と発展　久場嬉子（編）
　　　叢書 現代の経済・社会とジェンダー　第1巻 経済学とジェンダー　明石書店　17-49
Marx, K.　1962　*Das Kapital; Kritik des politischen Okonomie*, Erster Band, Karl Marx-Friedrich Engels Werke, Band 23, besorgt vom Institut fur Marxismus-Leninismus beim ZK der SED, Dietz Verlag, Berlin（マルクス＝エンゲルス全集刊行委員会訳　1968　資本論 第1巻第2分冊　大月書店）
Owen, S. J.　1987　Household Production and Economic Efficiency: Arguments for and against Domestic Specialization, *Work, Employment and Society*, **1**(2). 157-178

〔新井美佐子〕

11 国際社会とジェンダー
——アフガニスタン復興支援を事例に

1. 普遍主義的人権論か文化相対主義か

　本章における国際社会とは何か，まず簡単に説明しておきたい。ここでは，「国家の枠組みを越えるあらゆる組織や団体および個人の活動の総体」と考えることにする。今日，私たちは，政治・経済・社会・文化・情報ネットワークなどあらゆる面でグローバル化が進展している世界で生活している。

　日本と世界をまたにかけて活動する留学生やビジネスマン，さらには草の根的市民団体で国際的な活動をしている人々も年々増えている。しかし，一国内から一歩も外に出ない個人でも，国際社会に密接にかかわっており，日々参画しているのが現状である。インターネットで自分のホームページを作り，日本や世界で起こっている情勢について自分の意見を英語で公開すれば，その人の意見は世界中の英語がわかる人によって読まれる。そして意見交換されることもある。そのホームページは国際的に存在するメディアの一端を担い，その意味で「グローバル市民社会」と呼ばれる空間に参画しているのである。

　この広い意味での国際社会では，「女性の権利が侵害されている」ことがしばしば話題になる。「ヒューマン・ライツ・ウォッチ」と呼ばれる国際的に活動している人権NGOが，イラン女性の遺産相続が男性の半分であるという憲法規定を人権侵害だと批判するのもその一例である。人権の問題は特にジェンダー差別の問題としてクローズアップされ，時にはそれが政治問題化する。

　2001年11月のアフガン戦争時，アフガン女性のブルカー（頭のてっぺんか

ら足のつま先まですっぽりと覆い隠すブルーのヴェール，顔も網目状の布で覆われ，内側からは見えるが外からは顔が見えない）と呼ばれるヴェールは，アフガン女性の抑圧のシンボルとして各国のメディアは報道した。ブルカーの女性をテレビで放映することで，「アフガン女性を抑圧しているタリバンを制圧することは良いことだ」というイメージを見る者に植えつけた。そしてそれは米国のアフガン戦争を正当化するのに利用された面がある（中西，2002）。

　「女」の人権をめぐる議論は，大きく分けて二つの方向から展開されてきた。一つは，普遍的人権論からの立場である。これは，どの社会においても男女平等が確立されるべきであり，誰に対しても同じ人権が保障される社会が理想であるという考え方である（大沼，1998）。性差による差別だけでなく，社会的・文化的に作られた差別がジェンダー差別であると捉えるならば，マイノリティーの人権侵害もジェンダー差別に似た面がある。ジェンダー差別のない人権は普遍的な人間の権利であり，それはどのような社会であっても保障されるべきだという主張である。ジェンダー的に「女」あるいは「男」に対する人権の問題として，普遍的人権論を捉えれば，基本的には「男」「女」平等の確立がこの主張の根底にある。

　もう一つの議論は，文化相対主義の立場からである。これは，「その社会にはその社会独自の文化や社会規範があり，人権はその社会の尺度で測られるべき問題であるゆえに，欧米中心に発展してきた男女同権主義を主張するフェミニズムを普遍的人権論として押し付けるのは文化帝国主義だ」と考え，普遍的人権論を批判する立場である（Mayer, 1996）。

　後者の一例は，イスラーム諸国の主張にも見出せる。イスラーム諸国の中には「イスラームは宗教のみならず世界観であり，政治・経済・社会制度を規定する価値観であり，さらに文化であり生活様式であるため，イスラーム社会の女性の人権はイスラームの枠組みの中で判断されるべきである」という立場をとる国家もある。サウディアラビアやイランなどはこの典型だといえる（大沼，1998; 中西，2002）。

　サウディアラビアを支配するサウド家も革命後のイランの保守派層も，イスラーム的世界観では「生物学的性差が男女には歴然と存在し，それゆえに男女の役割は異なる」と主張する。この生物学的性差は，神の創造物としての人間

に授けられているがゆえに，それは変えることができない自然の摂理だと捉えるのである。したがって，こうした発想から描き出される人権は，男女平等にはならない。彼らは人間の神との関係は男女同じであっても権利は異なるという「平等だが差異のある権利義務」を主張するのである（中西, 1996）。

　次節以降では，2001年11月のアフガン戦争後のアフガニスタン復興支援に際し，国際的なドナー（援助支援団体）がアフガニスタンにおけるジェンダー政策をどのように構築し，それがアフガニスタンにとってどのような波紋を投げかけているかを考察する。言い換えれば，現在アフガニスタンにおいて復興支援プログラムを立案し実施しているさまざまな国際ドナーという「国際社会」が，アフガニスタンというローカルな場のジェンダー問題をどう考え，またそれに対してアフガニスタンがどう反応してきたかという点，さらに国際ドナーの考えるジェンダー平等がアフガニスタンの現状をどう照らし出しているかという点を明らかにしたい。

2．紛争後の国家建設と女性のエンパワーメント

(1) アフガニスタン復興支援の課題

　2001年11月のアフガニスタン空爆により，タリバン政権は崩壊した。その後カルザイ議長を中核とする暫定政権が発足，2002年2月のロヤ・ジルガ（国民大会議）によってカルザイ議長は大統領に就任した。現在アフガニスタンは，カルザイ大統領を全アフガニスタン統合のシンボルとする移行政権下にある。2003年12月には憲法ロヤ・ジルガが開催されたが，今後治安など政治的安定が保たれれば，2004年夏に選挙が実施され，本格政権が樹立される見通しである。この本が出版される頃にはすでに無事本格政権樹立が達成できるかどうかの命運がはっきりしているだろう。しかし，アフガニスタンの前途はそれほど明るくないと思われる。

　2003年11月16日には，カンダハルで国連高等弁務官事務所のフランス人職員が自爆テロで殺害される事件が起こり，22日は筆者が約3週間前に滞在していたカブールのインターコンチネンタルホテルがロケット弾による攻撃を受け，ホテルの窓ガラスが割れる被害が出た。このホテルは復興支援関係者が集

合するホテルであり，そこへの攻撃は今後の復興に大きな障害があることを象徴している。

　アフガニスタンの復興に関しては，2001年12月のボン会議で各国が復興支援金の拠出について合意し，その後の東京会議をへて日本も2年6ヵ月で5億ドルの援助をすることになった。各国の復興支援プロジェクトの内容は，水・食糧の供給や医療などの緊急人道支援的なもの，地雷の撤去，武装解除，医療支援や教育支援等，多岐にわたる。日本も戦争直後は地雷の撤去で実績をあげ，その後は医療・保健分野と教育支援において徐々に支援を伸ばしつつある。

　アフガニスタンのような四半世紀にわたって紛争や戦争に明け暮れた国家では，国家再建にかかわる課題は山積みである。憲法の制定，立法・行政・司法等にかかわる国家機構の整備，帰還兵士の職業訓練と雇用対策，識字率の向上，援助に頼らないで自立していくための産業育成など，問題や課題は多い。

(2)「男女平等」と「ジェンダーの主流化」

　各国のドナーの間では，アフガン女性のエンパワーメントへの制度づくりの問題で意見が分かれている。それが如実に表れたのが，憲法の条文における「男女平等」の記載をめぐる議論であった。

　①憲法における「男女平等」と「イスラーム的平等」　アフガニスタンはソ連支配下の時代が79年から80年代にかけて続き，共産主義が政治運営にも反映し，世俗主義の流れが優勢であった。したがって，イランのように国家と宗教が一体化することはなく，またイスラーム法が完全に制定法になることもなかった。現実には，戦乱が続いたために過去四半世紀の間は「法の統治」とはほど遠い現代史であったといえる（Harvard, 2003）。

　しかし，アフガニスタンの人口のほとんどすべてがムスリムであるため，イスラーム法の考え方が人々の間では慣習法的に存在する。また法というよりむしろ社会規範としてのイスラームが部族社会の価値・規範と重なり，ジェンダー関係が規定されてきた。筆者が2002年と2003年の夏にイランで実施したアフガン移民・難民への聞き取り調査では，アフガニスタンでは部族の下のレベルの小部族あるいはさらにその下位のレベルの部族的グループによる集住が一般的であることがわかった。また婚姻関係は集住している同族間内で行われる

のが通常であり，一夫多妻制もところによっては存在していると聞いた。

　カブールに滞在しているスイス財団のスーザン・シュニードゥル氏によれば（筆者とのインタビュー；ベルンの財団にて2002年8月26日），復興支援の重要なプロジェクトである憲法制定過程では，文化的，社会的価値としてのアフガニスタンのイスラームの基本理念と，ドナーたちが近代的な憲法では当然のこととする男女平等という理念とが，互いにぶつかりあい，白熱した議論が展開してきたという。こうした議論は，暫定・移行政権の憲法委員会メンバーや各国のドナーのみならず，アフガニスタン内外のNGOや一般市民の間でも激しく戦われた。

　欧米諸国のドナーや憲法委員会の法律専門家やアフガニスタンの女性NGOなどは，男女同権を堂々と明示的にうたった憲法にすべきであると主張した。他方，アフガニスタン憲法委員会のイスラーム原理主義の立場に立つイスラーム法学者などは，イスラームの価値観に依拠すれば男女平等にはならないと主張した。こうした議論はロヤ・ジルガの間も続いたが，結局，男女平等が憲法では明示的に規定されることとなった。憲法草案の「アフガニスタンの市民は法の前で平等の権利と義務を有する」（第2章第2項）と比べ，女性の地位が規定上格段と高くなったのである。この意味で，欧米のフェミニズムを支持する者たちの勝利に終わったといえる。

　アフガニスタンのように国家そのものがほぼ完全に破綻した国家の場合，国家再建の道のりは長い。しかし，そうした国家には，既存の制定法の体系がほとんど施行されずにきた経緯から，逆に，これまでのアフガニスタンにはない新しい国づくりの枠組みを一から作り得る可能性も秘めている。ジェンダー的平等にかかわる面でも，極度に民主的なあるいは男女平等的な法体系や政治・経済・社会制度を作ることも可能である。アフガニスタンの憲法制定においては，欧米中心のドナーたちはこの点に着眼して，女性のエンパワーメントを促進する体制作りに懸命に努力してきた。また今後もそうした努力は，アフガニスタンの市民の間に民主的発想の啓発活動を行いながら続けられるだろう。ちなみにスイス財団という国際NGOは，ボン合意直後から現在に至るまで，カブールを中心に「市民社会創設プロジェクト」という啓発活動を行っている。こうした啓発活動は，特に若い世代には長期的には大きな変化をもたらすので

> **ジェンダーの主流化**
>
> 「組織のすべての政策,開発プログラム,組織の運営に関連した総務,財政面における手続きなどを重要課題と認識し,組織事態の体制及び意識改革を促進する」(UNDPの定義:田中ほか,2002)ことがジェンダー平等を達成するには有効な戦略であると捉える。第4回世界女性会議(1995年,北京)以降,この戦略が持続的なジェンダー平等には必要であると広く認識されるようになった。

はないかと予想される。

②「ジェンダーの主流化」と女性課題省の設立　ドナーたちのジェンダー平等を念頭に入れた発想は,女性課題省の設立にも表れている。女性課題省は2002年秋に設立され,その目的は,女性の問題に特化した事業を推進することで女性のエンパワーメントを図ることである。女性のエンパワーメントがどうあるべきかについては,すでに多くの議論や戦略が世界女性会議の場でも出てきた。女性課題省を設立することが女性のエンパワーメントには重要だと考える戦略は,「ジェンダーの主流化」と呼ばれている(田中ほか,2002)。

ジェンダーの主流化は,新生アフガニスタンにおいては,女性課題省の設立という形で試みられた。また後述するロヤ・ジルガ(国民大会議)のメンバーにおける女性の一定枠にも,ジェンダーの主流化戦略はいかされている。しかし,女性課題省のような女性問題専門の省を作ることは,本当に女性のエンパワーメントを促進する国家的機構になるのだろうか。

アフガニスタンの女性課題省のような国家機構は,パレスチナ,イエメン,パキスタンなど他のイスラーム諸国でもこれまで設置されてきた。しかし,共通した問題がいくつかある。一つは,女性課題省(あるいはそれに似た省)の設置は,当該諸国の政府が自ら女性の地位向上を真剣に意図して作っていないという点である。第一に,パキスタンの場合もイエメンの場合も,設置することそのものが「ジェンダー問題に敏感な」政府であることの宣伝である側面が強いという点である(Weiss, 1987)。第二に,第一の点から派生する問題であるが,女性の権利を拡大するような女性活動家やNGOなど市民社会の側から

起こってくるいわゆる女性運動への規制を強化するための装置として，こうした省が設置されがちであるという点である。パキスタンの女性省の場合も，イスラーム化政策を推進し女性の法的権利をイスラーム法の施行によって規制することに成功したジアウルハック政権下において設置され，それによって全パキスタン女性協会をはじめとする女性NGOからの反発を封じ込めようという意図が働いていたと指摘されている (Afkhami & Friedl, 1997)。

　第三に，女性課題省の予算が他の省庁に比べて著しく少ないという点が挙げられる。女性の生活にかかわるプロジェクトは，保健は保健省や厚生省，労働関係では労働省，教育問題に関しては教育省というように，既存の省の枠組みのもとで実施されることが多い。そのため，結局，女性課題省自らが運営し実施するプロジェクトがあまり残っていないという傾向が強く，既存の省庁の中で女性課題省が取り残されるという現象が起こる。女性課題省副大臣のタジュワル・カカール氏が2003年2月に名古屋大学に来学された際にも，筆者が課題省の役割について聞いたところ，この点を強調していた。女性課題省独自のプロジェクトは，女性の法的権利に対する人々の法知識への関心を高める啓発活動くらいしかないという状況に陥る可能性もある。

　アフガニスタンの女性課題省は，上述のさまざまな問題点を抱えて出発した。また，それらをどう克服するかは今後の課題として残されている。女性課題省が本当に女性のエンパワーメントを推進していく機構になるためには，たとえ予算が乏しくても，政策提言や各セクターの女性関連プロジェクトの調整役として機能していくことが必要である。つまり，各省庁に対し，女性のニーズに沿ったプロジェクトを提言し，それらを実施していく際のコーディネーターを女性課題省が務めることができれば，その存在価値は十分にあると考えられる。この意味では日本をはじめとするドナーが，女性課題省の人材育成や行政能力開発を行うのは重要である。

　しかし，女性課題省が作られるような国家においては，女性のエンパワーメントを目的としたプログラムを策定したり運営したりするのに必要な女性の人材の層が非常に薄いという実態がある。女性の間にそうした人材が育ってないのなら，男性の職員がリーダーシップをとればよいという意見が出そうである。だが，男尊女卑的な社会では開眼的な男性は少ない。また仮にいたとしても，

男性が女性課題省で活躍するのでは理論的にも「ジェンダーの主流化」にはならないのである。

　男女平等やジェンダーの主流化など欧米で発達したジェンダー理論を，アフガニスタンのような発展途上国に当てはめていくことはやはり難しい。こうしたジェンダー理論を適用するには，その社会に，ある程度の基本的条件がそろっている必要がある。また，当該社会の文化や現実の社会関係に照らしてみることも必要であろう。

3．アフガニスタンの特殊事情にみるジェンダー関係

(1) ブルカーが象徴するイスラームと部族制

　前述のようにアフガニスタンは，基本的には部族社会であり，大きな部族の下に小部族が存在し，婚姻関係も小部族の単位を越えることは少ないといわれている。男性が仕事をして家族全体を食べさせ，女性は家事と育児に専念するという考え方が伝統的な価値観として社会に根づいている。部族社会の血縁関係は重んじられ，女性はそうした部族の「血」を継承する子どもを育てることが主な役割として考えられている。そのため，家族や親戚以外の男性と接触する機会をなるべく避けるというイスラームの男女隔離の発想と相まって，女性はあまり外出しないかあるいは外出してもブルカーのようなヴェールをかぶって出かけることが良いとされているのである（Moghadam, 1994）。

　ただし，山岳地帯の多いアフガニスタンでは村落が隣りの村落と離れていることもあり，「一つの村落内のコミュニティーは広い意味ではみな親戚しか住んでいない」ということもある。そうした村落内では，逆に女性はヴェールなどかぶらないという場合もあるといわれている。つまり，女性の生活空間がすべて親族からなる空間であれば，ヴェールは必要ないということにもなる。このように，ヴェールの着用の仕方は，アフガニスタン全体では決して一様ではなく，民族や部族や地方の特殊性による多様性がみられるが，問題は，女性のヴェールではなく，ヴェールに象徴されている男女の役割分担意識とその実態である。

　「一家を養うのは男性であり，女性は家を守ればよい」という社会規範は，

女性の自己決定権や資源や機会へのアクセスにも大きな影響を与えている。限られた食糧や水しかない場合は，一家を養うために働かなくてはならない男性がまず食べることが前提とされる。教育を受けることについても同じである。息子と娘がいれば，娘が小学校に行かなくても構わないが，息子が小学校をさぼると叱るという態度にもよく表れている。女子・女性の教育は男子・男性の二の次である。

このような社会制度や社会規範が根強いアフガニスタンでは，女性のエンパワーメントを前面に出した政策やプロジェクトは，当該社会の保守層の反感を買いやすい。ちなみに，日本は教育の拡充と女性の権利の拡大を復興支援の柱の一つにしている。教育支援のプログラムの中でも，女子教育の強化は意識的にプロジェクトに反映した支援計画を立ててきた。たとえば，お茶の水大学，津田塾大学，奈良女子大学，東京女子大学，日本女子大学など五つの女子大からなる「五女子大学コンソーシアム」協定による教師教育研修においても，コンソーシアムの意向通り日本での研修に参加したアフガン人教員は20名すべて女性であった（五女子大学コンソーシアム，2003）。

コンソーシアムのこのプロジェクトにかかわった津田塾大学國枝マリ氏とともに筆者が2003年10月に教育省と高等教育省を訪問した際，両省は研修生を選定し送り出す側として「なぜ女性ばかりなのか。もっと男性も送り出したい」と言い，女性に特化したプログラムに対する批判が含蓄されていた。

また，2003年11月中旬には，アフガニスタンの女子校が放火にあう事件が首都カブールを中心に起き，女子校に通うのを忌避し始めた女子学生が出始めている。復興支援が開始して以来，ドナーを中心に女子教育への資金が提供されるようになり，それに対する反感が，アフガン社会に起こっているのである。

経済的に家族を支えるのが男性であり，それが当たり前であるとされてきたアフガン社会で女性をターゲットにした支援が急激に始まると，社会には「本来のアフガン社会が大事にしてきた文化や生活様式が外国勢力によって崩される」という危機感が生まれるのである。タリバンは，過激なイスラーム原理主義者であるが，タリバンほど過激でなくともイスラーム原理主義者はアフガニスタンには多い。そうした層は，女性の社会進出はアフガニスタン社会にはな

じまない異質な考え方であると捉えるからである。

(2) 紛争の再発防止と長い目でみる女性の権利

このようなアフガニスタンの特殊事情を鑑みれば，たとえば産業育成や雇用対策を行う場合，女性をターゲットにした収入向上プログラムや職業訓練を行うことも重要であるが，まずは男性を優先した雇用対策が急務であろう。また，経済的な効果を考えても，女性の雇用対策を行うより，帰還兵の職業訓練を行った方がその家族全体の収入は上がりやすい。女性の識字率が10％にも満たないアフガニスタンでは女性の識字率を上げることは長期的にはもちろん重要である。しかし，一家の大黒柱である主（あるじ）が字も読めない帰還兵であったり，武装解除した軍人であったりする場合，識字や職業訓練を同時に織り交ぜたプログラムに最初に参加させるのは，妻や娘よりは夫の方が自然だということになる。

2003年10月下旬に筆者がカブールを訪ねた時，朝早くから100人を超える肉体労働者の層が市内の中央にある広場に集まっていた。日雇いの仕事にありつけないかと集まっている失業者たちである。そのうち運よく建設関係のトラックに積まれて仕事に行ける人は4分の1くらいだと現地のアフガン人に聞いた。人々の顔は焦燥感と怒りに満ち溢れていたのが脳裏に焼きついている。こうした男性の仕事を確保することの方が，彼らの妻たちが識字教室や工芸品作りの職業訓練を受けるよりは，やはり先行されるべきであろう。その方が明日のパンを買うお金を稼ぐには早道ではないだろうか。ただしアフガニスタンには戦争で夫を亡くしたり夫の行方不明になっていたりする寡婦が多い。彼らへの生活支援は別途必要である。

このように，男女平等やジェンダー的公正を図るといった普遍主義的なアプローチを展開するには，その地域や社会には一定の条件が必要になる。それは，まずは明日食べるパンの心配はないというような最低限の生活の確保である。そしてそうした日々の生活の糧を主に男性が担うような社会の場合には，まずは男性の雇用機会が満たされる必要がある。

欧米の過激なフェミニストには叱られるだろうが，こうした基本的ヒューマンニーズの確保が問題になる社会では，女性の識字や雇用機会などは長期的に

は重要であるが最優先事項ではない。男性が食べることができることが女性も食べられることになる社会が存在することを，経済・社会開発を行う者が時には認識すべき「ジェンダー配慮」ではないだろうか。女性だけに集中した事業を進めることばかりが，ジェンダー配慮ではないのである。

　戦時中，戦争直後の日本を考えてもこのことは当てはまる。戦争直後の日本は焼け野原となり，食べるものにも事欠く時代であったといわれている。その後所得倍増計画が成功を収め，国民全体の所得が増えた時代が到来してこそ，現在のような男女共同参画の時代を迎えたのである。もちろん高度経済成長の時期に急激な経済成長が達成できたのも，女性は家庭を守るという幸福論が支配的になり，女性の家事労働や女性の雇用上の差別的状況があったがゆえのことであるという議論はある。しかしながら，女性の大学への進学率が上昇したのは戦後の経済復興を経て以来のことであり，一定の経済基盤が整わなければ，女性の社会進出は議論にもならないことは日本や欧米の歴史が示している。

　2003年11月16日のカンダハルでの国連高等弁務官事務所への自爆テロの攻撃に続き，その後帰還兵士による反乱がアフガニスタンでは目立つようになった（『日本経済新聞』2003年11月17日，22日）。10月からクンドゥス（タリバンの最後の拠点で，この周辺はアフガニスタンの農産物の約半分を生産している穀倉地帯）で武装解除が始まったが，帰還兵士や軍人たちの職業訓練はさほど進んでいないのが現状である。そうした状況下では，帰還兵士が起こす暴動や反乱は今後もますますアフガニスタンの治安を悪化させる要因となる。16日の事件以来，カンダハルの国連弁務官事務所がすでに引き上げてしまったことに象徴されているように，現在のような自爆テロが各地で始まったアフガン情勢下では，今後の復興支援にもかなりの影響が予想される。治安が悪化すれば，復興支援者は退去せざるを得ない。そうなれば復興はますます遅れる。女性の権利云々どころの話ではなくなるのである。

4．ジレンマをどう越えられるか

　女性の資源や教育・雇用などの機会へのアクセスが女性は男性の二の次になるという傾向は，アフガニスタンに限らず，パキスタン，バングラデッシュ，

ネパールのように経済的に貧しい国ではよくみられる。このような国家で女性のエンパワーメントを行う政策やプログラムを当該国家の外にいる者が考案し実施したりする時，一種のジレンマがある。

　前述のように，欧米流のいわゆる普遍主義的なフェミニズムやジェンダー論を適用することはなかなか難しい。したがって，当該諸国の文化や社会規範を考慮した開発計画を実施しなければならないのであるが，そういうアプローチだけでは，なかなかジェンダー差別はなくならない。ある意味では，文化や社会規範などを無視してでもドラスティックな考え方も導入しなければ，社会の抜本的な改革にはならないからである。これは言い換えれば，どこまで普遍主義的アプローチを取り入れ，どこまで文化相対主義のアプローチでいくのかという線引きの問題である。そしてその線引きはそう簡単にはいかないのである。

　戦後のアフガニスタンにおいて，女性の政治参加を促す動きが各国のドナーから強く要請があったが，これを受けて暫定政権がかなりドラマティックな動きを示した例がある。それは緊急ロヤ・ジルガにおいて，国民の意思決定過程にどのような代表を送るかという点で，女性の代表を意識的に増やしたことである。州別の代表を選ぶ際には，1051議席のうち100議席が女性枠として作られ，さらに「難民，遊牧民，知識人，イスラーム法学者やマイノリティーなど」という特別枠の中でさらに60議席が女性枠として確保されたことである (Ruddock, 2003)。

　ロヤ・ジルガの構成は，原則として民族比による構成となっているがその「民族」の分類と並列して「女性やマイノリティーなど」という枠ができた意義は大きい。女性はＮＧＯとともに，パシュトゥーン族，タジク族，ハザラ族，ウズベク族と並んで，ロヤ・ジルガという立法機関における代表の資格を特別に得たのである。これは女性が国家の立法機関で発言権を拡大する上では大きな変化であり，その意味でのジェンダーの主流化は制度的には実現したことになる。これはドナーの圧力による普遍主義的人権論の勝利であるが，実は普遍的人権の保障をかかげる先進国においても，これほどまで女性の声を反映させる制度はあまり確立していない。破綻国家の再建は難しいが，何もないところから新しいものが生まれてくるチャンスがあるというのは，こういうことでは

ないかと思う。

　普遍主義か文化相対主義かという拮抗関係は，外国勢力がある国家や社会の社会改革にかかわる時に起こる摩擦である。典型的な例として，アフガニスタン復興過程におけるドナーと現地勢力の対抗関係を論じてきたが，こうした対抗関係は，国際NGOが発展途上国でジェンダーにかかわるプログラムを運営・実施する際にもよく起こる。その意味で，国際的なアクターがローカルなアクターとの関係で展開する問題である。

　しかしこれは実は一国内でも起こる。「伝統を守りつつ女性をとりまく制度を徐々に変えるべきだ」という層と「従来の慣習や社会規範を打ち破るほど過激な変革をしなければ女性の解放はない」という層とが対立する例は一つの国家や社会でもよく起こる。日本の民法改正において，夫婦別姓の導入が一つの改正点になっているが，「別姓にすれば家族の一体性が失われるから別姓に反対である」といういわば現状維持の保守層と，「どの姓を名のるか女性の自己アイデンティティの問題であり，また女性が仕事をする上での不利な状況をもたらすため，男女差別の是正の上でも別姓を認めるべきである」と主張する改革志向型の層とが錯綜した議論を展開している。前者は，「家族の一体性は家父長制の伝統に結びついている」と無意識に考えている場合が多く，ある意味では文化相対主義的な立場である。他方，後者は，「これまでの伝統や文化はどうあれ時代は確実に変化してきたのであり，別姓を認めていないのは日本と韓国など世界でもごく一部であり，世界的な潮流から考えても別姓が現代にマッチしている」と考えており，普遍主義的立場に立っているといえよう。

　普遍的な人権論の立場から女性のエンパワーメントを進めようという考え方は，今や欧米のフェミニズムの主流になっている。そのフェミニズムと同じくらい20世紀に普遍的な価値として支配的になった価値が，民主主義である。ブッシュ大統領は，2003年3月イラク戦争開始に際し，イラクを中東の民主主義の先例とすべく体制変換を行うための戦争だと位置づけた。中東の民主化こそがイラク戦争の目的だと訴えてから半年が経過した現在も事実上戦争は終わっていない。元フセイン支持派勢力による米軍兵士をねらった自爆テロが毎日のように続き，イラクの民主的政権の樹立への道も見通しは厳しい。こうした状況下，ブッシュ大統領は，2003年10月，「イラクの民主主義は必ずしも欧米

の民主主義がそのまま当てはまるとは限らない，イラクにはイラク流の民主主義があってもよい」という声明を出し，イラク開戦当初のアメリカ流の民主主義の移転という立場を修正した。

イラクの民主主義がイラク流の民主主義になるということはどういうことなのか，未だにその形はみえてはいない。アフガニスタンのような中東（最東部ではあるが）ムスリム国家のジェンダーのあり方も，これと同じようにアフガニスタン流のジェンダーやフェミニズムがあってしかるべきであろう。

今後，復興支援の過程で国際ドナーが，どのような女性のエンパワーメントのプロジェクトを実施していくのか，そしてそれに対してアフガン女性たちがどのようにそれらを受容し自分たちのものにしていくのかあるいは反発していくのか興味深い。アフガニスタンでの国際ドナーの展開する国際社会という小宇宙の中で，普遍主義と文化相対主義はジェンダー問題を軸にどのようにせめぎあっていくのか，その構図は実はいかなる社会にも存在するジェンダーの問題である。

詳しく知りたい人のための参考図書

中西久枝 『イスラームとモダニティ』 風媒社，2002 年。

田中由美子・大沢真理・伊藤るり（編）『開発とジェンダー――エンパワーメントの国際協力』 国際協力出版会，2002 年。

広河隆一 『反テロ戦争の犠牲者たち』 岩波書店，2003 年。

森川友義 『開発とＷＩＤ――開発途上国の女性の現状と可能性』 新風舎，2002 年。

【引用文献】

Afkhami, M. & Friedl, E.(eds.) 1997 *Muslim Women and the Politics of Participation: Implementing the Beijing Platform.* New York: Syracuse University Press.

五女子大学コンソーシアム 2003 アフガニスタンの指導的女子教育者のための研修実施報告書 2003 年 12 月 7 日

Harvard Program on Humanitarian Policy and Conflict Research (HPCR) Central Asia 2003 Afghan Legal Reform: Challenges and Opportunities http://www.preventconflict.org (Accessed in Nov. 20, 2003)

Mayer, E, A. 1996 Islam and Human Rights: *Tradition and Politics Boulder.* Co/: Westview Press.

Moghadam, V.(ed.) 1994 *Gender and National Identity: Women and Politics in Muslim Societies.*

    London: Zed Books.
中西久枝　1996　イスラムとヴェール　晃洋書房
中西久枝　2002　イスラームとモダニティ　風媒社　第6～8章
大沼保昭　1998　人権・国家・文明――普遍主義的人権から相対主義的人権観へ　筑摩書房
Ruddock, J.　2003　"Loya Jirga women and regional ballot" http://www.joanruddock.org.uk（2003年12月7日アクセス）
田中由美子・伊藤るり・大沢真理　2002　開発とジェンダー――エンパワーメントの国際協力　国際協力出版会
Weiss, A　1987　*Islamic Assertion in Pakistan*. New York: Syracuse University Press.

（中西久枝）

事項索引

あ

愛着　*136*
新しい社会運動　*219*
アフガニスタン（アフガン）　*252-265*
αフェトプロテイン　*107*
アンドロジェン　*97, 99, 100, 103, 106, 108*
　――受容体　*101*
アンドロポーズ　*117*
「家」制度　*14, 207*
育児　*18, 22, 26, 49, 60, 238*
イスラーム　*253, 255-259, 263*
異性愛　*56, 63, 72, 74, 78, 79, 80, 82, 83, 85, 87, 232*
　強制的――　*25, 31, 63*
一般職　*212*
遺伝子型　*114*
遺伝的多様性　*94*
陰核　*99*
陰茎　*99*
陰唇陰嚢隆起　*99*
陰嚢　*99*
ヴェール　*253, 259*
ウォルフ管　*98*
うつ病　*133*
　産後――　*136*
エクリチュール　*81*
　――フェミニン　*31, 70, 81, 82, 165, 170*
エコロジー　*57*
SRY遺伝子　*96, 98, 101*
エストラジオール　*97, 102, 107*
エストロゲンレセプター　*122*
エストロジェン　*97, 102-104, 106, 107, 115*
　――受容体α　*107*
X染色体　*95*
エディプス期　*138*
エディプス状況　*139*
エディプス・コンプレックス　*73-76, 78*
NGO　*256, 258, 263, 264*
エネルギー消費量　*119*
エネルギー代謝　*119*
M字型曲線　*41, 238*

LHサージ　*103, 104, 106*
エンパワーメント　*255-258, 260, 263-265*
黄体形成ホルモン（LH）　*102, 103*
黄体ホルモン　*102*
公　*6, 53, 226*
　――と私（公／私区分）　*6, 218, 220, 224, 225, 228, 229, 233*
　――的　*217, 218, 228-231*
　――（的）領域　*22, 23, 25, 65, 220, 221, 223-225, 229, 233*
おませ　*200*
女の交換　*28*

か

外因性精神疾患　*132*
階級（階層）　*200*
　――対立　*200*
外部生殖器（外性器）　*99-101, 199*
解離性障害　*141, 143*
学習指導要領　*189*
獲得免疫　*122, 123*
隠れたカリキュラム　*191*
家事（労働）　*11, 16-18, 22, 26, 27, 61*
「家事労働に賃金を」　*26, 246*
下垂体　*102, 103*
　――門脈　*102*
家族　*218, 223-226, 228*
　――性高コレステロール血症　*124*
学校の文化的特質　*193*
家庭科学習必修方針　*38*
家庭内性別分業　*242*
家督相続　*206*
家父長制（父権制）　*6, 10, 22, 23, 25, 27, 28, 33, 60, 86, 162, 163, 196, 207, 226, 264*
カミング・アウト　*84, 85*
過労死　*35, 42-44, 208, 249*
キャノン（canon）　*159, 162, 169, 170*
旧約聖書　*198*
教育　*8, 15, 255, 258, 260, 262*
　――権　*5, 7, 18*
　――投資　*201*

共生関係　　138
去勢　　175
　――不安（恐怖）　　75, 176
均一化　　173, 186
均一社会　　183
禁酒運動　　6
近親相姦タブー　　72, 73, 79, 83
近代　　6, 30, 58
　――家族　　6, 23-25
　――教育システム　　193
　――産業社会　　18, 26, 28, 37, 41, 59
　――資本主義（社会）　　6, 13, 24, 25, 27, 37, 58, 60, 192, 194
　――市民社会　　209
　――経済学　　241
　――の装置　　192
　――の特許的プラント　　192
クィア　　70, 72, 80, 82, 84-86, 88, 159, 165, 170
クオータ制　　47, 50, 222-224
グローバリゼーション　　57, 59
グローバル　　173, 252
ゲイ　　25, 85-87
　――文学　　167
　――・レズビアン文学　　159, 168
形態の全体性（ゲシュタルト）　　146
系譜学　　180, 182
ゲシュタルト心理学　　146
月経（周期）　　101-103
結婚退職　　44, 208, 211
言語能力　　109
原始生殖細胞　　95
言説理論　　83
憲法　　254-256
権利　　5
権力　　217-221
高校「家庭科」　　189
構造主義　　73, 79
　ポスト――　　79, 80
高等学校「家庭科」の男女共修化　　189
行動主義心理学　　146
更年期　　121
抗ミューラー管ホルモン（AMH）　　99
公民権運動　　21, 209
合理的経済人　　240
コース別雇用管理　　212

国際婦人年　　189
黒人フェミニズム批評　　168
「個人的なことは政治的である」　　218, 225
国家　　218, 225, 226, 229
骨塩量　　120
骨粗鬆症　　120
子ども期　　193, 194
雇用　　255, 261, 262
混合名簿　　191

さ
差異　　222, 223, 233
　――化された市民権　　223, 233
再生産労働（労働力の再生産）　　16, 17, 25, 27, 28, 192, 239, 245, 246, 249
参政権　　4, 7, 14, 47, 205, 209
　――獲得要求　　7, 8
ジェンダー　　3, 4, 27, 31-35, 45, 49, 52, 56-58, 67, 132, 145-147, 151, 153, 154, 159, 164, 170, 172-174, 177, 184-186, 191-195, 197, 199-202, 210, 213, 215, 216, 224, 225, 227, 230-232, 236, 240, 245, 264
　――・アイデンティティ　　32, 108, 110
　――（の）主流化　　217, 233, 255, 257, 259, 263
　――の消滅　　173, 186
　――喪失　　185
　――・バイアス　　21, 154, 191, 248
　――・パフォーマティヴィティ論　　86
　――・フリー　　26, 37, 51, 52, 197, 198
　――・フリー教育　　197, 198
子宮　　98
　――内膜　　102
自己決定　　195
自己免疫クローン　　124
自己免疫疾患　　121, 122
自殺　　131, 134, 135
思春期　　101, 115
視床下部　　103
　――－下垂体－性腺軸　　103, 104
視線　　173-175, 183
自然　　57-59
自然免疫　　122
失語症　　109
児童虐待　　141, 143

シニフィアン　76
シニフィエ　76
支配文化　173
ジヒドロテストステロン　97, 100
資本主義（世界）経済　60, 176, 178, 185, 186
市民　4, 209
市民権　220-224
社会運動　219
社会化　148, 156
社会的役割　147
宗教行事　193
宗教的役割分担　193
集団婚　72
集団代表制　222, 223
出産　6, 22, 67
　——・授乳・育児機能　23
授乳　23, 24, 67
主婦　10, 14-17, 60, 62
　——役割　26
　——労働　17, 60
　——論争　17
　専業——　207, 208
受容体　100
小陰唇　99
少子高齢化　249
植民地　13
女権運動　13
女権主義　13
女子医学生　126
女子教育　6, 7
女子差別撤廃条約　38, 189, 190, 210, 211
女子若年定年制　211
女性
　——解放運動　4, 5, 11, 18, 21, 27, 28, 57, 209
　——学　22
　——議員　47
　——権利　7
　——差別　4, 204, 206
　——的エクリチュール　31, 164
　——の交換　63
　——の商品化　65
　——の政治的過少代表　216, 220-223
　——性　149, 170, 184

心因性精神疾患　132
心筋梗塞　124, 125
人権　4-6, 252, 253
　——宣言　4, 52
人工生殖（技術）　57, 64, 65
新生児　199
身体性　200
心的外傷後ストレス障害　131
人的資本理論　243
心理学　133, 145, 154
心理的両性具有（androgyny）　149
心療内科　133
ステレオタイプ　136, 148, 156, 162
ステロイドホルモン　97
性
　——アイデンティティ　115, 148
　——行動　105
　——差別　22, 23, 28, 32, 51, 60
　——指向　32
　——周期　101
　——ステレオタイプ　153, 156
　——ステロイドホルモン　97, 105
　——成熟期　101, 115
　——染色体　95, 114
　——的嗜好性　107
　——的倒錯　165
　——同一性障害　110
　——の決定と分化　114, 115
　——のタブー視　201
　——犯罪　214
　——ホルモン　134
　生物学的——（セックス）　3, 27, 33, 34, 93
　養育の——　110
性器結節　99
性差（男女の差異；男女差）　3, 5, 27-29, 32, 34, 48, 57, 58, 67, 95, 115, 117, 146, 147, 152-154
　アルコールの分布容積の——　118
　遺伝子の——　95
　胃排出速度の——　118
　エネルギー消費量における——　119
　エネルギー代謝における——　119
　冠動脈疾患の——　124, 125
　喫煙の——　124
　行動の——　108, 119

コレステロールの―― 124
最大身長成長速度の―― 115
死亡原因の―― 118
身体組成の―― 119
――医学 114
――論 6
精神疾患における―― 132-135
性腺の―― 95
生物学的―― 33, 147, 253
説得コミュニケーションにおける―― 150
内外生殖器の―― 95
ネガティブフィードバックの―― 103
脳の―― 94, 102, 105, 109, 110
脳の機能的―― 109
脳の形態的―― 109
反応性の―― 118
平均寿命の―― 118
ポジティブフィードバックの―― 102, 104
ホルモンの―― 95
リーダーシップにおける 152
生産 37
精子 95
政治
　公的意思決定としての―― 217-220, 223, 226, 228, 229, 233
　公的営みとしての―― 217, 220, 226, 229-233
　――＝権力 217-220, 225, 228, 233
成熟卵胞 104
生殖 62, 63, 65, 66
生殖隆起 95
精神医学 131, 132
精神分析学 70, 74, 76, 78, 136
精神分析理論 72, 73, 75, 77, 79, 80, 86, 87, 146
性腺 95
　――刺激ホルモン（GTH） 102
　――刺激ホルモン放出ホルモン（GnRH） 102, 103
精巣 96, 115
　――上体 98
　――性女性化症（TFM） 101
　――ライディッヒ細胞 115

青韜 11
生物学的差異 33, 154
性分化 95, 98, 99
　――のメカニズム 105
　脳の―― 101, 107
性別 37
　――（男女）役割分業（分担） 6, 10, 11, 14, 18, 25, 37, 41, 42, 43, 45, 58, 63, 189, 191, 193, 207, 224
　――分業家族 239
性（別）役割 147-149, 153, 196
　――意識 65, 66, 209, 227
　――分業規範 221, 222, 224, 228, 233
　伝統的――観 147, 152, 157
セクシズム・イデオロギー 192
セクシュアリティ 22, 23, 28, 29, 82-84, 86, 87, 168, 201
セクシュアル・ハラスメント 38, 50, 155, 157, 212, 213, 223
積極的改善措置 39, 44, 47, 49
セックス 3, 27, 34, 154, 201, 210
摂食障害 131, 142
説得コミュニケーション 150
セルトリ細胞 98
選挙権 5, 8, 9, 14, 18
潜在的カリキュラム 191
戦争 253, 254, 264
総合職 212
総合的な学習の時間 193

た
第三世界 61, 62, 65, 169
大陰唇 99
体脂肪率 118
第二の分離個体化期 141
ダイバシティ・マネジメント 155, 157
堕胎 9-12, 63
脱構築 72, 79-82, 86, 194, 197, 231, 232, 233
多様性（ダイバシティ） 155
単婚 72
男女共同参画 197, 202, 262
　――社会 15, 37-39, 41, 46, 49, 56, 211, 213
　――基本法 213
男女雇用機会均等法 211, 213

改正—— 157
男女
　　——同権　17
　　——の新たな関係性　41
　　——の関係性　12, 204, 218
　　——平等　253-256, 259, 261
男性稼ぎ手モデル　227
男性性　149, 170
男性的視線　174, 179, 180, 182, 183, 185
男性の女性並み化　17, 18
中学校技術・家庭科　190
中絶　9, 63
長時間労働　208
妻の行為無能力　206, 209
帝国主義　13
適応障害　110
テクスト　162
　　ゲイ——　167
テストステロン　97-99, 105-107, 115, 116
伝統行事　193
統計的差別の理論　243
統合失調症　132, 134
投射する視線　176, 178
同性愛（者）　28, 32, 33, 56, 57, 67, 72, 74, 79, 80, 82, 84-87, 232
　　——感情　166, 167
糖尿病　125
特性論　189
ドメスティック・バイオレンス　214, 231
トラウマ（心的外傷）　141, 143
トランス・ジェンダー　35, 74, 201
奴隷制　6

な

内因性精神疾患　132
内部生殖器　98, 99, 101
肉体的差異　27
二元論 vs 統一論論争　247
二次性徴　101, 115
二重の生産論　245
二重労働市場論　243
二分法　70
尿生殖ヒダ　99
尿生殖溝　99
尿生殖裂　99

尿道海綿体部　99
妊娠　23, 67, 124, 136
　　——時免疫能　124
脳梁　109

は

パートタイム労働　15, 239
廃娼運動　7, 18, 27
配偶子　96
売春　8, 11, 22, 28, 29
　　——防止運動　6
排卵　102
パクス法　66
パターナリズム　195
パターナリスティック　195, 196
発達心理学　136, 140
母親（女性）のペニス　175, 176
母役割　12, 140
パリテ（法）　47-50, 222
パルス状　102
パロール　81
半陰陽　108
反奴隷制　7
　　——運動　7
引きこもり　131
被選挙権　8, 14
人および市民の権利宣言　4
避妊　9, 12
平等　13
5α-ジヒドロテストステロン　107
ファミリー・ロマンス　70, 77, 87
ファルス　76
夫婦別姓　53, 214, 264
フェティシズム　175, 176
フェティッシュ　176, 178, 183, 185
フェミニスト　8, 18, 27, 28, 47, 59, 76, 86, 169, 261
　　——経済学　247
　　——国際学会　247
フェミニズム　8, 22, 27, 28, 57, 59, 69, 70, 82, 86, 154, 162, 256, 263, 265
　　エコ（ロジカル）・——　57, 58
　　第一波——　4, 18, 21, 66
　　第二波——　4, 18, 19, 21, 22, 25-27, 63
　　——運動　3, 11, 22, 27, 87

──批評　*162*
　　ポストモダン・──　*27, 28, 58, 69, 80*
　　マルクス主義──　*245*
　　ラディカル・──　*23, 217, 218, 219, 221, 225, 228, 229, 233, 245*
　　リベラル・──　*220, 221*
　　レズビアン・──文学批評家　*166*
福祉国家　*227, 228, 247*
　　──のジェンダー研究　*247*
父権制社会　*162*
父権的干渉・温情　*196*
父子関係　*138*
婦人（女性）参政権（獲得）運動　*7, 8*
父性　*140, 141*
普遍主義　*263-265*
普遍選挙　*4*
普遍的ケア提供者モデル　*227*
普遍的ケア担い手モデル　*233*
普遍的人権　*253, 265*
フリースクール　*196*
ブルカー　*252, 253, 259*
プロジェステロン　*102*
文化相対主義　*253, 264, 265*
紛争　*255*
分離個体化論　*137*
閉経　*117, 121, 124, 125*
平行イトコ婚と交叉イトコ婚　*73*
ヘテロセクシュアル　*167*
ペニス羨望　*75*
ペニスの代理物　*175*
母権　*13*
母子関係　*136*
母性　*6, 9, 12, 13, 18, 22-28, 30, 65, 66, 140, 141, 162*
母性主義　*7, 8*
ホモセクシュアル　*167*
ホモソーシャル　*79*
ホモフォビア　*79, 85*
本源的蓄積　*60*
　　──過程　*61*

ま

マウント（行動）　*105, 106*
魔女　*62, 184*
マスメディア産業　*194*

マルクス経済学　*245*
マルクス主義フェミニスト　*26, 27*
マルクス主義フェミニズム　*246*
ミューラー管　*98, 101*
　　──抑制物質（MIS）　*98, 99*
民主主義　*220, 229-233, 264, 265*
　　熟議──　*230-233*
　　闘技──　*231*
　　──の集計モデル　*230, 231*
民法　*205, 206, 214, 264*
無償労働　*248, 249*
無性生殖　*94*
メタ分析　*152, 157*
メディア　*194, 252, 253*
　　──・リテラシー教育　*194, 195*
もうひとつの声　*149*
模倣　*179, 182*

や

薬物動態　*118*
薬物の透過速度　*119*
宿主抗原　*121*
雄性化　*106*
有性生殖　*94*
要素主義　*146*

ら・わ

ライフステージ　*115*
ラディカル・フェミニズム　*23, 217, 218, 219, 221, 225, 228, 229, 233, 245*
卵管　*98*
卵子　*95*
卵巣　*98*
卵巣顆粒膜細胞　*115*
卵胞期　*102*
卵胞刺激ホルモン（FSH）　*102*
離婚　*206, 207, 214*
リーダーシップ　*152*
リベラル・フェミニズム　*220, 221*
良妻賢母教育　*10*
両性（性）具有　*31, 149, 185*
臨界期　*107*
レズビアニズム　*166*
レズビアン　*25, 56, 85-87*
　　──小説　*165*

――文学　*166*
――・フェミニズム文学批評家　*166*
労働市場　*201*
労働（力）の女性（主婦）化　*62, 240, 250*
ロードーシス（反射）　*105, 106*
Y染色体　*95, 96*

私（プライバシー）　*225, 226*
――的　*23, 65, 218, 219, 229, 231*
――（的）領域　*6, 21-23, 25, 221, 224, 225, 228, 229, 233*
腕白　*199*

人名索引

あ
アーハード（Ehrhardt, A.）　*148*
青木やよひ　*59*
アベルソン（Abelson, R. P.）　*152*
アレント（Arendt, H.）　*226, 228, 229*
イーグリー（Eagly, A. H.）　*152, 153*
石垣綾子　*14, 15*
磯野富士子　*16*
市川房枝　*189*
イリイチ（Illich, I.）　*185, 186*
イリガライ（Irigaray, L.）　*28, 29, 31, 51, 77, 78, 178, 185*
ウィニコット（Winnicott, D. W.）　*139*
ウィリアムズ（Williams, T.）　*167*
ウェブスター（Webster, J.）　*161*
ウェルトハイマー（Wertheimer, M.）　*146*
ヴェールホフ（Werlhof, C. V.）　*60*
ウォーカー（Walker, A.）　*168*
牛島定信　*142*
ウルストンクラーフ（Wollstonecraft, M.）　*5*
ウルフ（Woolf, V.）　*161, 165, 167*
ヴント（Wundt, W.）　*145, 146*
エイブリン（Abelin, E. L.）　*140*
エインズワース（Ainsworth, M. D.）　*136*
エビングハウス（Ebbinghaus, H.）　*145*
エリオット（Eliot, G.）　*160*
エンゲルス（Engels, F.）　*72, 245*
オーウェン（Owen, S. J.）　*242*
オーキン（Okin, S. M.）　*233*
オースティン（Austen, J.）　*161, 164*
オズボーン（Osborn, D.）　*160, 164*
オランプ・ド・グージュ（Olympe de Gouges）　*4*

か
柏木恵子　*154, 155*
金井篤子　*155*
カーリ（Carli, L. L.）　*152*
木村涼子　*191, 194, 195*
キュリー（Curie, M.）　*54*
ギリガン（Gilligan, C.）　*149*
ギルバート（Gilbert, S. M.）　*162*
國枝マリ　*260*
グーバー（Gubart, S.）　*162*
黒川正流　*153*
コンドルセ（Condorcet）　*5*

さ
坂田桐子　*153*
坂西志保　*14, 15*
サンド（Sand, G.）　*160, 161*
シェイクスピア（Shakespeare, W.）　*167*
シクスー（Cixous, H.）　*30, 31, 82, 164, 165*
ジャクリン（Jacklin, C.）　*148*
シャーマン（Sherman, C.）　*179, 181, 182, 183*
ジャンヌ・ダルク（Jeanne d'Arc）　*32*
ショウォールター（Showalter, E.）　*162*
ジョーンズ（Jones, A.）　*178*
シルヴァーマン（Silverman, K.）　*79*
菅千索　*145*
鈴木淳子　*148*

スタントン（Stanton, E.） 7
ストウ（Stowe, H. B.） 161
ストレイチー（Strachey, L.） 167
セジウィック（Sedgwick, E. K.） 79, 84, 85
ソシュール（Saussure, F.） 80, 81

た
高橋恵子 154
高群逸枝 13
武田京子 17
竹村和子 25
ダラ・コスタ（Dalla Costa） 16, 26
テニスン（Tennyson, A. T.） 167
デリダ（Derrida, J.） 80, 81
デルフィ（Delphy, C.） 26

な
ナイト（Knight, A.） 7
中村和彦 152
夏目漱石 159
ナポレオン（Napoléon, B.） 6
ニン（Nin, A.） 165

は
橋本健二 192
バージャー（Burger, J.） 173, 174
バダンテール（Badinter, E.） 24, 48
バトラー（Butler, J.） 27, 33, 34, 86, 180, 232
原田皐月 11
バルザック（Balzac, H.） 161
バルト（Barthes, R.） 182
ハルプリン（Halperin, D. M.） 86
バーンズ（Barnes, D.） 165
半田たつ子 189
樋口恵子 189
平塚らいてう i, 11, 12, 13, 15
ファイヤーストーン（Firestone, S.） 23, 63
フィリップス（Phillips, A.） 224
フェイダーマン（Faderman, L.） 166
フェヒナー（Fechner, G. T.） 145
フォースター（Forster, E. M.） 167
フーコー（Foucault, M.） 79, 83, 182, 186
船橋恵子 49
フリーダン（Friedan, B.） 10, 42
フレイザー（Fraser, N.） 231

フロイト（Freud, S.） 73-76, 77, 79, 83, 138, 146, 172, 173, 175, 176
ブロンテ（Brontë）姉妹 160
ブロンテ（Brontë, C.） 161
ペイトマン（Pateman, C.） 225, 228
ベッカー（Becker, G.） 241
ベム（Bem, S. L.） 149
ベンジャミン（Benjamin, J.） 79
ボーヴォワール（Beauvoir, S.） i, 27, 77, 78
ボウルズ（Bowles, J.） 167
ホメーロス（Homēros） 167
ボードリヤール（Baudrillard, J.） 176, 180
ボーリング（Boling, P.） 228
ホール（Hall, R.） 165
ポール（Paul, A.） 7

ま
マクガイヤー（Macguire, W. J.） 150
マコービー（Maccoby, E. E.） 148
マッカラーズ（McCullers, C.） 167
マネー（Money, J.） 148
マーラー（Mahler, M.） 137
マルクス（Marx, K.） 244, 245
ミース（Mies, M.） 60
ミード（Mead, M.） 148
ミラー（Miller, H.） 23
ミル（Mill, J. S.） 7
ミレット（Millet, K.） 22, 218
ミンハ（Minh-ha, T. T.） 169
ムフ（Mouffe, C.） 226, 230-233
メガーギー（Megargee, E. I.） 153
御巫由美子 216, 223, 224
メイラー（Mailer, N.） 23
毛利明子 16
モアズ（Moers, E.） 162
モース（Mauss, M.） 32
モット（Mott, L.） 7
森永康子 147

や
山内兄人 107
山川菊枝 12, 13
山田わか 12
ヤング（Young, I. M.） 222, 223, 226, 231-233

湯川隆子　　*149*
与謝野晶子　　*i, 12, 161*

ら

ラカン（Lacan, J.）　　*75-77, 79, 80, 87*
ルソー（Rousseau, J. J.）　　*5, 24*
ルービン（Rubin, G.）　　*32, 82*
レヴィ＝ストロース（Lévi-Strauss, C.）　　*32, 72, 73, 80*
レッサー（Lesser, G. S.）　　*152*
ロック（Locke, J.）　　*225*

わ

ワイルド（Wild, O.）　　*167*
渡辺恒夫　　*35*
渡辺多恵子　　*16*
ワトソン（Watson, J. B.）　　*146*

執筆者一覧 （執筆順，＊は編者）

松本伊瑳子＊（まつもと・いさこ）
名古屋大学大学院国際言語文化研究科教授
京都大学文学部卒，同大学院文学研究科博士課程中退
専攻：女性学・比較文化・現代フランス文学
主要著作：Mireille Calle-Gruber (ed.) *Hélène Cixous, croisées d'une œuvre.*（共著, Galilée），
　　　　『フェミニズムの名著50』（分担執筆，平凡社）
執筆分担：第Ⅰ部第1章～第4章

谷本千雅子（たにもと・ちかこ）
名古屋大学大学院国際言語文化研究科助教授
同志社大学文学部卒，同大学院文学研究科・ミシガン州立大学大学院修了
専攻：アメリカ文学・ジェンダー論・セクシュアリティ研究
主要著作：『クィア批評』（分担執筆，世織書房，近刊），『ヘミングウェイを横断する』
　　　　（分担執筆，本の友社）
執筆分担：第Ⅰ部第5章

束村博子（つかむら・ひろこ）
名古屋大学大学院生命農学研究科助教授
名古屋大学農学部卒，同大学院農学研究科博士課程後期課程修了
専攻：生殖生理学・神経内分泌学
主要著作：『生命をあやつるホルモン』（分担執筆，講談社ブルーバックス），『からだの
　　　　中からストレスをみる』（学会出版センター）
執筆分担：第Ⅱ部第1章

後藤節子（ごとう・せつこ）
名古屋大学医学系研究科（保健学科）教授
名古屋大学医学部卒
専攻：産婦人科学・母性看護学
主要著作：『テキスト母性看護Ⅰ，Ⅱ』（編集および分担執筆，名古屋大学出版会），『絨毛
　　　　性疾患の診断と治療』（編集および執筆　永井書店）
執筆分担：第Ⅱ部第2章

村瀬聡美（むらせ・さとみ）
名古屋大学発達心理精神科学教育研究センター助教授
筑波大学医学専門学群卒
専攻：精神医学・児童精神医学・心身医学

主要著作:『臨床実践の知』(分担執筆, ナカニシヤ出版),『現代児童青年精神医学』(共著, 永井書店)
執筆分担: 第Ⅱ部第3章

金井篤子[*] (かない・あつこ)
名古屋大学大学院教育発達科学研究科教授
名古屋大学教育学部卒, 同大学院教育学研究科博士課程後期課程中退
専攻: 産業臨床学, キャリア・カウンセリング
主要著作:『21世紀の心理臨床』『臨床実践の知』(以上共編著, ナカニシヤ出版)
執筆分担: 第Ⅱ部第4章

星野幸代 (ほしの・ゆきよ)
名古屋大学大学院国際言語文化研究科助教授
東京大学文学部卒, 同大学院人文社会学研究科博士課程修了
専攻: 中国近現代文学
主要著作:『徐志摩と新月社』(コンテンツワークス), 夏曉虹著『纏足をほどいた女たち』(共訳, 第一部, 朝日新聞社)
執筆分担: 第Ⅱ部第5章

越智和弘 (おち・かずひろ)
名古屋大学大学院国際言語文化研究科教授
東京外国語大学外国語学部卒, 同大学院修士課程修了
専攻: ドイツ文学・比較文化論
主要著作:『グローバル・コミュニケーション論』(分担執筆, ナカニシヤ出版)
執筆分担: 第Ⅱ部第6章

大谷 尚 (おおたに・たかし)
名古屋大学大学院教育発達科学研究科教授
東京教育大学教育学部卒, 筑波大学大学院博士課程教育学研究科中退
専攻: 学校情報学
主要著作:『質的研究法による授業研究——教育学, 教育工学, 心理学からのアプローチ』(分担執筆, 北大路書房)
執筆分担: 第Ⅱ部第7章

浜田道代 (はまだ・みちよ)
名古屋大学大学院法学研究科教授
名古屋大学法学部卒, 同大学院法学研究科修士課程修了, ハーバード・ロー・スクール修士課程修了
専攻: 商法
主要著作:『商法』(岩波書店),『日本会社立法の歴史的展開』(商事法務研究会)

執筆分担：第Ⅱ部第8章

田村哲樹（たむら・てつき）
名古屋大学大学院法学研究科助教授
名古屋大学法学部卒，同大学院法学研究科博士課程後期課程修了
専攻：政治学・政治理論
主要著作：『国家・政治・市民社会』（青木書店）
執筆分担：第Ⅱ部第9章

新井美佐子（あらい・みさこ）
名古屋大学大学院国際言語文化研究科助教授
名古屋市立大学経済学部卒，名古屋大学大学院経済学研究科博士課程後期課程修了
専攻：理論制度経済学
主要著作：『叢書 現代の経済・社会とジェンダー 第1巻　経済学とジェンダー』（分担執筆，明石書店）
執筆分担：第Ⅱ部第10章

中西久枝（なかにし・ひさえ）
名古屋大学大学院国際開発研究科教授
大阪外国語大学外国語学部卒，カリフォルニア大学ロサンゼルス校大学院歴史学研究科博士課程修了
専攻：中東現代政治・ジェンダーと開発
主要著作：『イスラームとモダニティ』（風媒社），『地球的平和の公共哲学』（共著，東京大学出版会）
執筆分担：第Ⅱ部第11章

ジェンダーを科学する
男女共同参画社会を実現するために

| 2004 年 4 月 1 日 | 初版第 1 刷発行 | 定価はカヴァーに |
| 2006 年 4 月 1 日 | 初版第 2 刷発行 | 表示してあります。 |

編 者 松本伊瑳子
　　　　金井　篤子
発行者　中西健夫
発行所　株式会社ナカニシヤ出版
　　　　〒606-8161　京都市左京区一乗寺木ノ本町15番地
　　　　Telephone　075-723-0111
　　　　Facsimile　075-723-0095
　　　　郵便振替　01030-0-13128
　　　　URL　http://www.nakanishiya.co.jp/
　　　　E-mail　iihon-ippai@nakanishiya.co.jp

装丁・白沢　正／印刷・製本／ファインワークス
Copyright © 2004 by I. Matsumoto & A. Kanai
Printed in Japan
ISBN4-88848-840-1